Michele Longo O´Donnell

Der Gott, den wir geschaffen haben

Die Grundursache aller Krankheiten

Amerikanische Erstausgabe 2005

Herausgegeben im Jahre 2005 von
La Vida Press
410 West Craig
San Antonio, Texas, 78212

Umschlaggestaltung: Monika Wirth
Zeder Illustration von Travis Ward
Satz: Meike Scholtes
Übersetzung aus dem Amerikanischen
Dorothée Fröller und Heike Herrmann

1. Auflage 11.2009; 4. Auflage 06.2013; 5. Auflage 04.2017

RiWei-Verlag GmbH
Baierner Weg 4
93138 Hainsacker
Tel. 0941/ 799 45 70
Fax: 0941/ 799 45 72
E-Mail: info@riwei-verlag.de
Homepage: www.riwei-verlag.de

ISBN 978-3-89758-318-4

**Dieses Buch ist allen Peggys und Rays
dieser Welt gewidmet,
die die Wahrheit zu leben hören sollten.
Möge es ihre Herzen erreichen.**

Der stattliche Baum auf dem Buchcover ist eine Libanon-Zeder. Reich an Symbolismus, vergleichen ihn die Poeten und Schriftsteller mit der wahren Natur des Menschen, gesehen mit den Augen seines Schöpfers.

Als König Salomon im 10.Jahrhundert v. C. Israels ersten Tempel baute, wollte er, dass dieser die Erhabenheit Gottes widerspiegelt. Deshalb verwendete er die besten Materialien, die verfügbar waren: Gold, Silber und Zedernholz aus dem Libanon.

Durch die gesamte Bibel hindurch wird der Mensch mit der Zeder aus dem Libanon verglichen. Als Symbol für Stärke und Schönheit erinnert sie den Menschen an seine wahre Natur, geschaffen nach dem Ebenbild seines Schöpfers.

Die Zeder aus dem Libanon entspringt aus dem trockenen Wüstensand, wächst und gedeiht. Es wurde uns versprochen, dass auch wir hervorbrechen und nach der Sonne des Lebens streben werden, egal wie widerlich und trostlos unsere Lebensumstände auch sein mögen. Das soll demonstrieren, dass unsere Situationen nicht unsere Erfahrungen bestimmen sollen, sondern dass unser Leben ein ununterbrochener Ausdruck der Existenz Gottes ist, welche unser Leben und unser Atem ist. Der Wüstensand kann kein Leben geben, aber der Geist des Lebens in uns kann es ewiglich.

Das Wort Libanon bedeutet wörtlich Reinigung und die Farbe weiß. Die Zeder spricht zu den Menschen über ihre Stärke, Würde und über die Fähigkeit zu überleben und zu gedeihen, wo auch immer sie gepflanzt wurde. Die Zeder ist ein Baum, der kein Zeichen für Verfall ist, der auch Insekten und Würmer vertreibt. Deshalb lesen wir im Lied von Salomon 1:17: „Die starken Äste unserer Haus-Zeder" zu sein, heißt, den Geist, den Körper und die Seele des Menschen vor dem Verderben zu bewahren.

Genauso wie die Libanon-Zeder erzählt die gesamte Schöpfung dem Menschen etwas über seine wahre Natur und Identität. Das Wissen darüber schützt den Menschen vor dem Übel. Aber wo dieses Verständnis fehlt, „isst der Mensch den reinen Sand".

Inhaltsverzeichnis

Danksagung

Ein Buch zu schreiben verlangt den Einsatz einer ganzen Gruppe. Jedermann innerhalb des Radius meines Lebens hilft am Ende mit. Der benötigte Fokus ist ziemlich intensiv, was zur Folge hat, dass die Bedürfnisse der unmittelbaren Familie kaum noch erfüllt werden. Konsequenterweise endete jeder letztendlich damit, meine Last zusätzlich zu der seinen zu tragen, und daran führte scheinbar kein Weg vorbei.

Die Person, der ich zuerst danken möchte, ist mein Mann George. Er hat die Zügel in die Hand genommen und keinen Pulsschlag ausgelassen. Er ist immer geduldig geblieben und war stets unterstützend. Er gab mir den Raum, den ich brauchte, um meine Arbeit zu beenden. Ich musste mir nie Gedanken darum machen, ob nicht das Haus um mich herum zusammen fiel. Er hat einen tollen Job gemacht, und ich möchte ihm aus tiefstem Herzen dafür danken.

In der Klinik haben sie, glaube ich, vergessen, wie ich aussehe. Ich war in dieser Zeit sehr unregelmäßig in der Klinik, und obwohl ich immer alle gesehen und mit ihnen gesprochen habe, lagen die Gesichter und Namen, wie der Rest meines Lebens, hinter einem Schleier. Ich danke Gott jeden Tag für Melissa Raymond, die schon vor langer Zeit die Zügel für mich in die Hand genommen und einen Job gemacht hat, den niemand sonst auf der Erde hätte tun können. Sie wurde das Herz und die Seele der Arbeit dort unten in der Klinik. Sie und ihre Crew verdienen einen Orden für ihr Engagement in Bezug auf die Klinik, die Patienten und die Vision, die mir vor vielen Jahren gegeben wurde.

Meine Assistentin Kay ist eine weitere unentbehrliche Seele, ohne deren Engagement ich dies nie hätte schaffen können. Sie kümmerte sich um meine Bücher, meine Kassetten, meinen Reiseplan, meine Flugtickets und Hotelreservierungen. Sie organisierte meine Radio-

und Fernsehauftritte und alles, was damit zu tun hatte. Jeder sollte eine Kay haben, und ich danke Gott dafür, dass ich eine habe!

Für mich war es wichtig, dass jemand das Geschriebene prüft, der die Botschaft und auch mein Herzensbedürfnis, diese Wahrheit zu teilen, versteht. Auch hier sprang meine getreue Freundin Melissa ein, wie sie das immer tut, und sie verbrachte viele Tage und Nächte mit Redigieren für mich. Eine andere Person, die ich noch erwähnen möchte, die es sich zur Aufgabe gemacht hat, meine Englische Grammatik zu prüfen, ist meine Freundin und Pastorin Rev. Linda Marcella Whitsett.

Schlussendlich möchte ich meine gute Freundin Debbie McClain erwähnen, die die Idee für das Buchcover hatte. Ihre Idee war wirklich eine Inspiration, weil sie genau die Botschaft des Buches wiedergibt.

Viele Leute, die vor mir den Weg gegangen sind, haben mein Denken beeinflusst und mich damit in die Lage versetzt, auf ihrem Verständnis aufzubauen. Dies ist eine neue Enthüllung für die Menschen der Erde. Und wie jeden neuen Gedanken empfangen wir ihn Zeile um Zeile, Grundsatz um Grundsatz, entsprechend unserer Möglichkeiten zu verstehen. All denen, die vor mir den Weg gegangen sind, die die Zeit investiert und das Opfer gebracht haben, ihre Arbeit schriftlich niederzulegen, zolle ich Respekt und bin ihnen zu Dank verpflichtet.

Michele

Vorwort

In meinen frühen Jahren als auszubildende Krankenschwester, eingebunden in menschliches Leiden und Tragödien, und auch später als Kinderkrankenschwester auf der Intensivstation, spürte ich immer, dass es eine Verbindung zwischen Krankheit (und jeglichem menschlichen Leiden) und Gott geben musste. Ich hatte keine Ausbildung, keine religiösen Wurzeln oder Lehren, es war nur ein vages Gefühl, dass beides miteinander verknüpft sein müsste. Da niemand, der mit der Medizin verbunden war, zur damaligen Zeit jemals über solche Dinge gesprochen hatte, hielt ich sie in meinen Gedanken…ständig.

Wie so viele vor mir, konnte ich mir keinen Schöpfer vorstellen, der solchen Horror erlauben würde, der Bitten und Bittgesuche ignorierte und Unschuldige heimsuchen würde. (Der allgemeine Glaube der Menschen ist, dass nur Kinder unschuldig sind und Erwachsene nicht.) Noch viel weniger konnte ich mir einen Gott vorstellen, der sich selbst LIEBE nennt.

Ein anderer Gedanke, der sich durch diese ganzen frühen Jahre zieht, ist der, dass es einen gemeinsamen Nenner für alle Krankheiten geben musste. Während das gesamte medizinische Establishment sich in Millionen von verschiedenen Namen, Kategorien, Symptomatiken und Behandlungen ertränkte, konnte ich nicht aufhören daran zu denken, dass es hinter all diesen verschiedenen Erscheinungen aller Krankheiten eine Grundursache gab, ob übertragbar, degenerativ, angeboren oder sogar durch ein Trauma verursacht…. Etwas gab es, was wir nur nicht sehen konnten. Vielleicht weil wir so in dem gefangen waren, was wir *sahen.*

Für lange Zeit setzte ich meine Studien über Gott fort, arbeitete gleichzeitig weiterhin im medizinischen Bereich und glaubte, dass ich zwei verschiedenen Wegen zur gleichen Zeit folgte…, zwei verschiedenen und miteinander in Konflikt stehenden Wegen. Aber ich kam zu der Schlussfolgerung, dass das klare Verstehen des einen Weges auch das klare Verstehen des anderen sein würde. Und es sollte der Beweis für die Lösung der gesamten Frage von Krankheit und menschlichem Leiden sein.

Schließlich kam ich zu Schlussfolgerungen, die meinen gesamten Weg für immer veränderten. Eine davon war, dass die Medizin niemals das Problem menschlichen Leidens lösen konnte, weder den Krankheitsfaktor, noch die harte Frage nach dem Leiden der Menschen. Warum passierte mir das? Woher kam das? Was könnte ich getan haben, das auszulösen? Und was tue ich jetzt?

Ich erkannte auch, dass Religion und all die theoretischen Erörterungen über Gott und die Herkunft menschlichen Leidens keine folgerichtigen Antworten zu diesen harten Fragen hatten … und wirklich, deren Erklärungen schienen die Notwendigkeit von Leiden noch zu verfestigen.

Ich erinnere mich an die Jahre, wo ich beobachtete, wie verschiedene Geistliche in die Krankenzimmer kamen, um für das Heil derer zu beten, die unter der Last des Schmerzes, der Angst und der Konfusion Höllenqualen litten. Ich sah, dass auch diese dieselbe Angst und Verwirrung mit sich trugen wie die, für die sie beteten. Viele beteten mit einer Hand hinter ihrem Rücken, mit der sie sich am Türknopf festhielten, um schnell wieder fliehen zu können.

Und immer endeten die Gebete mit dem berühmten „Wenn es in deinem Willen ist, Gott, heile sie“. Damit veranlassten sie die ganze Welt zu glauben, dass es für manche *nicht* Gottes Wille war, geheilt zu werden!

Es wurde mir klar, dass ich meine Antworten nur von Gott direkt bekommen konnte, oder ich würde mich bis zu meinem Tode um sie bemühen müssen. Nichts, was ich bis dahin gehört hatte, machte Sinn. Es schien sich alles ernsthaft zu widersprechen. Je mehr ich hörte, umso mehr wusste ich, dass niemand wirklich die Wahrheit kannte. Also zog ich mich von all dem zurück.

Zu der Zeit, als ich die Medizin verließ, war ich eine geweihte Pfarrerin, und auch diesen Beruf beendete ich. Das Einzige, was ich nicht verließ, war mein fester Glaube daran, dass Gott Selbst mir alles klar machen würde, und dass es eine Antwort auf all das gab und ich sie bekommen würde.

Bis heute ist Krankheit etwas, das die unschuldige Menschheit bedroht, mit wenig bis gar keiner Möglichkeit, ihrer tödlichen Kralle zu entfliehen. Durch alle Zeitalter hindurch haben wir viele lindernde Therapien für die unzähligen Formen von Krankheit ersonnen. Aber diese Wege waren im Großen und Ganzen nur lindernd, aber nicht heilend. Sie haben nichts weiter als zeitweilige Linderung gebracht, während wir schon wieder auf die nächste Welle der Heimsuchung warteten, die uns hinterhältig treffen würde.

Dieser mysteriöse und hinterhältige Feind von Gesundheit und Ganzheit hat die aggressivsten Methoden der Menschheit, Krankheit zu drosseln, zu vermeiden und zu überwinden, hervorgebracht. Er ist schonungslos und die Wurzel aller Ängste. Die Angst vor Krankheit und Tod wird als der König des Terrors bezeichnet.

Die moderne Medizin hat sich ihren Stellenwert errungen. Sie bietet eine ganze Dynastie von Diagnosegeräten und Vorrichtungen sowie auch chemische Pharmazeutika im Werte von vielen Millionen Dollar an..., um diesen schwer fassbaren Feind zu überwinden. Sie hat es aber traurigerweise weder geschafft, uns vor der Erfahrung zu schützen, noch uns vor der Zerstörung zu retten. Jedoch hat sie uns in viel zu vielen Fällen sogar bewiesen, dass sie jegliches existierende Problem verschlimmert.

In blinder Verzweiflung haben wir angefangen, diese schreckliche Erfahrung Gott, unserem Schöpfer, zuzuschreiben. Wir stellten sie uns als strafendes Mittel in Seinen Händen vor und reduzierten unser Konzept über uns selbst darauf, dass wir dieser Strafe wert seien. So wurde Er unbarmherzig und gnadenlos, um uns genau zu zeigen, was wir verdient haben. Unser Konzept von Gott wurde dem entstellenden und gewundenen Auftreten der Krankheiten selbst gleich.

Das war der dominierende Gedanke, dem ich blind nachhing, als ich eine Erfahrung machte, die meine gesamte Vorstellung vom Leben, von Gott, von Krankheit, herausfordern und ändern sollte, wie auch alle Gedanken, die um dieses Thema herum kreisten.

Meine zweite Tochter kam 1970 als Frühgeburt mit einem Sauerstoffmangel als Folge einer frühen Lungenkrankheit auf die Welt, und ihre Diagnose lautete ‚hoffnungslos geistig behindert'. Man empfahl mir, sie für den Rest ihres Lebens einer „staatlichen Schule" für institutionelle Pflege zu übergeben, da sie dachten, ich sei nicht in der Lage, eine solch schwierige Situation zu Hause bewältigen zu können. „Sie wird nie den Unterschied kennen", sagten sie mir. Die Idee war unvorstellbar, und Monate und Jahre lang machte ich allein und ohne sichtbare Hilfsmittel einfach mit der Erziehung meiner zwei Töchter weiter.

In jener Zeit fand eine Veränderung in meinem Denken statt, durch die ich anfing zu glauben, dass es tatsächlich einen Ausweg aus der Tyrannei und Heimsuchung der Krankheit gab. *Statt des Glaubens, dass Gott die Quelle einer solchen Erfahrung sei, sollte ein neues und mehr wahrheitsgemäßes Verständnis von Ihm der Pfad der Befreiung sein.*

Indem ich diese Ideen annahm, wenn auch anfangs sehr zögerlich, führte das schließlich dazu, dass meine Tochter aus ihrem mentalen Gefängnis komplett geheilt wurde und frei war, erwachsen zu werden und sich normal zu einer blühenden und lebendigen Erwachsenen zu entwickeln. Sie erfreute sich einer normalen Kindheit und Pubertät, und heute ist sie verheiratet, die Mutter meines ersten Enkels und praktizierende Anwältin.

Ich habe den Rest meines Lebens damit verbracht, herauszufinden und zu verstehen, wie das geschehen konnte und ob es einen Weg gäbe, solche Heilungen zu wiederholen. Ich wusste ohne Zweifel, dass ich nichts mit der Heilung meines Kindes zu tun hatte, zumindest nicht bewusst. Ich wusste, dass mir niemand sagen konnte, warum sie geheilt wurde oder wie das passiert ist. Sollte da vor allen Dingen ein *Prinzip* gefunden werden, welches die Menschen überall und unter allen Umständen in die Lage versetzen würde, dieselben Heilungen zu erfahren, wenn es verstanden wurde? Von allen meinen religiösen Lehrern wurde mir versichert, dass es das nicht gab. Tatsächlich sagten sie mir, dass es nicht für alle Menschen vorgesehen sei, geheilt zu werden. Und sie versicherten mir, während sie ständig über die fürchterliche Macht des Bösen auf der Erde redeten, dass es der Wille Gottes war, dass die Menschheit für ihre vielen Vergehen leiden sollte, um sie zu instruieren, zu führen und in eine bestimmte Richtung zu leiten. Sie erklärten auch, dass die Menschen oft für die Vergehen anderer leiden, so wie Kinder für die Sünden ihrer Eltern.

Ungeachtet dieser komischen Doktrinen begann ich über Jahre des Suchens hinweg Zeugin unerklärlicher Heilungen zu werden, die bald mit einer solchen Häufigkeit auftraten, dass ich sie schon zu erwarten begann. Diese Heilungen konnten nicht durch die Medizin oder die Wissenschaft erklärt werden. Ich fühlte die Präsenz Gottes in diesen Heilungen, aber ich verstand immer noch nicht, wie sie zustande kamen. Ich verstand auch nicht, warum die Menschen erst einmal Krankheiten erfuhren. Warum *wurden* manche Menschen *geheilt* und manche nicht? Qualifizierten sich manche irgendwie für ihre Heilung und andere nicht? Wer entschied das, Gott oder der Leidende? Sollten wir mit Krankheit als Teil des menschlichen Lebens leben? Und wenn dem so ist, warum? Und wenn nicht, wie könnten wir diesen Wahnsinn beenden?

Schließlich kam ich zu einem ungewohnten und neuen Ansatz der Heilung, den man später, da es keinen anderen Begriff gab, als „alternativ" oder „holistisch" bezeichnete. Ich eröffnete 1975 ein Zentrum für Heilung in San Antonio, Texas, und begann diesen neuen Ansatz zu unterrichten und zu testen, während ich mich selbst weiterhin bemühte, ihn zu verstehen.

Ich verband einen eher praktischen Ansatz zur Heilung und eine persönliche Verantwortung in der Pflege unseres Körpers mit der tiefen Erforschung und Berichtigung unserer Glaubenssätze und des Verständnisses des Lebens selbst. Ich begann zu verstehen, wie weit wir uns von der Realität des Lebens und der wahren Natur Gottes, sowie von dem Wissen, warum wir hier sind und wer wir wirklich sind, entfernt hatten.

Zu unserer Freude und Entlastung bemerkten wir, dass unsere *Erwartungen* an Gesundheit und Ganzheit stiegen, als diese Dinge geklärt und hoch gekommen waren, und als wir lernten, uns entsprechend um unseren Körper und die Erhaltung der Gesundheit unseres Körpers zu kümmern. Dies würde uns unweigerlich zu der *Erfahrung* von Gesundheit und Ganzheit führen. Kurz gesagt, wir lernten, außerhalb des Glaubens an die *Unvermeidlichkeit* von Krankheit zu leben. Wir lernten, dass es Prinzipien der Heilung, und wichtiger noch, Lebensprinzipien, gibt, die uns von der Erfahrung und der Auswirkung von Krankheit befreien.

Nach 40 Jahren praktizierendem Heilen pausierte ich, um ein Buch zu schreiben, das diese Prinzipien erklärt und diskutiert. Es war meine Hoffnung, dieses Verständnis mit denen zu teilen, die ebenfalls nach der Erlösung von Kummer suchten, und die sich nach einer neuen und hoffnungsvolleren Erfahrung im Leben sehnten. Mein erstes Buch „Von Affen und Drachen, Befreiung aus der Tyrannei der Krankheit" umreißt diese Prinzipien, die auf alle Qualen menschlichen Seins anwendbar sind, nicht nur einzig auf Krankheit selbst.

Die Resonanz auf das Buch war überwältigend und brachte Hoffnung und Wegweisung für diejenigen, die sich selbst in der verbogenen menschlichen Ideologie und deren folgerichtigen Erfahrung von Krankheit (engl. dis-ease – nicht-Leichtigkeit) gestrandet fühlten. Aus diesem Grunde möchte ich gerne meine Arbeit ausweiten und weiter die falschen Vorstellungen des menschlichen Bewusstseins erforschen, die durch die Unendliche Weisheit des Geistes Gottes ersetzt werden müssen.

So wandte ich mein müdes Herz ab von allem, was ich kannte, und begann zu lernen zuzuhören, und zuzuhören, um zu lernen. Die Entdeckung war jenseits meiner größten Hoffnungen und jenseits von allem, was ich mir jemals vorstellen konnte.

Heute, überzeugt von der grundsätzlichen Unrechtmäßigkeit der generellen Existenz von Krankheit überhaupt, überzeugt von der Unschuld Gottes als der Quelle solcher Vorfälle, und ebenfalls überzeugt von der grundsätzlichen Unschuld der Menschheit…. heute erkläre ich, damit alle Welt es hört, dass die Menschheit frei sein kann, und dass sie tatsächlich geschaffen wurde, um von allen Krankheiten und Leiden frei zu sein. Es gibt einen Weg, von alledem frei zu sein. Es *gibt* „Freiheit von der Tyrannei der Krankheit", und wir können sie jetzt erfahren, unabhängig von unseren aktuellen Lebensumständen.

Ich unterbreite Ihnen nun diese Serie von Vorträgen und Diskussionen als Basis für die Entfaltung einer neuen und bewussteren Erfahrung des Lebens, „wie im Himmel so auf Erden".

Einführung:

Wer hat Ihnen gesagt…?

Niemand sollte jemals zu hören bekommen: „Geh nach Hause und bring deine Angelegenheiten in Ordnung. Es gibt keine Hilfe für dich“. Aber Tausende hören diese Worte jeden Tag. So oft, dass wir dazu gekommen sind zu glauben, dass es die normale Abfolge der Ereignisse ist, und dass wir alle erwarten sollten, zu einer gegebenen Zeit faktisch genau an demselben Punkt in unserer eigenen Erfahrung zu sein.

Aber wenn das doch normal ist, warum wehren wir uns so? Warum rennen wir hierhin und dorthin, um Hilfe zu finden, obwohl uns gesagt wurde, dass es keine Hilfe gibt? Warum setzen wir unseren Körper, unsere Familie und unsere Finanzen medizinischen Behandlungen aus, von denen wir wissen, dass sie nicht funktionieren?

Ich glaube, dass wir uns deshalb gegen das widersetzen, was uns gesagt wird, weil wir uns noch nicht vollständig in die Idee „haben einkaufen lassen“, dass Krankheit und Zerstörung wirklich genetisch oder spirituell vorprogrammiert und ein notwendiger Teil unseres Lebens ist. Ich glaube, dass tief in der Seele jedes Menschen die Wahrheit über das Leben, dessen Absichten, Erwartungen und Realitäten wirklich existiert.

Hier ist es, wo die tagtäglich *erlernten* Glaubenssätze mit der *wahren, immerwährenden Wirklichkeit* kollidieren. Wenn wir also mit Krankheit konfrontiert werden, reagieren wir. Wir schlagen zurück. Wir erklären, dass unsere Herzen etwas anderes sagen als das, was wir in unserem Kopf wissen.

Als auszubildende Krankenschwester in den frühen Sechzigern sah ich viel davon. Ich stand zur Salzsäule erstarrt, wenn Patienten ihre Todesnachricht erhielten. Ich beobachtete, wie der Ausdruck des

Horrors über ihre Gesichter zog. Einmal machte ich die Erfahrung, einen Mann zu sehen (ich erinnere mich immer noch an seinen Namen), wie er aus dem Krankenhausfenster sprang, um dem Unvermeidlichen davon zu rennen. Und ein anderer legte sich auf sein Bett, nachdem er eine Tasse Zyanid getrunken hatte. Andere unterwarfen sich einfach und still in stummer Ergebenheit den Worten *derer*, „die es wissen". Was sollten sie sonst tun?

Aber dann gab es jene, die, nachdem sie die tödliche Nachricht erfuhren, erklärten, dass es eine Antwort darauf geben musste. Und sie zogen aus, eine zu finden. Was machte den Unterschied, fragte ich mich immerzu? Warum weigerten sich einige einfach, dem nachzukommen? War es nur Trotz gegen ein unrechtes Urteil? Wussten sie etwas, was ich noch nicht wusste?

Zugegeben, manchmal fanden diese Leute zu ihren Lebzeiten keine Antwort. Aber ich lernte, sie dafür zu bewundern, dass sie diese Worte und Gedanken nicht als das absolute Wort Gottes akzeptierten.

Der medizinische Berufsstand spöttelt über solch ein Verhalten, während er glaubt, dass es einfach keine Antwort gibt, wenn die Mediziner keine Antwort haben. Ich schäme mich zuzugeben, dass ich eine von ihnen war, die sogar so weit ging, gerichtliche Anweisungen einzuholen, um Kinder unter „akzeptabler" medizinischer Betreuung zu halten, während ihre Eltern andere Wege suchten. Heute bezeichne ich solch ein Verhalten als „arrogante Ignoranz".

Für eine Weile war das Ganze ziemlich miserabel für mich. Ich war durcheinander und ärgerlich über mich selbst, da ich zweifellos eine von denen war, die einer unrechten Aussage trotzten. Ich hatte eine Million Fragen und keine Antworten, zumindest keine, denen ich trauen konnte. Aber komischerweise hatte ich immer das vage Gefühl, dass ich eines Tages meine Antworten finden würde. Eines Tages würden wir es alle wissen, und dann würden wir verstehen, wie wir solchen zyklischen Wellen von Schmerz und Zerstörung widerstehen konnten.

Nach und nach, und teilweise nachdem meine Tochter geheilt war, begann ich ohne Zweifel zu glauben, dass wir diese Situationen meistern sollten. Wir sollten sie meistern, weil sie absolut unrechtmäßig waren.

Wer hat uns gesagt, dass Schmerz, Pein und Leid notwendig sind? Notwendig wofür?

Das erinnert mich an die Geschichte von Adam und Eva. Als Adam mit dem Erscheinen von Nacktheit konfrontiert worden war, sagte er zu Gott: „Ich weiß, dass ich nackt bin und habe Angst." Und Gott antwortete: „Wer hat dir gesagt, dass du nackt bist?"(1)

Wer hat uns gesagt, dass wir schwach, arm, verloren und unwissend sind? („Nackt sein" heißt in Wirklichkeit... ohne das Wissen über unsere wahre Identität zu sein). Wer hat uns gesagt, dass wir so miserabel und unwürdig sind, und dass wir nur dadurch, dass wir uns dem Schmerz und der Schwäche, des Leidens und der Pein übergeben, jemals wieder würdevoll sein würden? Wer hat uns all das gesagt? Wer hat uns gesagt, dass wir Krankheit und Leiden in unserer menschlichen Erfahrung brauchen? Wer hat uns gesagt, dass wir das verdient haben? Wer hat uns das erste Mal gesagt, dass wir von solch verkommener Natur sind, dass wir diese Erfahrungen auf uns nehmen müssten, um unseren *Punktestand bei Gott wieder auszugleichen*? Wer hat uns gesagt, dass Gott dies verlangen würde? Das sind die Worte, die ich von meinen Patienten, vom Klerus und von Laien mein ganzes Leben lang gehört habe, als ich versuchte, die grundlegende Ursache des menschlichen Leidens zu erklären.

Konnte dieses volle Akzeptieren solcher Gedanken über Gott und über uns das sein, was die Existenz solchen Leidens erlaubt?

Jetzt kommt die unbestrittene Wahrheit unter dem Schutt des vorherrschenden religiösen Gedankens zum Vorschein... *Gott verneint, dass wir schwach, arm und sündig sind und es nötig haben zu leiden, um uns von unserer miserablen Natur zu reinigen.* Ich brauchte viele Jahre, um das letztendlich zu verstehen.

Erlauben Sie mir nun, Sie Schritt für Schritt durch das hindurch zu führen, was ich gelernt habe, und Ihnen zu zeigen, wie es sich alles vor mir entfaltete. Diese neuen Einsichten haben letztendlich meine Glaubenssätze korrigiert, an denen wir alle festhalten. Es ist Zeit, diese Worte herauszufordern und die Wahrheit zu finden, die uns dazu dient, uns von diesem ganzen miserablen Szenario zu befreien.

Erster Teil:

Einführung

In diesem Teil wollen wir uns die gegenwärtigen kollektiven menschlichen Glaubenssätze über Krankheit und Leiden im Allgemeinen anschauen. Wir werden die Sinnlosigkeit der Behandlung von Krankheit auf einer rein physischen Ebene und den sich immerwährend fortsetzenden Fehler der Sichtweise, dass Krankheit physische Ursprünge und Kausalitäten hat, erkennen.

Wir werden den gesamten Sachverhalt des Glaubens, dass Gott der Ahnherr des menschlichen Leidens sei, darlegen, und den weit verbreiteten religiösen Glauben betrachten, der dieses Konzept in die Herzen und Köpfe der Menschen eingeimpft hat. Wir werden eine höhere Weisheit, ein reineres Verständnis, bezüglich dieses Sachverhaltes entdecken und herausfinden, auf welcher Basis wir es wagen können, in andere Richtungen zu schauen. Die Hoffnung und Erwartung auf ein Leben jenseits der Krankheit und eine komplette Änderung des gesamten tragischen Bildes muss notwendigerweise mit einer neuen und manchmal radikalen Korrektur darin beginnen, was wir, ohne zu fragen und ohne inne zu halten, erwarten würden. Wir werden hier eine Pause machen, um Fragen zu stellen.

Und zum Schluss werden wir Gesundheit und Krankheit neu definieren, was uns einen gemeinsamen Ausgangspunkt gibt, von dem aus wir unsere Reise gemeinsam beginnen.

Ein unerreichbares Ziel

Können wir wirklich ein Leben leben, ohne dass uns Krankheit ereilt? War es so für uns geplant? Oder war es vorherbestimmt, dass wir an Krankheit leiden, so wie es heute so viele anerkennen?

Wo hat das alles angefangen? Warum hat das alles angefangen? Kommt es von Gott „nur als Strafe“? Sind wir verantwortlich? Haben wir es selbst „verursacht“? Noch wichtiger, gibt es einen Weg heraus aus diesem Horror..., oder ist dies der Weg, ewiges Leben zu erlangen?

Das sind Fragen, die erforscht werden müssen, damit wir einen Weg aus diesem Glauben und der darauf folgenden Erfahrung finden. Wir müssen das Leben aus einer komplett anderen Perspektive betrachten, wenn wir damit beginnen wollen, es auf andere Weise zu erleben.

Ist das möglich? Absolut. Nicht nur möglich, sondern auch notwendig, wenn wir zu einem unerreichbaren Ziel werden wollen. Also machen Sie sich bereit für eine Reise zu einem neuen Verständnis, einem Verstehen, das Sie in einen Raum des Friedens und in ein Leben ohne Angst katapultieren wird.

Ein guter Ausgangspunkt wäre wahrscheinlich der, einige der gegenwärtig vorherrschenden Glaubenssätze über Krankheit und Gesundheit zu untersuchen..., über den Körper im Allgemeinen, sowie darüber, was unser Wesen wirklich ausmacht und wo alles begann. Wir müssen auch einige absolute Wahrheiten über Gott erkennen..., einige, die die Religion möglicherweise aus Ignoranz und Angst verzerrt hat. Wir werden herausfinden, warum und wo solche menschlichen Glaubenssätze begannen und wie sie mit der Erfahrung von Krankheit und Leiden zusammenhängen.

Eine der ersten Voraussetzungen für dieses neue Verständnis muss sein, dass wir dem Thema mit einem offenen Verstand und dem Wunsch, ehrlich die Wahrheit wissen zu wollen, begegnen. Wir müssen nicht zuletzt mit einer Hoffnung herangehen, dass es einen anderen Weg gibt, das Leben zu sehen, und dass dieser unsere gegenwärtigen Umstände korrigiert. Wenn wir unseren gegenwärtigen Glaubenssystemen anhaften, sie um uns legen wie einen Schal, sie verteidigen und das Alte schützen…, wenn wir nicht willens sind, etwas, an das wir glauben, loszulassen, aus Angst vor Veränderung oder einer unbestimmten Angst davor, dass „Gott uns so geschaffen hat"…. dann werden wir hier nicht viel Boden gewinnen.

Es ist unmöglich, mit denselben Gedanken und Glaubenssystemen an dieses Thema heran zu treten und andere Resultate zu erwarten. Deshalb sagte Jesus „ Du kannst keinen neuen Wein in alter Schläuche füllen"(1). Zuerst müssen Sie bereit sein, die alten Orientierungspunkte hinter sich zu lassen und darauf zu vertrauen, dass Sie an die Hand genommen werden und an einen größeren Platz des Denkens, des Verständnisses und der Erfahrung geführt werden.

Vielleicht kennen Sie Gott noch nicht als die ewig-präsente Liebe: Eine Liebe, der Sie sich in Vertrauen und Zuversicht übergeben können. Am Ende dieser Reise werden Sie das tun. Denken Sie daran, würden Ihre alten Überzeugungen Sie von Ihrem Leiden befreien, dann hätten sie das jetzt schon getan!

Zu Beginn müssen wir uns anschauen, wer wir sind, woher wir gekommen sind, und später dann, warum wir hier sind. Das Wissen um die Quelle unserer Existenz entscheidet darüber, wie wir unser Leben, unseren Körper und unsere Gesundheit sehen.

Diese Fragen sind nicht neu. Jede menschliche Zivilisation hat diese Fragen gestellt, jede hat unter ihren Meinungen und Glaubenssystemen gelitten. Im wissenschaftlichen Zeitalter, welches das Denken dominiert, sind wir dazu übergangen zu glauben, dass wir unsere Wurzeln in der Materie haben, statt dass unsere Anfänge „in Gott" waren. Jetzt sind wir einfach nur das Produkt einer zufälligen DNS, eines genetischen Pools. Wir sind Materie von Anfang bis Ende.

Über Jahre, beinahe ein Jahrhundert lang oder mehr, wurde man von der Wissenschaft verspottet, wenn man glaubte, dass wir einen rein spirituellen Ursprung haben. Als die Wissenschaft zu einem weiteren „Gott, den wir geschaffen haben“ wurde, wurde das Konzept einer spirituellen Gottheit als unserer Quelle und unseres Ursprungs und ihrer beherrschenden Macht in unserem Leben immer unpopulärer.

Mit der sozialen und sexuellen Revolution in den 60er Jahren waren die Menschen nicht geneigt, einem herrschenden Gott zu antworten, sondern sie bevorzugten, sich für ihren Lebensstandard zu entscheiden. Vielleicht richtete sich die wirkliche Revolution mehr gegen die Behauptung der religiösen Lehren *über* Gott statt gegen Gott Selbst. Aber die meisten Leute waren nicht in der Lage, das zu unterscheiden, deshalb „wurde das Baby mit dem Bade ausgeschüttet“.

Um Krankheit und deren Existenz überhaupt anzufechten, müssen wir unseren Weg zurück zur Idee finden, dass unsere Existenz einen reinen, spirituellen Ursprung hat…, *mit unseren Körpern, die einfach Werkzeuge des Ausdrucks unserer Spiritualität sind.*

Wenn wir wirklich nur Materie wären, zufällige Akte einer Wahl, dann wäre auch Krankheit (und jede andere menschliche Erfahrung) nur ein rein zufälliger Akt. Sollte das die höchste Wahrheit sein, die wir erfassen können, dann bleibt uns nichts anderes übrig als uns zu ducken, wenn die Attacken kommen! Was so ziemlich dem entspricht, was wir sowieso bisher immer getan haben.

Die Medizin hat uns gelehrt, dass wir die Quelle für unsere Gebrechlichkeiten in der Materie suchen sollen. Wir machen unser Alter, unser Geschlecht, unsere Eltern dafür verantwortlich. Wir machen unsere Umwelt, die Bäume, die Blumen, das Gras und die Jahreszeiten dafür verantwortlich. Wir machen unsere Eßgewohnheiten dafür verantwortlich. Wir machen das Wasser, das wir trinken, die Luft, die wir atmen und den Boden, auf dem wir unser Getreide bestellen, dafür verantwortlich.

Wir sind zu Opfern der Welt, in der wir leben, geworden, sowie zu Opfern unserer Körper, in denen wir leben, und Opfer der Eltern, die uns geliebt und für uns gesorgt haben. Wir leben in einer Opfermentalität! ·

Wir haben aus allem einen potentiellen Feind gemacht. Unser aggressivster Feind überhaupt ist unser unberechenbarer Körper. Und natürlich ist unsere einzige Lösung die, dass wir für jeden einzelnen Teil unseres Körpers, sowie für alles, was sonst noch schief geht, eine Tablette angeboten bekommen.

Sie werden mir zustimmen, dass das ein hysterischer Wahnsinn wurde, mit Angst als Motivation unserer gesamten menschlichen Erfahrung.

Leider ist es genauso destruktiv geworden, sich Gott als dem Ahnherrn unseres Lebens oder als herrschendem Faktor zuzuwenden. *Und das kommt traurigerweise durch die Vorstellungen, die uns über die Natur Gottes gelehrt wurden.* Diese Vorstellungen haben Angst, Furcht und ein *Gefühl des Getrenntseins* von Gott und den anderen Menschen produziert und uns Gott unzugänglich gemacht.

Die Religion hat uns unser grundlegendes Unwertsein und die Notwendigkeit des Leidens, um Rechtschaffenheit zu erwerben, gelehrt. Sie hat uns einen Gott gegeben, Der schrecklich hohe Anforderungen stellt und unmöglich zufrieden zu stellen ist.

Krankheit ist demzufolge ein Resultat und eine physische Manifestation der Konfusion und Niederlage, die wir fühlen…. Unser uns inne wohnendes Versagen in den Augen Gottes. Sie ist das Resultat des Menschseins. Wir haben die Erfahrung und gleichzeitig den Grund für ihre Existenz geschaffen! Wie unmöglich ist es dann, Gott mit einem gewissen Grad an Selbstbewusstsein um Heilung anzurufen, wenn wir doch fühlen, dass wir diese Misere irgendwie verdient haben, und dass sie sicherlich „zu unserem Besten ist!“

Lassen wir diese beiden Philosophien, die zerstörerisch und unproduktiv sind, in unserer Suche nach einem Leben ohne Krankheit hinter uns, und wenden wir uns der Wahrheit über Gott und der Wahrheit über die Menschheit zu. Lassen Sie uns *auf Gott blicken,* um Antworten zu bekommen. Wenden wir uns ab vom „menschlichen

Gottesbild" und dessen fremden und gewundenen Ideen. Lassen Sie uns gemeinsam entdecken, wofür das Leben wirklich geschaffen wurde und wie es zu finden ist.

Krankheit ist die physische Manifestation eines Glaubens. Nicht notwendigerweise die eines persönlichen Glaubens, sondern die eines kollektiven menschlichen Glaubenskonzeptes...., über Gott, über uns, über das Leben. Diese Glaubenssätze sind so zerstörerisch, dass sie Krankheit (engl. dis-ease – Nicht-Leichtsein) und Leid verursachen, die heute unser Leben bestimmen.

Die gute Nachricht ist, dass diese Glaubenssätze herausgefordert und korrigiert werden können. Mit diesem neuen Verständnis werden neue Erfahrungen und eine Freiheit von dieser gegenwärtigen Versklavung in unser Leben kommen.

Es ist meine Aufgabe, das mit Ihnen zu teilen.

Die Daseinsberechtigung der Krankheit anfechten

Krankheit ist eine unrechtmäßige Erfahrung. Nur unsere Faszination ihr gegenüber gibt ihr die Macht zu existieren. Nur unsere Angst vor ihr gibt ihr die Macht, uns zu überwältigen.

Was gibt uns das Recht, solch weit verbreitete Glaubenssätze und Erfahrungen anzufechten? Und woher nehmen wir den Mut, unser von Gott gegebenes Recht einzufordern, außerhalb der Reichweite solch einer Erfahrung zu leben?

Woher kam Krankheit? Wie ist sie zuerst aufgetreten und warum? Gibt es einen gemeinsamen Nenner für alle Krankheiten? Und wenn dem so ist, wie wird uns dann dieses Verständnis erlauben, die Krankheit zu verlassen?

Die folgende Geschichte ist das perfekte Sprungbrett, um diese Diskussion zu beginnen.

Vor nur wenigen Jahren besuchte ein junger Mann einen spirituellen praktischen Arzt. Er ist einer, der heilt, indem er das eigene Bewusstsein über Spiritualität und die Beziehung zu Gott zu erweitern versucht. Der junge Mann erklärte, dass er die gefürchtete Krankheit AIDS hatte und ihm nur noch wenige Jahre zu leben gegeben waren. Er bat den Arzt nicht darum, für seine Heilung zu beten. Er sagte, er wüsste, dass er sterben müsse und er wolle nur noch eines bevor er starb. Er wollte dass der Arzt ihm helfe, „Gott zu kennen". Nicht die fremde und verdrehte Vorstellung, vor der er als Kind geflohen ist. Nicht die übliche patentierte Antwort, die er seine ganze Jugend hindurch gehört hatte. Er wollte Gott wirklich kennen lernen, falls Gott wirklich erkannt werden konnte. Wenn Sie so wollen, dann wollte er ein Bild seines Schöpfers, um Ihn persönlich kennen lernen zu können. Er wollte das Leben und seine Bedeutung verstehen.

Was war Gottes Erwartung von ihm? Was war die Bedeutung und das Ziel dieser menschlichen Erfahrung? Wer war Gott wirklich, und war es möglich, Ihn kennen zu lernen… Seinen Charakter und Seine Natur, Seine Gedanken und Gefühle?(1)

Dieser praktische Arzt war ein Mann, der sein ganzes Leben damit verbracht hatte, für die Heilung der Leute zu beten. Aber er hatte noch nie von jemandem, dessen Todesurteil nahe bevorstand, solch eine Bitte gehört. Immer suchen die Menschen Gott, um Ihn um einen Gefallen zu bitten, um einen Segen, eine Art von Heilung. Niemals zuvor hat er einen Menschen getroffen, der Gott einfach aus dem Wunsch heraus suchte, Ihn zu kennen, ohne Hintergedanken.

Der Heiler war beeindruckt von der Ernsthaftigkeit und Reinheit des Herzens des jungen Mannes und erklärte sich damit einverstanden, ihm zu helfen.

Während der nächsten zwei Jahre trafen sie sich zwei Mal pro Woche, studierten und suchten nach dem wahren Wissen von Gott. (2) Sie fanden heraus, dass Gott Selbst erpicht darauf war, ihnen Seine wahre Natur zu enthüllen, und dass Er schnell gemäß ihres Verstehens auf jedes Gebet reagierte.

Ihre Reise war begleitet von Hoffnung und freudiger Erwartung mit ständigen neuen und frischen Entdeckungen. Viele alte und ausgetretene Konzepte wurden durch reine Enthüllungen über die Natur Gottes und die Beziehung des Menschen zu dieser Natur ersetzt. *Sie fanden, dass sich ihnen der Geist und das Herz Gottes buchstäblich öffneten, weil sie nichts weniger als die Wahrheit suchten.*

Inmitten all dieser brennenden Gedanken wurde der junge Mann schrittweise symptomfrei und entdeckte später, dass er HIV negativ geworden war. Er hatte nie darum gebeten, noch hatte er es sich heimlich erhofft. Er verstand, dass er *nichts getan hatte, um das zu verdienen*, noch dass er sich irgendwie dafür qualifizieren musste, indem er selbst etwas unternahm, um es *wert* zu sein, geheilt zu werden.

Was er erkannte, war, dass er der wahren Natur Gottes ins Gesicht blickte, und dass dieses Ergebnis das einzig mögliche war.

Was ist hier passiert? Wie und warum ist das geschehen? Was müssen wir solch einem Ereignis entnehmen? Vor allem, gibt es ein Prinzip oder eine Wahrheit, die, erkannt und verstanden, auch anderen solche Heilung ermöglicht? Gibt es ein *Gesetz* der Heilung, oder war es einfach ein Würfelspiel, in dem er eben nur gut gewürfelt hatte?

Die Antwort auf diese Fragen ... um zu verstehen, was hier passiert ist und warum..., um die versteckten Wahrheiten zu finden, die dieses stattgefundene Ereignis verursacht hatten..., und um dann in der Lage zu sein, solch eine Erfahrung zu reproduzieren, dazu müssen wir herausfinden, was er in seiner Suche nach dem wahren und lebendigen Gott erkannt hatte, und *wie dieses Wissen möglicherweise solch einen Wandel des menschlichen Zustandes verursachte.*

Das ist dann eine Erkenntnis, die zum Gesetz des Lebens gehört, gefiltert durch ein neues und brillant erhelltes Verständnis über unseren Schöpfer und Macher. Eine Enthüllung der Erleuchtung, die heilt, wenn sie mit ganzem Herzen und ganzer Seele gesucht wird, und die den Menschen und dessen Lebensweg verändert. Die einzige Voraussetzung scheint zu sein, dass wir uns dem mit Demut und mit dem Wunsch nähern, die Wahrheit zu erkennen, dass uns dies wichtiger ist als „recht haben“ zu wollen. Damit meine ich, dass wir freudig unsere vorgefassten Glaubenssysteme und Meinungen niederlegen..., alles das, was wir „wissen“ und worauf wir bestehen, was richtig und korrekt sei..., und dass wir *uns von Gott Selbst über Sich belehren lassen.*

Wie und warum heilt und korrigiert dies das menschliche Bild? *Weil wir herausfinden, dass wir unser Leben gemäß unserer Vorstellung von Gott erfahren.* Wenn das Gottesbild korrigiert wird..., wird unsere Erfahrung korrigiert..., ohne menschliche Anstrengung oder Einmischung.

Jesus sagte: „ Gesegnet sind die, die ein reines Herz haben, denn sie werden Gott schauen (kennen, wahrnehmen)“ (4). Und später lesen wir die Worte von Paulus: „Für die Reinen ist alles rein.“ Das sagt mir, dass alles rein, sauber und ganz erscheint, wenn wir die Reinheit des Denkens (Wahrheit) erkennen.

Eine weitere Bibelstelle aus dem zweiten Buch Samuel, Kapitel 22, erklärt: „Dem Barmherzigen zeigst Du Dich gnädig, dem Aufrichtigen gegenüber handelst Du rechtschaffen. Dem Reinen zeigst Du dich rein. Jedoch dem Angreifer und Widersacher gegenüber zeigst Du Dich hart und unnahbar.“ (5)

Wie immer wir uns auch Gott vorstellen…, so erscheint Er jedem von uns. Wenn wir erlauben, dass uns dies in einem reineren und akkurateren Verständnis präsentiert wird, dann wird es aus sich selbst heraus die menschliche Erscheinung korrigieren.

Der Paradigmenwechsel

Nicht nur unser Verständnis über die Natur Gottes muss korrigiert werden, sondern auch unsere Akzeptanz dessen, wie Gott den Menschen und Seine ganze Schöpfung sieht, muss neu überdacht werden.

Lassen Sie mich eine weitere Geschichte mit Ihnen teilen, die Ihnen hilft, solch ein Konzept besser zu verstehen.

Nachdem mein erstes Buch veröffentlich war, erhielt ich viele Hunderte von Briefen, Emails und Anrufen, die mir erzählten, dass sie während der Lektüre des Buches, und ohne jegliche menschliche Anstrengung, Heilungen erfuhren..., an ihren Körpern, an ihrem Zuhause, in ihren Ehen, ihren Beziehungen, Finanzen, Karrieren usw. Es fand eine Veränderung der Wahrnehmung statt, und daraus resultierte eine Veränderung in der menschlichen Erscheinung.

Ich erhielt einen solchen Anruf von einer Frau, die in einer anderen texanischen Stadt lebte, und die meine wöchentliche Radioshow „Leben jenseits der Krankheit" hörte. Sie fragte, ob ich ihr bei der bevorstehenden Operation eines bösartigen Brustkrebses beistehen würde.

Sie erzählte mir, dass sie keine Familie oder nahen Freunde hätte, mit denen sie sich in dieser sehr herausfordernden Zeit in ihrem Leben wohl fühlte. Sie würde sich ein Taxi ins Krankenhaus und zurück nehmen. Obwohl ihr gesagt wurde, der Krebs habe schon über die Grenzen ihrer Brust gestreut, stimmte sie in ihrer Verzweiflung der Operation zu.

Die ganze Zeit, während sie mir ihre Geschichte erzählte, betete ich für sie und fragte Gott, was ich ihr sagen sollte... Was wollte Er, das sie wissen sollte?

Ich sagte ihr, dass Gott sie ohne Beschwerden sah, Er sah sie so, wie Er sie geschaffen und geformt hatte „nach Seinem Ebenbild". Und dass es im Geiste Gottes *niemals eine Änderung in dieser absoluten Wahrheit* geben konnte. Seit jeher leben wir *„aus unserer Vision von Gott und dem Leben heraus"*. Die Korrektur, wie Gott sie tatsächlich sah, musste *persönlich* in ihr Bewusstsein kommen.

Wir beteten täglich gemeinsam, dass sie sich selbst genauso sehen könnte, wie Gott sie sieht, wie Er sie aus Seiner eigenen Perfektion heraus geschaffen hat. Ich erinnerte sie daran: „Gott sah alles an, was Er gemacht hatte. Es war sehr gut." (1) Wir schlugen das hebräische Wort „gut" nach und fanden heraus, was es bedeutete: *perfekt, unbeschädigt, ununterbrochen und unvergänglich.*

Wir sprachen über das Gesetz des Lebens, das feststellt: „Jeder Samen reproduziert sich nach seiner eigenen Art." (2) Ein Karottensamen kann nur eine Karotte produzieren. Ein Ahornsamen kann nur ein Ahornbaum werden. Jedes Tier bringt nur seine eigene Rasse hervor. Und so ist das auch mit Gott. Deshalb ist es so wichtig zu verstehen und fest zu glauben: „Er hat uns geschaffen und nicht wir selbst..., die Welt und alles was darinnen ist." (3)

Geschaffen von Gott, müssen wir demzufolge lernen zu erwarten, dass nur das in unser Leben tritt, was der Natur Gottes entspricht.

An dem Tag, an dem sie ins Krankenhaus gehen sollte, kaufte sie eine langstielige rote Rose und setzte sie in eine mit Wasser gefüllte Vase. Sie stellte die Rose neben ihr Bett, sodass sie das Erste sein würde, was sie sehen würde, wenn sie aus der Narkose aufwachte. Sie betete: „Gott, lass mich beim Anblick der Rose daran erinnert sein, dass Du dieselbe Schönheit, Ordnung und Ganzheit siehst, wenn Du mich anschaust. Hilf mir, mich selbst so zu sehen, wie Du mich gemacht hast." Die Rose war tatsächlich das erste, was sie sah, als sie nach ihrer Operation aufwachte, und jedes Mal, wenn sie sie anschaute, wiederholte sie ihr Gebet.

Bald wurde sie aus dem Krankenhaus entlassen und stellte die Rose zu Hause auf ihr Nachtkästchen. Nach ein paar Tagen wurde die Blume dunkel, kastanienbraun, ihr Kopf hing, und die Blätter waren trocken und spröde. Sie dachte daran, sie wegzuwerfen, aber sie entschied sich stattdessen, frisches Wasser in die Vase zu füllen. Sie fühlte sich ein bisschen töricht, stellte die Vase beiseite und ging ihren täglichen Beschäftigungen zur Wiederherstellung ihrer Kräfte nach. Tage später erinnerte sie sich an die Rose, und während sie sich ihr näherte, nahm sie zu ihrer Überraschung wahr, dass nun vier neue Rosen aus dem abgeschnittenen Stängel sprossen, und dass jede von ihnen eine andere Farbe hatte!

Sie war hingerissen von der Erkenntnis, dass Gott tatsächlich auf ihre Gebete geantwortet und ihr durch die Rosen Seine Freude gezeigt hatte. Es ist unnötig zu sagen, dass der Krebs nicht wiedergekommen ist. Sie gewann ihre volle Gesundheit wieder, machte eine neue Karriere, erfuhr die Befreiung von einer alten Schuldenlast und einen unglaublich neuen Einblick in das Herz und den Geist Gottes.

Krankheit ist unrechtmäßig. Als ein kollektiver menschlicher Glaubenssatz ist sie das Produkt *eines Herzens, welches ein Gefühl des Nicht-Wertseins bewahrt.* Nicht nur sich selbst, sondern auch der Welt, auf die es blickt, gegenüber, die es ebenfalls als unwürdig bewertet. Das menschliche Herz projiziert dieses Nicht-Würdigsein auf einen Gott, der über Seine Schöpfung, die Menschen, enttäuscht ist. Es glaubt, dass Krankheit, wie auch jedes menschliche Leiden, einfach die Konsequenz sei, aus der Sicht Gottes heraus versagt zu haben.

Dieser kollektive menschliche Glaubenssatz erkennt sich nicht als eine Spiegelung der Schönheit und der Perfektion seiner Quelle, seines Ursprungs, seines Schöpfers. Noch begreift es, dass es unter dem Schirm Seiner konstanten Pflege ist. Dies wird „sündige Natur“ genannt. Das Wort *Sünde* bedeutet hier, *ein Gefühl der Trennung von der Person und der Natur Gottes zu unterhalten.* Es bezieht sich immer auf eine Natur, auf ein bewusstes Wahrnehmen…, nicht auf eine Aktion.

Obwohl wir dieses negative Urteil zur Natur Gottes erklärt haben, hat solch ein Gott nie existiert! Nur in den Köpfen der Menschen, die Gott nicht kennen, konnte solch eine verzerrte Vorstellung von einem Gott existieren, Der so rein, so heilig und so gnädig ist. Krankheit ist das Resultat einer erlernten Vorstellung…, einer Vorstellung von Gott, von den Menschen und vom Leben…, und diese Vorstellung ist schwer fehlerhaft. Wenn diese falsche Vorstellung geheilt wird und eine neue Vision auftaucht, werden wir leise aufstehen und uns von alledem weg bewegen, was dieses falsche Konzept verursacht hat. Wenn wir unsere Vorstellung korrigieren, dann erscheint uns die ganze Welt in Göttlicher Ordnung.

Bald wird die Menschheit die Grabeskleidung solch einer Verdrehung des Wissens abwerfen und letztlich frei sein, um zu leben, zu lieben und zu lachen, ohne Angst und Furcht vor Krankheit. Das ist das Erscheinen des Königreiches (der Herrschaft) Gottes (des Guten)…, das, wie Jesus erklärt, schon mitten unter uns ist und bereits immer hier gewesen ist. (4) Dann werden wir sehen, dass „das Land erfüllt ist von der Erkenntnis des Herrn, so wie das Meer mit Wasser gefüllt ist." (5)

Unsere Zeit ist gekommen…

Denn es steht geschrieben: „Die ganze Schöpfung wartet sehnsüchtig auf das Offenbarwerden der Söhne Gottes." (6) Dann passiert es: „Kalb und Löwe weiden zusammen", (7) „und nie mehr hört man dort lautes Weinen und lautes Klagen." (8)

Krankheit ist wahrlich unrechtmäßig. Gott hat sie niemals geschaffen, gesehen oder jemals einen Nutzen dafür vorgesehen. Er hat keinen guten Grund dafür, er hat niemals die Menschheit oder irgendeinen Teil seiner Schöpfung dafür vorgesehen, Krankheit zu erfahren.

Es ist eine Tatsache, dass wir, wenn wir einmal die Natur Gottes kennen, verstehen werden, dass Krankheit das totale Gegenteil der Göttlichen Natur von Ordnung und Perfektion ist, und dass sie wahrhaft unmöglich von Ihm ausgehen kann. „Er kann Sich Selbst nicht verleugnen." (9)

Du sollst die Wahrheit kennen,

und die Wahrheit soll dich befreien

Wenn Sie Gesundheit oder die Freiheit von jeglicher Bedrängnis suchen, dann werden Sie feststellen, dass es nichts damit zu tun hat, was sie tun, wohin Sie gehen oder nach wem Sie sich ausrichten…, es geht immer um das, *was Sie wissen*. Um das, was Sie in ihrem Denken halten. Ihr grundlegendes Glaubenssystem definiert ihre Erwartungen. Ihre Erwartungen definieren Ihre Realität…, oder das, was Sie erfahren.

Deshalb lesen wir: „Wie ihr geglaubt habt (was ihr unter wahr versteht), so soll euch geschehen." (1)Wenn das Denken angehoben wird, wenn Wahrheit und Weisheit die Vorstellungen und Ängste von Krankheit ersetzen, dann wird auch die Erfahrung korrigiert.

Das ist für manche ein riesiger Schritt im Verstehen, so wie es das bei mir sicherlich auch gewesen ist. Also werde ich mein Bestes geben, um Sie Schritt für Schritt so zu führen, wie sich mir dieses Verstehen offenbart hat, wobei wir so viele alte Glaubenssätze herausfordern werden wie nur möglich, um eine sichere und gänzlich neue Vorstellung vom Leben und vom Fundament des Lebens zu bauen, so lange, bis wir es alle gemeinsam sehen. Ist einmal das Fundament gelegt, dann werden wir entdecken, wie wir dieses neue Verständnis nutzen, um Herrschaft über jegliche sich zeigende menschliche Herausforderung des Lebens zu erlangen. Wir werden auch weiterhin das Leben entsprechend unseres Verständnisses sehen…, doch je nachdem, wie sich dieses verändert hat, wird sich auch unser Leben ändern.

Viele Menschen heute haben diesen Übergang im Denken gemacht. Viele durchleben ihn gerade jetzt. So, wie die Menschheit sich entwickelt hat, sind diese Herausforderungen zu bestimmten Denkstrukturen tatsächlich ein notwendiger Schritt für das Wachstum und die

Weiterentwicklung. Wir sehen dies in jedem Bereich der menschlichen Erfahrung, angefangen bei der Religion bis zum Staatswesen, bis zu den Erfindungen und Entdeckungen des neuen technologischen Fortschritts.

Gerade jetzt stehen wir an der Spitze des Eisberges einer komplett neuen Perspektive des Lebens. Lassen Sie uns diesen Wechsel im Denken statt voller Angst mit der Sicherheit erfahren, dass wir Schritt für Schritt zu dem geführt werden, was wir uns alle wünschen.

Der Schleier, der uns blind macht

Obwohl seit meiner ersten Einführung in dieses neue Verständnis über die Ursache von Krankheit und über die Einfachheit, mit der sie entfernt werden kann, viele Jahre voller Erfahrungen vergangen sind, werde ich niemals das erste Mal vergessen, als dieses Verstehen auftrat.

1982 fand ich in Jesaja, Kapitel 25:7, 8 diese Worte geschrieben: „Es gibt einen Schleier, der alle Nationen und die Menschen aller Nationen einhüllt. Wenn dieser Schleier beseitigt wird, wird es weder Schmerz, Weinen, Seufzen, Krankheit, Leiden noch Tod geben."

Wahrscheinlich habe ich diese Worte Stunden, ja, Tage lang angestarrt. Bis zu jenem Tag hatte ich die Ursache für Krankheit ausschließlich auf der physischen Ebene gesehen. Physische Auswirkungen müssen von physischen Ursachen kommen.

Wir sind festgehalten in einer Welt, die für jede Unpässlichkeit nach einem Grund sucht.

Vom Zeitpunkt unserer Geburt an werden wir nach möglichen Geburtsfehlern untersucht. Wir werden beobachtet, ob mögliche verborgene Funktionsstörungen auftreten. Später werden wir in eine Vielzahl von Medikamenten (Immunisierungen) eingeführt, um uns vor Kinderkrankheiten zu schützen. Krankheiten, *deren Auftreten bei Kindern erwartet wird.*

Später werden wir mit einer Vielzahl von Problemen konfrontiert, die mit unserem jeweiligen Geschlecht, mit dem Alter und der Rasse verbunden sind. *All das überzeugt uns von unserer uns innewohnenden Schwäche oder Anfälligkeit für Krankheit.*

Wir lernen schon in einem sehr frühen Alter, Angst vor unserem Körper zu haben. Wir haben null Vertrauen in seine Fähigkeit, seine Gesundheit und Ganzheit bewahren zu können. Uns werden nicht die Wunder dieses Körpers gelehrt, sondern nur die schmutzigen Details seines Versagens, und dass er es nicht schafft, dem Leben standzuhalten. Wir werden dazu ermuntert, ihn so oft wie möglich zu untersuchen, damit wir sicher sein können, dass er nicht bereits dabei ist, in Einzelteile zu zerfallen. Wir wachsen damit auf, uns auf äußere Ressourcen für die Gesundheit, die Stärke und die Ganzheit des Körpers zu verlassen. Auf nichts im Innern kann man vertrauen. Nur ein Narr würde seinen Körper nicht untersuchen lassen. „Egal, es ist nur eine Frage der Zeit, bis uns das ereilt, was wir unserer genetischen Vorprogrammierung entsprechend bekommen sollen…, "so lange, bis sie irgendwann einen Weg finden, unsere Chromosomen für uns umzuprogrammieren.

Also halten wir Ausschau nach diesen gelehrten Männern und Frauen, die unser Leben retten; nach denselben Leuten, die uns anfangs davon überzeugt haben, dass wir dazu verurteilt sind, in Einzelteile zu zerfallen.

Wir haben vergessen, dass „Er es ist, Der uns gemacht hat und nicht wir selbst" (1) Wir haben vergessen „Gott schuf den Menschen als Sein Abbild. Als Abbild Gottes schuf er ihn." (2) Wir haben vergessen „Er ist dein Leben. Er ist die Länge und die Stärke deines Lebens, das du in dem Land verbringen darfst." (3) Und wir haben vergessen „Jeden, der nach Meinem Namen benannt ist, habe ich zu Meiner Ehre erschaffen, geformt und gemacht." (4) Wir haben vergessen, woher wir kommen und zu wem wir gehören. (5) Und wir haben keine Ahnung, warum wir hier sind… nicht wirklich.

Wir werden vor Saisonkrankheiten gewarnt, was verursacht, dass wir die Erde fürchten, die uns gegeben wurde, um darauf zu leben und Freude zu haben. Wir fürchten uns vor den blühenden Blumen und vor dem wehenden Wind. Wir haben vergessen, dass diese Dinge zu unserem Vergnügen geschaffen wurden. Wir haben vergessen, dass sie aus derselben Substanz gemacht wurden und aus derselben Quelle stammen wie wir selbst! Wir haben vergessen, dass wir alle aus demselben Leben gespeist werden! Sich vor etwas zu fürchten, was aus demselben Leben entstanden ist wie das eigene, heißt, sich vor seinem eigenen Leben zu fürchten!

Es werden uns Statistiken gegeben, und gewichtige Sätze ereilen uns an jeder Ecke, nur weil wir am Leben sind. Uns wird gesagt, was wir essen sollen. Was wir nicht essen sollen..., und das ändert sich wöchentlich.

Im Wesentlichen wird uns gesagt, dass wir unter dem Gesetz von Zufall und Wahrscheinlichkeit leben. Ein Glücksspiel. Und dass wir persönlich für unser Leben verantwortlich sind, obwohl wir keinerlei Idee haben, was dazu notwendig ist und wie wir das machen sollen. Die Unterweisungen widersprechen sich zu sehr.

Dann, wenn wir auseinander fallen, „geben wir uns selbst die Schuld!"

Nach über 40 Jahren, in denen ich mich um kranke Leute gekümmert habe, kann ich Ihnen ehrlich sagen, dass diejenigen, die besessen sind von ihrer Gesundheit, ihrer persönlichen Pflege und der Gesunderhaltung ihres Körpers, genauso krank werden wie jene, die diesen Weg nicht gehen, egal wie sehr sie sich darüber ärgern. Sich die Weisheit über die grundlegende Pflege des Körpers anzueignen ist großartig, es aber aus Angst zu tun, ist kontraproduktiv.

Das also ist der wissenschaftliche Glanz dieses menschlichen Zeitalters. Das ist ihre Auffassung zum Thema Krankheit und Leben.

Dazu kommen die Religion und das erlernte Wissen der Heiligen. „Ja", sagen sie, „Gott hat uns gemacht. Aber das ist keine Garantie dafür, dass wir in dem Zustand bleiben, in dem Er uns geschaffen hat." Oder sie müssten zugeben, dass Gott Fehler macht. Und da Gott perfekt ist und wir von Ihm und nach Seinem Vorbild gemacht wurden..., und trotzdem auseinander fallen, muss es etwas geben, was wir getan oder verursacht haben, um das zu verdienen.

Ich habe bei Tausenden von kranken Leuten gestanden, denen gesagt wurde, dass die Ursache für ihre Krankheit ihr eigenes Tun ist. Sie weinen, sie bereuen..., wieder und wieder..., und noch immer gibt es keine Erleichterung. Können Sie sich vorstellen, wie isoliert von den anderen und wie verlassen von Gott sie sich fühlen müssen? Wem auf der Erde könnte es mit diesen Vorgängen in ihren Herzen und Köpfen gut gehen?

Krankheit, sagen sie, kommt von Sünde, und jeder von uns fällt in diese Kategorie. Sogar unsere Babys. Sogar unsere Kinder. Kann man das wirklich akzeptieren? Viele Völker haben ihr Leben damit verbracht, Gott zu dienen, sie haben alles getan, was sie gelernt haben, um „Gott zufrieden zu stellen" und erliegen trotzdem der Krankheit. Wie erklären wir das alles?

Das erinnert mich an die Geschichte von Hiob in der Bibel. Hiob war „ein untadeliger Mann, der Gott liebte und das Böse hasste." (6) Er war nett, gütig und voller Barmherzigkeit zu allen. Er war weise und sehr beliebt. Er erfreute sich eines großen Wohlstandes und großen Segens. Er erfüllte „alle Anforderungen des Gesetzes", Gott zu gefallen, und sühnte für alle Sünden, die er begangen haben könnte. Er „opferte" Tag und Nacht, nicht nur für sich selbst, sondern auch für seine Kinder, für den Fall, dass sie einmal sündigten.

Trotzdem überfiel Hiob ein fürchterliches Elend. Sein Korn ging nicht auf, seine Tiere starben. Bald starben auch seine Kinder. Letztendlich versagte auch seine Gesundheit, und sein Körper war mit Entzündungen und schmerzhaften Geschwüren überdeckt. Die, die ihn einst liebten und respektierten, rannten jetzt vor ihm weg. Er wurde als „von Gott verflucht" betrachtet. Hmmmm… kommt Ihnen das nicht bekannt vor?

Die religiösen Führer jener Zeit umgaben ihn mit Erklärungen von „verborgenen Sünden", die er begangen haben musste. Als er das verneinte, beschuldigten sie ihn der Selbstherrlichkeit.

Schlussendlich kam der Tag, als Gott Sich Selbst Hiob offenbarte. Er sprach zu ihm und erklärte ihm Seine Natur. Er *öffnete Hiob die Augen* und veranlasste ihn, Dinge zu sehen, die er vorher noch nie gesehen hatte. *Nachdem Hiob etwas Neues gesehen hatte*, war er für immer verändert…, seine Gesundheit, all sein Reichtum und seine Besitztümer wurden wieder hergestellt. Er hatte viele weitere Kinder und wurde wieder mit großer Bewunderung, einer Position und Führung betraut.

Was war passiert?

Hiob sah etwas.

Der Schleier wurde entfernt, und er sah etwas, was er niemals zuvor gesehen hatte.

Und dieses *Sehen* verursachte eine Veränderung des gesamten physischen sichtbaren Bildes.

Sie sehen, nichts musste verändert, repariert oder geheilt werden. Es musste keine „Ursache" gefunden werden. Es musste nur der Schleier der Wahrnehmung entfernt werden!

Plötzlich erkannte ich, dass die Bibel ein Buch über das fortschrittliche *Sehen* der Menschheit war. Schritt für Schritt wurde Gott der Menschheit vorgestellt, es wurde den Menschen gezeigt, wer sie waren und woher sie gekommen sind. Viele Jahre und Generationen von fortschrittlichen Enthüllungen..., jedes neue Verständnis gibt ein klareres Bild von Gott und radiert die alten Missverständnisse aus.

Hiob erklärte, als seine Augen geöffnet wurden: „Ich schließe meinen Mund, weil ich von Dir gesprochen habe, von Dem ich nichts wusste. Vom Hörensagen nur hatte ich von Dir vernommen, jetzt aber *hat mein Auge dich geschaut.*" (7)

Was war es, was Hiob gesehen hat? Was war es, was sein Leben für immer verändert, seine Gesundheit und sein Leben wieder hergestellt hat?

Was immer es war, es stopfte die Mäuler von all denen, die Hiob bekundeten, dass sie Gott und die Gründe für Hiobs Elend kennen würden. Was immer es war, es war lebensverändernd und imstande, Hiob zu veranlassen, ohne Angst vor Krankheit, ohne Angst vor einem Gott, der Krankheit verursachte, oder vor einem Gott, der zufrieden gestellt werden musste, um vor Krankheit sicher zu sein, zu leben. Es hat sein Verständnis komplett verändert, und deshalb würde sein Leben nie mehr dasselbe sein.

Erinnern Sie sich an die Worte von Jesaja, dass wir niemals mehr Krankheit und Leiden erfahren werden, wenn der Schleier gelüftet ist. Jetzt betrachten wir unseren Körper nicht länger als schwach, verletzlich oder generell als Ursache für Krankheiten. Nun können wir in sanftem Vertrauen in unserem Körper ruhen, in dem Körper, den Gott gemacht und uns gegeben hat, um ihn während unseres Erdendaseins hier in diesem „vorübergehenden Aufenthalt der Ewigkeit" zu benutzen. Jetzt müssen wir ihn nicht mehr fürchten, untersuchen, Fremden zum Tasten und Stechen geben. Wir müssen keine Chemikalien mehr einfüllen und Teile aus ihm heraus schneiden.

Wir müssen nur etwas anderes sehen.

Jetzt müssen wir die Erde und alles, was auf ihr wächst, lebt und umher wandert, nicht mehr fürchten. Jetzt können wir sie würdigen, und ein „neuer Himmel und eine neue Erde" werden vor uns erscheinen. Wir müssen nur etwas anderes sehen!

Jetzt müssen wir keinen Gott des Urteils, des Zornes und der Rache mehr fürchten. Keinen Gott, der unmöglich zufrieden gestellt werden kann und vor welchem Wegrennen unmöglich ist. Wir müssen nicht unter einer Wolke von Selbsthass, Verurteilung und Unwürdigkeit leben. Wir können uns selbst als schön und „wundervoll gemacht" betrachten. Wir müssen nur den Schleier lüften, und alles wird anders erscheinen.

Was ist mit dem Schleier? Wie kann er gelüftet werden?

Ich brauchte acht Jahre ständigen Betens und Staunens, des Fragens und des Zuhörens. Irgendwann während jener Zeit entsprang aus mir eine andere Botschaft, die immer wieder und wieder tief in mein Herz fuhr.

Johannes 9

Das ist die Geschichte von einem Mann, der von Geburt an blind war. Die Geschichte fand zur Zeit des Wirkens Jesu statt.

Das Erste, was wir hier lesen, ist, dass die Jünger Jesus fragten, warum dieser Mann blind sei. Sie wollten wissen, ob es seine Sünden oder die Sünden seiner Eltern waren. Jesus antwortete: „Weder noch."

Dann begann er, den Mann zu heilen. „Auf dass die Herrlichkeit Gottes enthüllt werden würde."

Er nahm Lehm mit Spucke und Asche vom Boden und bedeckte damit die Augen des Mannes. Das tat er, um zu zeigen, dass es die „erdgebundenen Gedanken" sind, die entfernt werden müssen. Nur das, was mit menschlichem Verständnis gelehrt wurde, musste enthüllt werden. Die Idee, dass wir aus dem Staub entstanden sind, musste von den Augen seines Herzen entfernt werden.

Danach sagte er dem Mann, dass er zu einem Teich, „Sent" genannt, gehen und sich den Belag von den Augen waschen solle. Das tat er und ward augenblicklich geheilt.
Sobald der Mann erkannte, dass er von Gott in seine menschliche Existenz mit einem Ziel und einer Absicht gesandt(engl. sent) wurde, war er geheilt. Jetzt war er nicht länger einfach nur ein Resultat menschlichen Willens, eines Zufalls. Er war von Gott gesandt! Er war angefüllt mit einem Gefühl von Göttlicher Absicht! Er war überhaupt keine zufällige DNS, sondern ein bewusster Göttlicher Akt! Jedes Gefühl der Trennung von Gott, von seiner Quelle und Herkunft, wurde entfernt. Er verstand, dass er *eins* war mit dem Geist und der Absicht Gottes!

Als ihm die Herrlichkeit der Offenbarung klar wurde, verschwanden alle Gefühle von Unwürdigkeit, jeder Glaube an die Notwendigkeit von Leid und Elend. Er war frei, seine ganze ihm innewohnende Ganzheit zu akzeptieren und zu erfahren.

Als er später von den religiösen Führern jener Zeit befragt wurde, wurde er gebeten, diese Heilung zu verneinen. Das war jenseits ihrer aus Gesetzen bestehenden Religion, und es jagte ihrer Sicherheit Angst ein. Sie fuhren fort, ihn zu fragen, ob er wirklich der blind geborene Mann war…, und schlussendlich antwortete er ihnen, indem er sagte: "*Ich Bin*".

Dieses „Ich Bin" war dieselbe Beschreibung, die Gott Moses am brennenden Busch gegeben hat, deshalb schmissen ihn die, die das hörten, aus der Synagoge, weil sie glaubten, er sei ein Ketzer. Aber er wusste, wer er war und aus welchem Geist er war. Jedes Stück seiner alten Identität war verschwunden, und er erklärte seine Einheit mit Gott und der Göttlichen Absicht.

Ich wunderte mich immer, warum in der Zeit, als Jesus heilte und lehrte, so viele Menschen blind waren. Jetzt erkannte ich, dass es um die Blindheit ging, nicht zu sehen, *wer wir sind und warum wir hier sind.* Es war die Heilung des *Gefühls der Trennung* von unserer wahren Identität. Das war und ist immer noch die Blindheit, von der Jesus sprach, als er sagte: „Diejenigen, die wissen, dass sie blind sind, sollen sehen. Aber diejenigen, die vorgeben zu sehen, sollen blind bleiben." (1)

Wieder einmal wurde der Schleier gelüftet, und was angeschaut wurde, heilte und veränderte das Leben für immer. Verschwunden war das menschliche Gefühl der Unwürdigkeit und Trennung von Gott. Verschwunden war das Gefühl von Mangel und Begrenzung. Verschwunden waren der menschliche Kampf und das Versagen. Verschwunden war das verbogene Verständnis von einem Gott, den die Menschen geschaffen hatten…, für immer ersetzt durch den Wahren und Ewigen Gott der Ewigen Güte.

Vollkommen ganz

Eine vielleicht noch bekanntere Geschichte ist die des „letzten Abendmahls", das Jesus vor seiner Kreuzigung zelebrierte.

Die Jünger hatten sich im *oberen Raum* versammelt..., was ein *erhöhtes Verständnis* bedeutet, das enthüllt werden sollte.

An einem Punkt nahm Jesus das Tuch, das er um sich herum gewickelt hatte, und begann, den Jüngern die Füße zu waschen. Obwohl das ein allgemeiner Brauch zu jener Zeit war, fühlten sie sich unwohl, denn er war der Meister und Lehrer, und sie waren nur seine Schüler.

Als Petrus an der Reihe war, protestierte er und wollte Jesus nicht erlauben, seine Füße zu waschen. Jesus erwiderte: „Wenn ich deine Füße nicht wasche, wirst du kein Teil von mir sein." Da sagte der arme Petrus, der immer noch verwirrt war, aber nicht zurückgelassen werden wollte: „Dann wasche alles an mir!" Aber Jesus erklärte ihm, dass es nicht nötig sei, den Rest von ihm auch zu waschen, da „er bereits vollkommen ganz war!" Nur seine Füße mussten gewaschen werden! (1)

Das deutet erneut auf die Ansammlung von Staub und Schmutz hin, die wir auf unserer Reise in dieser irdischen Form der Existenz aufnehmen. Es bezieht sich auf die menschlichen Lebensumstände, das menschliche Denken, das uns blind dafür macht, wer wir sind und warum wir hierher gesandt wurden. Wir nehmen so viel kollektiven Schmutz und Schmutz von fremder Theologie, Physiologie und Psychologie auf, der abgewaschen werden muss, wenn wir jemals wieder sehen, wissen und verstehen wollen.

Nicht unsere Identität hat sich verändert.... auf gar keinen Fall. Wir sind jetzt nur in der Lage das zu sehen..., ohne Bedeckung, ohne Schleier, was sich niemals geändert hat. Wenn dieses Ereignis eintritt und wir uns bewusst werden, wer wir sind und warum wir hier sind…, wird keine Krankheit, keine Angst vor Krankheit jemals wieder einen Platz in uns finden. Dann werden wir verstehen, dass keine menschliche Anstrengung notwendig ist, um etwas zu reparieren, was zerbrochen ist…, weil *wir stets vollkommen ganz* sind und dies schon immer gewesen sind.

Wir sind nicht das, was uns seit unserer Geburt erzählt wurde. Wir sind nicht länger Opfer… Wir leben nicht länger aus einem Gefühl von Mangel und Angst vor Verlust heraus.

Wir sind zu einem Bewusstseinsniveau aufgestiegen, das die von Menschen gemachten Gesetze der Existenz transzendiert. Jetzt leben wir nach dem Gesetz des Ewigen Lebens.

Ebenen des Denkens:

Ebenen des Bewussten Wahrnehmens

„Meine Gedanken sind nicht eure Gedanken, und meine Wege sind nicht eure Wege. So hoch der Himmel über der Erde ist, so hoch erhaben sind meine Wege über eure Wege und meine Gedanken über eure Gedanken." Jesaja 55:8, 9

Es gibt Ebenen des Verstehens und der Geisteshaltung, ein „Gefühl von Bewusstsein“, aus dem heraus wir ohne Denken oder Fragen funktionieren und leben. Ich nenne dies die „Ebenen des Denkens“.

So, wie die Geschichte der Menschheit sich entwickelt hat, so hat sich auch das Verständnis unseres Lebens, unserer Beziehungen zu unserer Welt, wer wir sind, woher wir gekommen sind und warum wir hier sind, entwickelt und erhöht.

Geschichtswissenschaftler geben Berichte von soziologischen und religiösen Veränderungen im Denken durch die Generationen hindurch, welche letztlich neuen Glaubensmustern und neuen Ebenen von menschlichem Bewusstsein Platz gemacht haben. So wie sich unser Verstehen ändert und entwickelt, beginnen wir, unser Leben aus neuen Ebenen des Denkens heraus zu leben. Oft geschieht dies resultierend aus Kriegen, klimatischen Veränderungen, weit verbreiteten Krankheiten oder sogar deshalb, weil religiöse Führer uns enttäuscht haben, was zu Revolten und zu neuen Enthüllungen über Gott führt. Was auch immer der Auslöser ist, das aktuelle Bewusstsein verändert sich dadurch, es wird ein Weg für ein neues und reineres Verständnis geöffnet, das soziale Bewusstsein der Menschen wird angehoben, und das führt auch zu einem tieferen Verstehen von Gott und unserer Beziehung zu unserer Quelle.

Im Moment werden wir in eine gänzlich neue Perspektive menschlichen Denkens gebracht, speziell auf dem Gebiet der Gesundheit und der Religion (die Einstellung des Menschen zu Gott).

Und wie in jedem dieser früheren historischen Berichte über radikale Paradigmenwechsel im Verstehen gibt es auch solche, die der Veränderung widerstehen. Gewöhnlich tun sie das aus Angst vor einer Umwälzung ihrer eigenen persönlichen Sicherheit.

Aber es gibt sie trotzdem, diejenigen, die nach einem höheren Bewusstsein streben, nach einer besseren, aus einem reineren Verständnis entspringenden Art zu leben. Unter ihnen sind diejenigen, die herausgefunden haben, dass die aktuell akzeptierten Glaubenssysteme von Krankheit und Krankheitsmanagement einfach nicht funktionieren. Sie haben auch entdeckt, dass die gegenwärtig akzeptierte Sicht von Gott, und speziell deren Verbindung zum menschlichen Leiden, nicht länger stimmt. Dies ist wie ein Schuh, der zu eng geworden ist. Letztlich können Sie nicht einen Schritt mehr tun, ohne den Schuh auszuziehen und einen anderen zu finden.

Lassen Sie uns diese Wechsel im Denken erforschen. Wir suchen nach einer Erleichterung von Leiden und von der Angst vor Krankheit. Wir müssen entweder verstehen, warum Gott solch eine Misere erlaubt oder entwirft, oder wir entdecken ein anderes Konzept von Gott. Die einzige Alternative ist, einen solchen Albtraum hinzunehmen, uns weiterhin die Beine auszureißen, zu lernen, mit unserer Krankheit klar zu kommen oder uns die Medikamente einzuschmeißen, die dazu benutzt werden, die Symptome im Keim zu ersticken, nur um neue und schlimmere Probleme als vorher zu erschaffen. Jemand hat mir einmal gesagt, dass die deutlichste Definition von Wahnsinn die ist, dieselben Dinge, die man immer getan hat, weiterhin zu tun, und trotzdem irgendwie ein anderes Ergebnis zu erwarten! Um eine andere Lösung zu bekommen, müssen wir unter einer anderen Voraussetzung beginnen.

Eine neue Erfahrung muss mit einem neuen Denken beginnen. Mit einer neuen Enthüllung. Mit einem Paradigmenwechsel im Verstehen. Mit einer erhöhte Ebene im Denken.

Ich habe es schon gesagt, aber es soll noch einmal gesagt werden und noch einmal und immer wieder.... Ich werde wahrscheinlich den Rest meines Lebens mit dem Versuch verbringen, das zu erklären. *Wir erfahren unser Leben (im Guten wie im Bösen) entsprechend unseres persönlichen Verständnisses von Gott.* So, wie wir Gott verstehen, so sehen wir uns selbst und unsere Beziehung zu Gott und zu unserer Welt.

Frei zu sein von Krankheit, und sogar von der direkten Furcht vor ihr, ist der Weg, der für uns zu leben vorgesehen ist. Es ist möglich, jetzt und hier.

Das ist leider nicht dadurch möglich, dass wir uns mit dem Problem auf der physischen Ebene beschäftigen. Wir können in bestimmten Fällen einige Symptome auf der physischen Ebene einschränken, aber wir können niemals sicher sein, dass das Symptom, oder etwas anderes, nicht wiederkommt. Mit anderen Worten, *wir können unsere Erwartung, unser Bewusstsein, nicht ändern, indem wir ein Medikament einnehmen.* Nur weil ein Problem auf der physischen Ebene auftritt, heißt das nicht, dass die Lösung darin liegt, uns mit dem Problem auf der physischen Ebene zu beschäftigen.

Um von Krankheit frei zu sein, dürfen wir nicht länger Angst vor ihr haben. Wir dürfen nicht länger Dinge tun oder etwas einnehmen, um sie zu verhindern. Wir dürfen sie nicht länger als Teil unserer Erfahrung *sehen.* Wir müssen uns selbst außerhalb der Reichweite einer solchen Erfahrung sehen. Das wird nicht durch etwas geschehen, was wir tun... sondern *durch das, was wir wissen.* Und dieses *Wissen* kann nur kommen, wenn wir die Dinge anders sehen.

Es muss einen ewigen, rechtmäßigen Grund für unsere Hoffnung geben, ansonsten würden wir einfach nur versuchen, durch einen Akt menschlichen Willens etwas zu eliminieren. Und das hat bisher nie funktioniert.

Ich sollte von jedem Patienten einen Dollar nehmen, der mir am Schreibtisch gegenübersitzt und mit zusammengebissenen Zähnen erklärt: „Ich werde damit fertig!" oder „Keine Krankheit wird mir das Leben nehmen!" Mein Herz verschmilzt mit dem Klang ihrer

Worte, weil ihr eigener Wille den Tag nicht überstehen wird, solange kein neues und höheres Verständnis in ihren Seelen geboren ist.

Also geht es nicht vorrangig um das, was wir tun, sondern um das, *was wir wissen*. Lassen Sie uns einen Blick auf das werfen, was wir wissen, auf das, was zu dieser menschlichen Erfahrung geführt hat, die sich Krankheit und Leiden nennt, und dann lassen Sie uns das Leben aus einer komplett neuen Perspektive betrachten.

Eine Anhebung im Verstehen

Mein erster bewusster Gedanke über Gott bezüglich des menschlichen Leidens kam in der Zeit, als ich Kinderkrankenschwester auf einer Intensivstation war. Meine Tage und Nächte waren angefüllt mit behinderten, kranken, von ihren Eltern und ihrem Zuhause getrennten Kindern und Babys.

Weit über das Maß der Beschreibung hinaus verängstigt und in höchstem Maße getrennt von jeglicher Sicherheit und jeglichem Schutz, waren diese kleinen Wesen dem Horror von Behandlungen ausgesetzt, die aller Beschreibung spotten. Die meiste Zeit waren die Behandlungen schlimmer als die Krankheit. Das waren die Bedingungen meines täglichen Arbeitsplatzes, und sie sind es wahrscheinlich noch immer.

Warum existiert das? Diese Frage stellte sich mir unbarmherzig während der folgenden Jahre, ohne dass eine Antwort in Sicht war, und ich wusste nicht, an wen ich mich wenden sollte.

Die vorherrschenden religiösen Antworten waren noch weniger akzeptabel und erschreckender als die Krankheiten, die ich so zu hassen begann.

War es das, was Gott war? Der Ahnherr des menschlichen Horrors? Oder letztlich jemand, der die Dinge wieder in Ordnung bringen *konnte*, aber vielleicht nicht *wollte*?

Und was ist der Ursprung solch einer Gottesvorstellung…, und warum gibt es sie?

So waren meine ersten Begegnungen mit Gott. Er war jemand sehr weit weg, der uns hierher geschickt hat, uns hier gelassen hat, etwas herauszufinden, und der uns dann bestraft, wenn wir es nicht richtig verstehen.

Ich sah mich selbst um das Leben meiner Patienten kämpfend, *indem ich mich zwischen sie und diesen schrecklichen Gott stellte*. Ich fragte mich, warum diese Kinder und Babys so leiden mussten. Wurden sie für die Sünden ihrer Sippe bestraft? Oder quälte Gott diese Kinder, um die Eltern noch mehr leiden zu lassen? So ähnlich wie die schrecklichen Diktatoren so vieler Länder, die Kinder foltern, um deren Väter zu strafen? Heute klingt das sehr schrecklich, aber auch heute halten viele Leute an diesem Gedanken fest, weil sie keinen anderen haben, durch den sie ihn ersetzen könnten. Sie fragen mich immer noch, ob das ihren Kindern wegen etwas passiert, das sie getan haben. Nicht anders als das, was ich einst geglaubt hatte.

Vor ein paar Jahren hat mir eine Familie ein kleines Kind gebracht, das die Diagnose ‚bösartiger Hirntumor' erhalten hatte. Sie vertrauten mir an, dass ihre Familien und ihre Kirche ihnen gesagt hätten, dass die voreheliche Schwangerschaft der Mutter der Grund für die Krankheit des kleinen Mädchens gewesen sei. Sie beteten, weinten und zeigten Reue, aber das Kind war immer noch krank. Als sie dann in der Lage waren, solch ein Konzept von Gott aus ihren verängstigten Köpfen zu entfernen und es durch eines *voller ununterbrochener, bedingungsloser Liebe ... die man nicht verdienen muss und die immer da ist... zu ersetzen*, war das Kind in der Lage, Heilung zu erfahren. Nach nur wenigen Monaten war jeglicher Beweis dieser Krankheit verschwunden, und sie kehrte nie mehr wieder zurück.

Zu derselben Zeit brachte eine andere Mutter ihren Sohn mit genau derselben Diagnose, aber sie glaubte nicht einen Moment daran, dass Gott etwas mit dieser Erfahrung zu tun hatte. *Anstatt Zeit damit zu verbringen herauszufinden, warum das passiert war*, hielt sie an dem Gedanken fest, dass ihr Sohn *nach dem Ebenbild Gottes gemacht war*, und dass Gott „ihn gemacht hatte damit er stark und gesund sei, um zu einem starken, gesunden und glücklichen Mann heranzuwachsen".

Ihr war klar, dass Gott Liebe war. Nicht ein Gott, der liebte, sondern die Liebe selbst. Es war schon immer eine unverzichtbare Überzeugung in ihrem Denken, dass diese Erfahrung *für die Natur Gottes ebenso unakzeptabel war* wie für sie selbst. Sie suchte nie nach einem Grund, aber sie verneinte diesen Zustand auf der Basis, dass er völlig unzulässig war, und dass er niemals von Gott geschickt worden war.

Sie sagte ihrem Sohn, dass er von Gott gemacht worden sei, um ganz und vollkommen zu sein, stark und gesund. Sie wiederholte das fast stündlich, Tag für Tag. Bald entdeckten sie, dass der Tumor verschwunden war. Er ist nie wieder zurückgekehrt. Dies ist jetzt mehr als acht Jahre her.

Ich erinnere mich an einen Vorfall, als ich als auszubildende Krankenschwester auf einer Erwachsenenstation arbeitete. Ich hatte mich in der Dosierung der Medikamente vertan, wodurch es bei einer Frau zur Überdosierung kam, was einen Zusammenbruch des Blutdrucks hervorrief. Ich stand and der Wand ihres Zimmers, in Distanz zu dem, was aussah wie Hunderte von Ärzten und Schwestern, die ein und aus rannten, um das zu korrigieren, was ich angestellt hatte. Ich war verängstigt, paralysiert von dem Gedanken, dass sie sterben könnte. Es war das erste Mal in meinem Leben, dass ich mich daran erinnerte zu beten. Ich rannte aus ihrem Zimmer zur Kapelle hinunter, kniete nieder und bat Gott, sie nicht sterben zu lassen. Ich versprach Ihm alles, wenn Er sie nur nicht sterben lassen würde. Ich bot Ihm alles an, sogar mein Leben. Die ganze Nacht rannte ich von ihrem Zimmer zur Kapelle und zurück. Letztendlich wurde sie stabilisiert, und wir gingen alle nach Hause.

Ich wunderte mich über dieses ganze Szenario mit Gott. Konnte Er gezwungen werden? Wenn ich schlimm genug weinte und lange genug betete, könnte ich Seine Meinung ändern? Das war alles, was ich kannte, also war dies über Jahre hinweg meine Einstellung zu Gott. So fand ich mich selbst zwischen Gott und den kranken und leidenden Menschen stehen und stellte mir vor, dass ich ihr Freund war, der sich einem harten und bösen Gott näherte und alles versuchte, damit dieser Seine Meinung änderte und sie frei ließ. Gott war so etwas wie ein Pharao oder Stalin in meinem Kopf, aber mit folgender Klausel... Er konnte dazu gebracht werden, den Ablauf der Dinge zu ändern, wenn ich nur hart genug daran arbeitete. Der Fakt, dass ich las und mir gesagt wurde, Gott sei Liebe, war wie eine Fremdsprache für mich. Niemals fand ich einen Platz der Einsicht in meinem Denken. In der Bibelschule lernte ich, dass Gott die Menschen strafte, weil sie so schlimm waren. Aber dann schickte Er Jesus, der für uns litt und starb. Daraufhin ließ Er uns zu Jesus beten, was manchmal bewirken sollte, dass Gott Seine Meinung änderte. Das war ihr bestes Verständnis von Liebe. Eine Diskussion, die ich für das letzte Kapitel dieses Buch aufspare.

Sogar als ich begann, in meiner beruflichen Karriere und in meiner Familie sehr viele Heilungen zu sehen, hielt ich doch an einigen durcheinander geworfenen verbogenen Resten der alten Ideologie über die Natur Gottes fest. Der Gott, den die Menschen erschaffen hatten! Ich hatte nichts Neues, was ich an diese Stelle setzen konnte.

Als die Jahre vergingen, sah ich so viele starke Beweise, dass Gott wirklich Liebe ist. Ich sah, dass Gott das absolute und einzige Leben in uns und in aller Schöpfung ist, und dass Er so nah ist, wie die Luft, die wir atmen. Meine falsche Auffassung von Gott machte einer Vorstellung von einem Gott Platz, Der nur reines Gutes, ewige Weisheit, immer präsenter Berater ist, und dass Gott alles, was Er geschaffen hat, durch Intelligenz und Verständnis in ewiger Göttlicher Ordnung hält.

Als alles gesagt und getan war und es keinen Zweifel mehr gab, kam es immer noch zu einer Entscheidung, einer Wahl, das zu glauben und nach diesem Verstehen zu leben.

Nach alledem fällten wir die Entscheidung, diese grobe, verfälschte Version der Natur Gottes für Jahrhunderte zu glauben….

Warum wählen wir nicht noch einmal?

Der kreative Einfluss des Denkens

Wie bringt das, war wir „wissen", etwas in Erscheinung? Wie übersetzt sich das Denken in sichtbare Manifestation? Mit anderen Worten, wie wird eine Veränderung in meinem Verständnis (so auch in meiner Erwartung) etwas anderes hervorrufen oder geschehen lassen?

Wir sind so fest verwurzelt im „westlichen Denken", das uns lehrt, dass Ursache und Wirkung immer auf der physischen Ebene stattfinden.

Bemerken Sie, dass wir, wann immer etwas passiert, sofort einen physischen Grund für dieses Auftreten zur Hand haben. Wie zum Beispiel: „Ich habe Kopfschmerzen; das muss der Stress sein, der wenige Schlaf, die Erkältung, die Wetterfühligkeit oder die Überanstrengung der Augen" usw.

Nehmen Sie einen Autounfall. Sofort verurteilen wir uns selbst, das schnelle Fahren, den anderen Fahrer, das Wetter, die Straßenbedingungen usw. Wir suchen immer nach der physischen Ursache für jede Wirkung.

Sehen Sie sich an, wie wir Krankheit betrachten. Jedes Symptom, jedes Auftreten einer Funktionsstörung hat eine physische Ursache. Sogar wenn das, was wir sagen, absurd und idiotisch ist, halten wir an diesem Glauben fest.

Wir glauben, dass Mikroorganismen, obwohl sie unsichtbar sind, die Macht haben, Gesundheit und Ganzheit zu bezwingen. Was ist das Problem mit diesem Glaubenssatz? Dass wir den Mikroorganismen mehr Macht einräumen als dem Leben in uns. Sehen Sie, wir haben in uns ein Immunsystem, das dafür geschaffen wurde, alle fremden Eindringlinge von uns fern zu halten. Es ist unser Schutzsystem. Es wird von der Intelligenz und der Weisheit des Geistes des Lebens regiert, Der es motiviert. Sich davor zu ängstigen, von fremden Einflüssen bezwungen zu werden, heißt, die Gegenwart und die Macht dieser Lebensenergie oder des Geistes des Lebens in sich zu verneinen. *Wir geben dem, was erschaffen wurde, mehr Macht als dem Schöpfer, Der das vollbracht hat!*

Wir glauben, dass ein Kind, weil es klein und sein Überleben von uns abhängig ist, schwach und für viele verschiedene „Kinderkrankheiten" anfällig sei.

Wir glauben, dass jemand ein Alkoholiker ist, nur weil dessen Vater einer war.

Wir glauben, dass wir eine „Erkältung" bekommen, wenn unser Kopf nass wird.

Vor Jahren haben wir gesagt, dass alles von einem unsichtbaren Virus verursacht wird, und das heutige neue moderne Denken erzählt uns, alles habe genetische Ursachen.

Wir müssen immer eine Ursache finden, und immer muss diese von etwas Physischem kommen.

Neuerdings geben wir für alles dem Stress die Schuld; der Angst und ihrer Wirkung auf das Adrenalinsystem.

Deshalb sind wir darauf reduziert, Krankheit zu bekämpfen, wie wir alle menschlichen Probleme bekämpfen, *indem wir die Ursache vermeiden*. Dies produziert ein Leben in Angst. Wir haben vor allem Angst, was das Leben uns bietet, weil wir glauben, alles habe die Tendenz, uns zu verletzen. Sogar unser Körper.

Wir haben Angst vor der Umwelt, der Natur und den wechselnden Jahreszeiten. Wir haben Angst voreinander. Wir haben Angst vor unserer gegenwärtigen Vorstellung von einem Gott, Der uns in diesen Irrgarten voller Gefahr fallen ließ, und Der uns hier vergessen hat.

Oder schlimmer noch, wir haben Angst vor der aktuellen Vorstellung eines Gottes, Der absichtlich verursacht oder erlaubt hat, dass etwas geschieht, weil wir es „brauchen", „verdient" oder dummerweise „gewählt" haben.

Kurz gesagt, wir machen alles für unsere gegenwärtigen Umstände verantwortlich, was wir uns vorstellen können, und wir haben vor allem Angst, was wir wissen.

Aber es gibt keinen menschlichen Zustand, der nicht Platz macht für eine Veränderung in unserem aktuellen Verständnis vom Leben, von Quelle und Ursprung allen Lebens - egal wie ernst er zu sein scheint, egal auf welche Art und Weise er sich manifestiert, wie lange wir ihn schon erfahren haben oder wie grausam die Welt ihn einschätzt.

Alles, was erscheint, beginnt mit einem akzeptierten Gedanken, einem Glaubenssatz, einem Verständnis. Und alles kommt von einem Leben in einer spezifischen Ebene des bewussten Wahrnehmens. Das, was hier beschrieben wird, wird kollektives menschliches Bewusstsein genannt.

Ohne einen Gedanken an das Gegenteil zu verschwenden glauben wir das, was andere glauben. Wir denken das, was andere denken, wir erwarten das, was andere erwarten, und so erfahren wir das, was andere erfahren.

Wir sehen, was uns zu sehen gelehrt wurde. Wir wissen, was uns zu wissen gelehrt wurde.

So lange, wie wir keine gezielte Anstrengung unternehmen, dahinter zu schauen, solange wir nicht willens sind, das „Unfindbare“ zu finden, nach dem „Unerforschlichen“ zu suchen, das „Unbekannte“ zu kennen, so lange bleiben wir in diesem kollektiven menschlichen Bewusstsein stecken und verbringen unser Leben damit, den Problemen, die auftreten, aus dem Weg zu gehen.

Das ist es, was Albert Einstein veranlasste zu erklären: “Kein Problem kann mit demselben Bewusstsein gelöst werden, in dem es aufgetreten ist.“ Wir werden niemals die Antworten oder Lösungen für unsere kollektiven menschlichen Probleme innerhalb der Grenzen unseres menschlichen Intellekts, des menschlichen Willens, des menschlichen Scharfsinns oder der menschlichen Weisheit finden (Oxymoron).

Jahrhunderte des Vertrauens in die Wissenschaft, die Medizin oder die Psychologie sollten uns den Schlüssel dafür bereits gegeben haben. Heute erfahren wir weit mehr Krankheiten, viel größere Geistesstörungen, als in der Geschichte der Menschheit jemals bekannt waren. Das Gesetz des *Zufalls* beherrscht uns. Das heißt, was immer auch passiert, es ist unser Los. Egal, wie sehr wir versuchen, menschliches Missgeschick zu verhindern, leben wir doch immer noch unter dem Vorzeichen des *Glücksspiels*.

Die einzige Lösung ist ein Entrinnen aus dem kollektiven menschlichen Bewusstsein in ein anderes Bewusstsein, einen anderen Gedanken, eine andere Erfahrungswelt. In eine höhere Ebene des Denkens.

Können wir das auch tun, während wir weiterhin in den Grenzen der menschlichen Erfahrung leben? Wir *müssen* das tun, während wir noch in den aktuellen Grenzen der menschlichen Erfahrung leben! Andernfalls gibt es keine Hoffnung auf eine Änderung der menschlichen Erfahrung.

Ich möchte Ihnen von meinem ersten Erwachen in diese *höhere*, perfektere Ebene des Denkens erzählen. Diejenigen, die mein erstes Buch *„Von Affen und Drachen"* gelesen haben, erinnern sich bestimmt daran, dass meine frühen Jahre voll von Missgeschick und Desaster waren. Ich fand meine Hoffnung in der Flucht in eine Wahrnehmung Gottes als meinem Helfer, als Dem, Der mich lieben und Der an allen Tagen meines Lebens für mich und meine Kinder sorgen würde. Deshalb betete ich beständig und suchte Gott auf wegen meiner Familie und für meine Patienten, die an den verheerenden Wirkungen von Krankheiten jenseits menschlicher Beschreibung litten.

Ich las und glaubte, dass Gott uns von unseren gegenwärtigen Lebensumständen befreien würde, wenn wir genug beteten und Ihn irgendwie *zufrieden stellen* würden. Und sogar wenn wir versagt hatten, Gott zufrieden zu stellen, dann würde uns immer vergeben werden, und Gott würde weiterhin für uns sorgen.

Auf diesem Niveau des Verstehens war Gott für mich glaubwürdig und voller Barmherzigkeit. Ich sah viele Hunderte von *Heilungen* in meiner Familie und bei meinen Patienten.

Ich las und verstand, dass es mein Auftrag war, diejenigen zu heilen, die krank waren und litten. Ich wollte das auch tun und glaubte, dass der Weg, dieses Ziel zu erreichen, darin lag, *Gott zu bitten* und zu hoffen, Er würde es tun.

Ich las, wie Jesus die Massen heilte, und wusste, ich sollte dasselbe tun. Aber ich wusste weder wirklich, wie er diese Heilungen durchführte, noch wie ich sie auf mich anwenden sollte.

Haben Sie schon einmal gespürt, dass Ihnen nur noch ein Puzzle-Teil zum gesamten Puzzle fehlt, welches Sie noch nicht gefunden haben, und dass Sie nur noch einen Schritt davon entfernt waren, es zu finden?

Im Jahre 1984, nach all den vielen Jahren, in denen ich Zeugin so vieler Heilungen an unzähligen Menschen war, begann ich wahrzunehmen, dass viele von denen, die aus schlimmen Situationen geheilt worden waren, danach durch Unfälle getötet oder in üblere Probleme als vorher verwickelt wurden. Mit anderen Worten, ihre Heilung war wundervoll für den Moment, aber diese schien nicht in der Lage zu sein, sie in höhere Ebenen des Bewusstseins zu bringen, wo sie geschützt und vor weiteren Unannehmlichkeiten sicher waren. Ich fühlte mich buchstäblich wie im Hamsterrad…, ohne Ziel.

Warum kämpfte ich so hart für den Sieg über etwas, das seinen Weg finden würde, wieder und wieder in Erscheinung zu treten? Gab es keine dauerhafte Lösung gegen die Krankheit? Gab es keinen Weg, ohne all das zu leben? War es denn überhaupt möglich? Könnten wir das? Oder war das der Weg für Gott, sich mit einer Schöpfung zu beschäftigen, die vom Weg abgekommen war, so wie es uns oft in unserer Kindheit gelehrt wurde?

Eines Tages saß ich an meinem Schreibtisch und führte ein Gespräch mit einem Patienten. Während all diese Gedanken in meinem Kopf wie ein Tischtennisball hin und her sprangen, hörte ich eine Stimme in mir eine Frage stellen, die ich als die Stimme oder den Impuls des

Geistes Gottes kennen lernen sollte.

„Wie, meinst du, hat Jesus den Mann mit der verdorrten Hand geheilt?“ (1)

Das ist die Geschichte eines Mannes, aufgezeichnet im Lukas-Evangelium, dessen von Geburt an deformierte Hand von Jesus am Sabbat-Tag geheilt wurde. Er sagte dem Mann einfach, er solle aufstehen und seine Hand ausstrecken. Diese veränderte sich in dem Moment und ward seiner anderen, der gesunden Hand, gleich.

Als Antwort zu dieser Frage kam mir, dass ich nicht wusste, *wie* er diese Heilungen durchführte, von denen ich las. Es gab anscheinend kein Muster, *wie* sie geschahen. Oberflächlich betrachtet schien sich jede von den anderen zu unterscheiden. Nach ungefähr 30 Sekunden, die sich wie eine Ewigkeit anfühlten, sagte ich: „Ich habe wirklich keine Ahnung.“ Die Antwort kam schnell und bestimmt. „Er sah die Hand nicht deformiert!“

„Wow!“, dachte ich. Halt mal an hier! „Er sah sie nicht deformiert?“

Was *sah* er dann?

Er sah die ewige Perfektion von dem, was durch Ewige Perfektion geschaffen wurde!

Ich fühlte mich plötzlich wie Mad Hatter, herauskatapultiert aus dem Orbit meines Denkens, dorthin, wo auch immer mich dieser Gedanke brachte.

Was hat Jesus dann gesehen? Er sah, was Gott sieht. Und was sieht Gott? Er sieht, was Er gemacht, geformt, geschaffen hat. Er sieht nicht das, was wir durch unsere Entstellungen, Verwirrungen und Missverständnisse glauben oder geschaffen haben. Er sieht die Wahrheit, die Er kennt. Nur das, was von Ihm Selbst kommt.

Wenn wir noch einmal an den Vers aus Genesis erinnern, der erklärt: „Jede Saat entstammt ihrer eigenen Art“, dann wissen wir, dass das wahr ist. Die gesamte Schöpfung sagt uns, dass dies wahr ist.

Es ist wahr für Gott und auch für das, was Gott aus seinem eigenen

Wesen heraus erschafft. Perfektion kann nur Perfektion schaffen. Schönheit, Ordnung, Harmonie und Güte können nur Schönheit, Ordnung, Harmonie und Güte hervorbringen.

Jesus hat seinen Weg in den Geist oder das Denken Gottes gefunden. Er hat herausgefunden, dass wir wahrhaft „nach dem Ebenbild Gottes gemacht sind, Der uns geschaffen hat". Er glaubte es so sehr, dass er diese Wirklichkeit auch dort sah, *wo das Gegenteil in einem verderblichen Gedanken zu erscheinen schien.*

Plötzlich kam es mir, dass das, was ich die vielen Jahre lang getan hatte…, was eigentlich die gesamte Welt getan hat…, in erster Linie ein sich mit diesem Denkfehler *einverstanden erklären* war, dass wir schwach und verletzlich mit einer Neigung zum Leiden seien, dass es einen „guten" Grund für all das geben musste…, und dass wir uns dann an Gott wenden müssen, um das zu ändern!

Ich schaute auf den Schleier der menschlichen falschen Vorstellung, *die wahr genannt wird*, und wo dann mit Medikamenten, Operationen, alternativen Programmen, Gebet, Fasten, Fürsprache, „Energiearbeit", Yoga und allem, was man sich vorstellen kann, versucht wird zu korrigieren, was nur im menschlichen Glaubenssystem präsent und sichtbar war…, *jedoch niemals für Gott.*

Die Antwort war klar, es geht darum, den Geist Gottes zu finden…, was heißt, in eine andere, höhere Atmosphäre des Denkens und Wissens zu gehen. Dies ist die dauerhafte Antwort auf das menschliche Dilemma.

Durch und hinter die physische Erscheinung in *das zu sehen, was sich niemals ändert, ist die Antwort.*

Meine Lieblingstextstelle in der Apostelgeschichte heißt: „Ich weiß, was immer Gott auch tut, es währet ewiglich. Nichts kann dem hinzugefügt oder weggenommen werden. Und Gott tut das, damit der Mensch Ihn allein dafür ehren soll." (2) Trotz solcher Worte der Wahrheit und der Weisheit erschaffen wir immer noch ein Leben voller Wankelmut und Unsicherheit, weil wir diese Weisheit nicht verstehen.

An jenem Tag wurde ein großes Stück des menschlichen Schleiers für mich gelüftet. Mein komplettes Verständnis wurde verändert. Jetzt bemühte ich mich und betete dafür, *zu sehen wie Gott sieht, zu wissen, was nur Gott weiß*, um damit die ewige Wahrheit zu ehren, die sich nie ändert, anstatt zu versuchen, das Problem zu lösen, das scheinbar existierte, und welches die Leute plagte. Das Wort dafür ist *‚Unveränderlich'*. Es heißt, es ändert sich niemals und ist ein permanentes Attribut von dem, was ewig ist … Gott, die Quelle von uns allen.

Jetzt wollte ich alles durch die Augen der Wahrheit, der Weisheit, des Lebens und der Liebe sehen.

Aber eine Frage blieb immer noch. Im Buch der Sprüche heißt es: „Wie der Mensch in seinem Herzen denkt, so ist er." (3) Wie verursacht das, was man sieht, weiß und als wirklich, also als wahre Realität, akzeptiert, eine Veränderung in und auf dem menschlichen Schauplatz? Wie produziert und korrigiert das Denken die Realität? Wie findet Glauben seinen Weg in den sichtbaren Ausdruck?

Erinnern Sie sich daran, wir sprechen über einen „kollektiven" menschlichen, nicht notwendigerweise über einen individuellen Gedanken. Dieser kollektive menschliche Gedanke, aus dem heraus wir unsere Erfahrungen machen, ist das, worauf wir uns als „Ebenen des Denkens" bezogen haben.

So, wie wir in unseren Herzen „kollektiv" denken, werden wir. So lange, bis diese Vorstellung durch das Auftreten einer höheren Ebene des Denkens transzendiert wird, fahren wir fort, uns durch die Vorstellungen zu sehen, die uns gesagt werden oder die wir denken. Dem entsprechend werden wir uns auch fühlen.

Ein Kind wird sich zum Beispiel zu der Person entwickeln, die ihr glauben gemacht wurde, die es sei. Unsere Vorstellung von uns selbst wird geformt durch das, was wir durch unsere Erfahrung auf uns projizieren. Wenn uns glauben gemacht wird, dass wir in der Lage sind, alles zu erreichen, was wir uns wünschen, wird sich unsere Vorstellung von uns selbst sehr von der eines Kindes unterscheiden, das dazu gebracht wurde, sich ständig fehlerhaft und unfähig zu fühlen, etwas richtig zu machen.

Eine kriminelle Person ist eine Person, die eine Vorstellung von sich selbst „ausagiert". Würde sie dazu gebracht, sich anders zu sehen, dann würde sie beginnen, anders zu handeln.

Ein Gelehrter trägt den Gedanken in sich selbst, ein Wissen zu haben, welches ihn zu einem Verständnis über die komplexesten Fragen des Lebens befähigt. Diese Erwartung ist der Boden, von dem aus die Pflanze wächst und gedeiht.

Wenn jemand chronisch krank ist, können wir damit fortfahren, uns mit den körperlichen Erscheinungen der Symptome zu beschäftigen, oder wir können anfangen, uns mit der Vorstellung zu beschäftigen, schwach, zerbrechlich, verletzlich, gequält, voller Sünden und solcher Leiden wert zu sein. Wir können anfangen, uns mit der menschlichen Vorstellung der Unvermeidbarkeit von Leiden zu beschäftigen.

Die Idee, unser Leben entsprechend unserer Vorstellung von uns selbst zu leben, ist wirklich kritisch.

Seit dem Beginn der schriftlichen historischen Aufzeichnungen glaubte der Mensch, dass er es wert sei zu leiden. Je mehr wir dieses Phänomen erfuhren, desto mehr waren wir diesem Glaubenssatz ergeben.

Nun verstand ich, dass Glauben viel, viel mehr umfasste als nur die Worte aus unserem Munde oder die der Kirche, zu der wir gehörten. Mehr Gebete und viele Veränderungen im Denken und in der Vorstellung waren dazu notwendig. Es war ein radikaler Wechsel in einen anderen Geist.

Die gute Neuigkeit ist, dass es *der Wille und die Absicht* Gottes ist, dass wir unser Leben entsprechend Seiner Vorstellung von uns leben und nicht nach der, die wir für uns adoptiert haben. Von Anfang an war beabsichtigt, dass wir eine „Einheit" mit Seinem Geist erfahren, das zu wissen, was Er weiß, und das zu sehen, was Er sieht. Also müssen wir nicht darum kämpfen, in diesen Geist einzutreten, so als müssten wir versuchen, Gottes Widerstand zu überwinden, mit uns teilen zu wollen. Wir müssen uns nicht danach ausstrecken. Wir müssen nicht darum betteln oder uns irgendwie dafür qualifizieren. Wir können es nicht verdienen, weil es nicht zum Kauf steht! Wir müssen diesen Geist nur zu sehen wünschen, und Er erscheint. Kein Kampf, nur eine bestimmte Absicht und der Wunsch. Es braucht einen bewussten Akt des *Annehmens,* und es wird möglich, wenn wir davon überzeugt sind, dass es auch *unser Geist* war und ist, und dass wir niemals wirklich von Ihm getrennt waren…, obwohl es eine lange, dunkle Zeit lang sicherlich so schien. („Wir aber haben den Geist Christi!“) (4)

In dieser Zeit machte ich eine weitere verblüffende Entdeckung.

Eines Abends las ich die Bibel und stolperte über eine Geschichte im Buch Genesis. Es war die Geschichte von Jakob, einem der Zwillingssöhne von Isaak. Jakob arbeitete jahrelang für seinen Onkel Laban, hütete dessen Herde und bestellte dessen Land. Er heiratete beide Töchter von Laban und hatte auch zwei Konkubinen. (Das war in dieser Zeit üblich.) Jakob hatte zur Zeit dieser Geschichte elf Söhne und eine Tochter.

Er fühlte, dass es Zeit war, sich von Laban zu trennen, in sein Heimatland zurückzukehren und sein eigenes Leben zu beginnen. Er wollte sich um seine eigene Familie kümmern und anfangen, seine eigenen Ressourcen aufzubauen. Er bat für den Anfang um einen Teil von Labans Herde und erklärte, dass er es ja war, der die Herde tatsächlich aufgebaut hatte und sie in den Zustand gebracht hatte, in dem sie zu jenen Tagen war. Also bot Laban Jakob „alle scheckigen, fleckigen, braunen Tiere der Herde an“.

Da es nur wenige an Zahl waren, entschied Jakob, sie zu vermehren. Und so machte er Folgendes:

Jakob wusste, dass sich die Tiere jeden Morgen und jeden Abend an der Tränke versammelten. Also nahm er eine Pappel und entfernte ein paar Äste. Er stutzte die Äste mit seinem Messer so, dass sie scheckig und fleckig erschienen. Dann platzierte er diese scheckigen und fleckigen Äste auf dem Boden der Tränke, damit die Tiere sie jeden Morgen und Abend anschauten, denn er wusste, dass sie sich *nur das vorstellen konnten, was sie sahen*. Es gab nicht einmal einen kleinen Streit, als Laban erkannte, dass Jakob mit viel mehr ging als Laban übrig hatte! Es wird gesagt, dass Jakobs Herde die von Laban um ein Vielfaches übertraf und er sich nahm, was versprochen war und ging. (5)

Sogar dann war die Wahrheit ein klares Prinzip des Lebens. Jakob wusste, dass das, was wir sehen, wirklich das ist, was wir bekommen! Was wir in unseren „Gedanken halten", ist das, was wir in unserer Erfahrung kreieren.

In den ganzen Jahren meines Bibelstudiums habe ich niemals gehört, dass jemand diese Geschichte auch nur erwähnte. Und ich hatte sicherlich selbst auch kein Verständnis dafür, wie diese Geschichte geschah.

Wie konnte es sein, dass nur durch das Anschauen von etwas dieses Etwas als physische Erscheinung auftrat? Was hat es mit dem „Sehen" oder „sich etwas vorstellen" auf sich, wie können sich diese Dinge tatsächlich in der physischen Welt manifestieren? Wie weit reicht die Kraft der Imagination oder Vorstellung wirklich?

Bald danach, als Jakob auf der Heimreise in sein Heimatland war, erreichte ihn die Botschaft, dass sein Zwillingsbruder mit der Absicht auf dem Weg zu ihm war, ihn umzubringen. Jahre zuvor hatte Jakob sein Heim verlassen, weil er seinen Bruder betrogen und bestohlen hatte. Jetzt fürchtete er um sein Leben. Es sah so aus, als sei der Tag der Abrechnung letztendlich gekommen. Jakob war so verängstigt und sich seiner Vernichtung so sicher, dass er sich von seiner Familie trennte und diese einen anderen Weg entlang schickte, um sie zu schützen.

Voller Verzweiflung betete er die ganze Nacht. Es wird gesagt, er kämpfte mit einem Engel (dem Boten der Wahrheit), was symbolisiert, dass sein Kampf im Inneren stattfand. Er riss Bollwerke von

Glaubenssätzen nieder und erlaubte einem neuen und klareren Verständnis, sich zu zeigen.

Als der Tag „anbrach“ (das Licht der Wahrheit sich zeigte), söhnte er sein Herz mit dem Herzen Gottes aus!

Als sich dann später sein Bruder mit einer Armee von Männern näherte, schaute Jakob ihn an und „sah das Gesicht Gottes“. Er sah nicht länger das Gesicht von Ärger und Hass, von Rache und Vergeltung. Sein Verstand war klar, seine Vision rein. Er sah das, was sich niemals verändert hatte. Er sah Gott, Der in der Form seines Bruders erschien. *Er sah, dass Gott niemals von dem getrennt ist, was Er geschaffen hat.* Er sah, was *wir alle sehen* würden, wenn wir uns dafür entschieden… den Gott, Der sich als Seine Schöpfung offenbart, und den Gott aller Schöpfung, welche die Herrlichkeit Gottes beschreibt und erklärt!

Hierin liegt der Geist Gottes

Und es ist immer eine gültige Wahrheit, dass die unsichtbare, nicht gesehene Welt der Herrlichkeit Gottes erscheint, sobald wir in der Lage sind, sie zu *sehen*. Das ist die Definition von Glauben, die Fähigkeit zu sehen, was nicht sichtbar ist, und dadurch der unsichtbaren Realität zu erlauben, in Erscheinung zu treten.

Sein Bruder rannte herbei, um ihn zu grüßen, er küsste ihn und vergab ihm seine Schuld. Sie waren in diesem Moment und für immer ausgesöhnt.

Noch einmal, es ist nicht so sehr das, was wir tun, was den Unterschied ausmacht, es ist das, was wir wissen, das, was wir wählen, mit unserem Herzen und unserem Verständnis zu sehen. Die Vorstellung erschafft die Realität.

Die Unveränderlichkeit von Gott und konsequenterweise die Unveränderlichkeit von dem, was von dieser Quelle ausgeht, ist das Wichtigste, was wir begreifen sollten. Dies ist eine der hinderlichsten Fehlinterpretationen über Gott, die heute existiert.

Im Gegensatz zum allgemeinen Glauben steht, dass Gott *nicht reak-*

tiv ist. Gott ist unveränderlich und beständig. Gott ist nicht der Mensch, der beobachtet und richtet, was er sieht, und der dann entscheidet, ob er belohnen oder entsprechend bestrafen will... wie der Weihnachtsmann. Gott ist Geist, und dieser Geist lebt in der ewigen Wahrheit, Er *ist* die ewige Wahrheit. Diese Wahrheit ist ewige Güte. Wenn wir in der Lage sind, in Übereinstimmung mit dieser ewigen Wahrheit der gegenwärtigen Vollkommenheit von Gott und Mensch zu kommen, dann werden wir auch von ihr profitieren. Sind wir aber festgefahren in dem Glauben an einen Gott, der belohnt und bestraft, dann muss die Güte verdient sein, dann werden wir weiterhin nicht von dieser Wahrheit profitieren. Es sind *wir*, die schwanken, und die auf jeden Gedanken und jede Erscheinung reagieren, die wir wahrnehmen. Es sind wir, die wählen, in diesen Segen einzutreten oder draußen zu bleiben. Es sind wir, die sich nicht wert fühlen, solch eine immerwährende Güte zu empfangen. Es sind wir, die wir über uns selbst urteilen und dann glauben, dass dieses Urteil aus dem Herzen Gottes erschienen sei.

Weil wir Gott als „dem Menschen ähnlich" beurteilen und Er deshalb Gegenstand von Reaktion und Veränderung ist, beten und appellieren wir an Ihn, Dinge zu tun und den Ablauf der menschlichen Ereignisse zu ändern. Aber Gott ist konstant und ändert sich niemals.

Was müssen wir also tun? Wir müssen das, was wir sehen, und die Angst vor dessen vermeintlicher Wahrheit, hinter uns lassen, und uns selbst erlauben, in die Ebene des Denkens einzutreten, die sich niemals ändert und die nichts anderes kennt als ewige Güte. *Wir müssen in das Herz und den Geist Gottes eintreten.* Wenn wir dieses Gefühl der Wahrnehmung erreichen, dann erscheinen uns alle Dinge in der sichtbaren Welt der Erscheinung anders.

Jetzt beten wir um ein Verstehen und um eine Korrektur des Denkens, anstatt an eine Veränderung in der Welt der Ereignisse zu appellieren.

Die Energie des Lebens ...

der Geist des Lebens

Denken ist Energie. So, wie auch Licht Energie ist. Da Ton ebenfalls Energie ist, sind unsere Worte auch Energie. Obwohl sogar die Wissenschaft das so erklärt, ist es für manche schwer zu verstehen.

Wir im Westen sind so festgefahren in unserem Denken, dass solche Dinge schwer zu begreifen sind. Um die Wahrheit zu sagen, ich kann die Idee, dass Töne aus meinem Radio kommen, immer noch nicht begreifen, noch weniger, dass Bilder und Töne aus meinem Fernseher kommen. Ich bin beeindruckt, dass wir sprechen, hören und die Worte verstehen können, wie sie durch die Luft schwirren und aus dem Telefon herauskommen, ganz zu schweigen vom Handy!

Aber der Tag wird kommen, und vielleicht ist er jetzt schon da, dass wir nur durch Gedanken miteinander kommunizieren werden. Wir leben immer noch in der Illusion, dass unsere Gedanken geheim sind, und verstehen nicht, dass sie sich auch in der sichtbaren Welt offenbaren.

Die alte chinesische Philosophie lehrt, dass wir in einem „Energiefeld“ leben und dass unser *physischer Körper das Resultat der Frequenz dieses Feldes ist.* Das erklärt auch, dass jede lebende Spezies ihre eigene Energiefrequenz hat, die sich vom Rest unterscheidet. Da Energie nach einem bestimmten Muster fließt, wird ein bestimmtes sichtbares Gebilde erscheinen. Dies zeigt sich durch verschiedene Werkzeuge für diagnostische Untersuchungen wie beim CT, EKG und beim EEG.

Alle Dinge bleiben durch diese unsichtbare Energie intakt, die in Harmonie und in perfektem Rhythmus fließt, *die in sich selbst die Ewige Ordnung und Intelligenz enthält, um das zu erhalten und zu stützen, was auch immer sie im Physischen geformt hat.*

Pflanzen haben bestimmte Energiefrequenzen. Tiere haben ihre eigenen spezifischen Energiefrequenzen. Planeten, Sterne, Sonnen haben eine andere bestimmte Energiefrequenz. Aus diesen Energien heraus haben sich diese sichtbaren Formationen entwickelt.

Für den flüchtigen Beobachter sieht es aus, als hätte der Samen die neue Pflanze produziert, ein befruchtetes Ei den neuen Fisch, Vogel oder Menschen. Aber wenn wir es auf einer tieferen Ebene untersuchen, dann entdecken wir, dass diese Samen und Eier ohne die Anwesenheit des Flusses der „Energie allen Lebens" unbelebte Objekte sind.

So wie es einem Schössling, so fein und zart wie er ist, unmöglich ist, in oder aus sich selbst heraus die Ränder einer Schale aufzubrechen, so ist es auch für eine neue Galaxie von Sternen unmöglich, aus einer Sonne heraus zu brechen, außer durch die Anwesenheit und Aktivität dieser Energie des Lebens. Seine Intelligenz und Weisheit ist unerklärbar für das begrenzte Verständnis von denen, die das Leben nur durch das interpretieren, was sie sehen.

Zu glauben, dass die gesamte sichtbare Welt aus sich selbst heraus entstanden und in der Lage ist, sich selbst zu erhalten und zu stützen, verfehlt hier die reale Wahrheit. Und diese ist, dass das *Leben durch die unsichtbare Welt der Energie geformt, gesteuert, belebt und geführt wird, die die wahre Substanz aller Formen ist. Wir nennen diese Präsenz LEBEN. Wir nennen diesen Fluss und den Rhythmus, diese Intelligenz und diese Weisheit, den Geist des Lebens.*

So wie es an einem Baum viele Äste gibt, hat diese Eine unsichtbare Präsenz des Lebens viele und viele verschiedene Ausformungen, viele individuelle Ausdrucksformen von sich selbst..., und doch ist nur ein Leben die Quelle von allen.

Das ist das Leben von dir und mir.

Es ist das Verständnis dieses einen Lebens, seiner Natur und seiner verschiedenen Charakteristiken, das es uns letztendlich erlaubt, uns selbst, unsere Gedanken und unsere Körper zu verstehen. Es ist diese sich entfaltende Enthüllung, in der wir unsere wahre Existenz, unsere wahre Erfahrung entdecken, nämlich die der Ganzheit und der Güte. Nur dann werden wir mit einer Sicherheit und Überzeugung die weit verbreitete Vorstellung und Akzeptanz von menschlicher Misere, von Fehlschlägen, Krankheit und Verfall ablehnen.

Wir sind nach dem *Ebenbild* Gottes gemacht. Ein Ebenbild der Vorstellungskraft, des Denkens des Göttlichen Geistes. Alle Gedanken tragen in sich ihre eigene spezifische Energiefrequenz. Wie alle Schöpfung sind wir ... aus einem im Ewigen Geist enthaltenen Gedanken ... aus Seiner eigenen Natur, Seiner eigenen Charakteristik und seiner spezifischen Attribute … geformt. Da wir aus einem ewigen Geist und Sein heraus kommen, finden wir, dass wir alle sichtbare Gebilde sind, gemacht aus ein und derselben Quelle…, und diese Quelle ist die Substanz von uns allen. Also lesen wir im ersten Kapitel des Johannesevangeliums: „Aus seiner Fülle haben wir alle empfangen.“ (1)

Jetzt kommen die Theorien, Doktrinen und die Glaubensvorstellungen der Menschen ins Spiel…, das menschliche Bewusstsein, das im direkten Kontrast zum Göttlichen Bewusstsein steht: die Menschen, die das Leben verstehen und definieren anstatt dem Leben zu erlauben, sich selbst für uns zu definieren.

Die Wissenschaft sagt uns, dass wir aus einer spezifischen DNS geformt sind, aus einer genetischen Suppe…, einer zufälligen Formation von zwei individuellen Sets von Chromosomen.

Diese Idee, die mittlerweile zur Zufriedenheit des menschlichen Verstandes bewiesen ist, eingetaucht in ein Bewusstsein einer soliden physischen Materie von Ursache und Wirkung… überlässt uns als das Produkt einer zufälligen Aktivität einer ebenso zufälligen Energie. Das ist es, was ich mittlerweile das Gesetz von Zufall und Wahrscheinlichkeit nenne. Wenn wir dieser Ideologie zustimmen, dann haben wir jeden erdenklichen Grund, in Angst und Furcht zu leben. Wer weiß dann schon noch, wie uns geschehen wird. Das Leben wird zu einem Pokerspiel…, die Besten gewinnen, die Schlechten verlieren.

Entsprechend dieser Philosophie ist unsere Persönlichkeit dann vorbestimmt. Da ist nichts, was wir dagegen tun könnten. Mein Temperament, meine Neigungen und Abneigungen, meine Wünsche und Forderungen, sie alle sind vorherbestimmt und vorprogrammiert. Da gibt es kein Gefühl von persönlicher Verantwortung oder Verantwortlichkeit in dieser fatalistischen Ideologie!

Folgt man dieser Linie der Ursachenlegung, dann werden wir genau die Krankheit bekommen, die vorprogrammiert ist. Also, warum sollen wir uns die Mühe machen zu versuchen, dem zu entkommen? Warum dagegen ankämpfen? Wenn es in den Genen ist, werden wir das bekommen, was wir bekommen sollen, egal, wie stark wir dem widerstehen, wie viele Vitamine wir nehmen, wie viele Runden wir um das Fußballfeld herum drehen, wie viele Arztbesuche wir machen, wie viele diagnostische Tests wir einfordern! Noch einmal, so ist es, wenn wir unter dem Gesetz von Zufall und Wahrscheinlichkeit leben.

Wenn wir uns aber dem Glauben verschreiben, dass wir alle aus derselben Quelle kommen, geformt und geschaffen aus der Perfektion, der Güte, der Harmonie und der Ordnung, dass wir von der wahren Substanz unseres Wesens bestimmt werden, (nicht Fleisch und Blut, sondern die Lebensenergie des Einen Ewigen) und dass dieses Erscheinen durch Güte vorbestimmt ist…, dann werden wir bald in jedem Aspekt unseres Lebens dramatische Veränderungen erfahren.

Das nennt man ‚ein Leben aus der Wahrheit heraus', in der Erwartung, dass die Wahrheit selbst erscheint und ihre eigene Natur definiert.

Was die Wissenschaft im Gegensatz dazu getan hat, ist, zu untersuchen, was *sichtbar* ist, und dann eine passende Erklärung zu dem zu kreieren, was bereits geglaubt wird. Wir bekommen das, was wir sehen, wir sehen das, was wir glauben, und wir glauben das, was uns gesagt wurde.

Zum Beispiel sieht das menschliche Bewusstsein Krankheit, Leiden, Missbildung, Traurigkeit, Tod und Desaster als übliches Los im Leben. Wir sehen das überall um uns herum, und nun brauchen wir einen vernünftigen Grund für all das. Aber da wir nach dem physischen Kausalprinzip leben, suchen wir die Ursache in der physischen Form. Je mehr wir in eine Richtung schauen, umso mehr sind wir von der Realität dessen überzeugt, was wir sehen.

Aber wenn wir beginnen, die Perfektion, die Ganzheit und die ununterbrochene Güte als die Quelle allen Lebens zu sehen, bringen wir genau dies mit derselben Sicherheit in unsere Erfahrung wie vorher das Desaster.

Wir beeinflussen mit unseren Gedanken und Überzeugungen den Fluss des Energiefeldes um uns herum und dadurch das, was wir erleben. Wir können den Fluss der unbegrenzten Energie (Geist) verstehen und uns damit einverstanden erklären, oder wir missverstehen diesen Energiefluss und bringen ihn durcheinander, was das Energiefeld weit offen lässt für was auch immer da erscheinen mag.

Gesundheit kontra Krankheit

Einfach gesagt ist Gesundheit nicht nur die Abwesenheit von Symptomen im physischen oder mentalen Körper..., sie ist das, was wir erkennen, wenn dieser *Geist des Lebens einfach und still* durch unseren Geist, durch unsere Einstellungen, unsere Gedanken und Gefühle und durch unseren Körper *fließt*.

Das bringt Klarheit und Reinheit des Denkens mit sich.

Es bringt Sanftheit und Güte in unsere Wünsche und Motivationen, weil die Natur dieses Geistes Liebe ist.

Es bringt Stärke, Energie und ein Gefühl von Vitalität.

Es bringt Absicht, Motivation und Richtung in unser Denken und in jede unserer Zellen und Körperfunktionen.

Es bringt Ordnung, Balance und Harmonie.

So sollte Gesundheit aussehen und sich für uns anfühlen.

Krankheit ist auf der anderen Seite jeglicher Platz und Raum, wo dieser Fluss oder die Präsenz dieses Geistes des Lebens blockiert, gestaut, abwesend oder einfach nicht erkannt ist.

Den Stau zu lösen, den Fluss dieses Lebens wieder herzustellen, heißt, erneut Gesundheit und Stärke zu finden.

Alles ist in der Energie enthalten!

Wenn wir das verstehen können, können wir sehen, wie töricht und sinnlos die gegenwärtigen menschlichen Anstrengungen sind, Krankheiten mit Pillen und noch mehr Pillen zu bekämpfen. Es wird immer mehr ersichtlich, dass es reiner Wahnsinn ist, den Symptomen einen Namen zu geben, sie zu klassifizieren und die physischen Erscheinungen zu kategorisieren. Genauso verrückt ist das endlose Reden über die verschiedenen Erscheinungsformen von Krankheit. Es ist eine Deklaration des totalen Fehlens der Vorstellung von Leben. Ein Beweis des Lebens aus einer Ebene des Denkens heraus, die völlig die Auswirkung des eigenen Denkens und Glaubens vergessen hat. Je mehr wir über dieses abweichende Auftreten, genannt Krankheit, nachdenken und darüber reden, und je länger wir es uns erlauben, dass es volle Vorherrschaft in unserer Vorstellung hat, desto mehr geben wir der Krankheit Energie, und desto wahrscheinlicher ist ihr Auftreten.

Dieses endlose, sinnlose Denken (und dessen Kraft raubende Auswirkung) aus solch einer hysterischen Verwirrung heraus bewirkt die verstärkte Stauung des benötigten Flusses dieses Geistes des Lebens und propagiert den Beweis für Krankheit. Es gibt einen Weg, frei von der Tyrannei der Krankheit zu leben, in einem Status von Frieden und Stille, wo es keine Furcht und Angst vor einer plötzlichen Zerstörung oder vor einem heimtückischen Verfall durch Alterung gibt.

Aber statt diesen Weg in einer Tablette oder in einem Gutachten der Weisheit und des Genies eines rein sterblichen Menschen zu finden, werden wir ihn selbst entdecken, während wir auf sanfte Art zu diesem Ort des Verständnisses empor gehoben werden und einer kompletten und radikalen Änderung in unserer Vorstellung vom Leben Platz einräumen. Letztendlich, indem wir dem Leben erlauben, dass es sich uns selbst erklärt.

Und während wir in dieses neue Verständnis und in diese neue Erfahrung geführt werden, werden wir entdecken, dass alles bereits hier ist, was wir zu finden versucht und wonach wir verzweifelt gesucht haben.

Was ist das für ein Ding, das Krankheit genannt wird?

Krankheit ist eine Unterbrechung der normalen Funktion von allem, was es im Leben gibt.

Es ist eine Unterbrechung des normalen Lebensrhythmus..., der normalen Integrität des Lebens.

Krankheit (engl. dis-ease) ist eine Unterbrechung in der „Leichtigkeit“ oder friedlichen Existenz eines jeglichen Lebensaspektes.

Die wichtigste Korrektur im Denken ist, dass Krankheit *keine Macht* in sich und aus sich heraus besitzt, und dass es *nichts ist, was einfach erscheint*..., sondern dass sie eine ABWESENHEIT von etwas bedeutet. Eine Abwesenheit des Lebensflusses..., ein Störimpuls in einer sonst frei fließenden, Leben spendenden und lebenserhaltenden Energie. Es ist durcheinander gebrachte Energie, die Verwirrung, Chaos und Unordnung verursacht.

Krankheit ist ein Nichts, ein Vakuum..., ein Raum, der geformt wird, wenn die Präsenz des Lebens nicht erkannt wird, ein Raum, in welchen wir fürchterliche Denkvorstellungen projizieren, die nur aus Angst, Missverständnis und aus einem Gefühl der Verletzlichkeit herrühren!

Je mehr wir darüber reden und je mehr wir sie im Detail beschreiben, um damit die Vorstellung der Menschen zu füttern, desto realer wird die Krankheit in unserem Verstand. Wie ein Schatten in der Dunkelheit, so lange bis das Licht erscheint und der Schatten verschwindet. Ein Schatten kann alles sein, was unsere Vorstellung erschafft, bis das Licht vollständig erscheint..., dann wird er zu einem Nichts. Wenn das vollständige Verständnis erscheint, dann werden auch Sie sehen, dass Krankheit ein Nichts ist.

Wir müssen damit aufhören, sie als etwas anderes zu sehen... als nur die Abwesenheit von etwas. Einer Abwesenheit des Gefühls der Präsenz des Lebens.

Wir müssen damit aufhören, sie mit Namen zu benennen und in Kategorien einzuteilen. Wir müssen damit aufhören, sie danach zu identifizieren, wo und wie sie auftritt. Denn sonst erhöhen und verehren wir sie. Wir bauen ihr einen Schrein.

Wir müssen erkennen, dass es nicht viele verschiedene Krankheiten gibt, die variieren und sich unterscheiden…, so verschieden und unterschiedlich wie die vielen Millionen von Namen, womit wir sie bedacht haben…, sondern dass sie nur eine allgemeine Erfahrung mit vielen verschiedenen Manifestationen ist..., *eine Erfahrung der Unordnung.* Sie ist eine Erfahrung von Verwirrung und Chaos. Eine Unterbrechung im Fluss der gegenwärtigen Lebensenergie, die sich frei durch die gesamte Schöpfung bewegt…, die alles formt, belebt, motiviert und erhält, was wir in dieser sichtbaren Welt sehen.

Hier wird es kritisch für unser Verständnis, wenn wir zu erkennen beginnen, dass das Leben nicht das ist, was wir von der Geburt bis zum Tod tun oder erfahren, so wie es menschlich beschrieben wird…, *das Leben ist ein lebensfähiges, reales Wesen…*, eine Präsenz, eine Macht, eine Kraft, eine Energie, *die allen Raum und Platz füllt,* und die durch nichts eingeschränkt ist, was gemacht wurde. *In Wirklichkeit hat Es alles gemacht, was gemacht ist.*

Leben ist dann ein anderes Wort für Gott.

Der Geist des Lebens ist dieser Teil des Wesens Gottes, Der alle Dinge geformt hat, und Der alle Dinge dazu bringt, in Harmonie, Balance und ewiger Ordnung durch alle Ewigkeit hindurch zu existieren.

Er ist wie die Luft, die wir atmen. Er *ist* die Luft, die wir atmen. Das lateinische Wurzelpräfix für das Wort Luft ist *pneumo.* Die Worte ‚atmen' und ‚Geist' haben dasselbe Wurzelpräfix. Luft, atmen und Geist sind alle eins … Die omnipräsente Quelle von all dem, was geschaffen ist, und die allem Existenz gegeben hat.

Dieser Geist des Lebens ist Intelligenz und Weisheit. Er ist Ordnung, Harmonie, Schönheit und Perfektion. Wo immer Er frei fließt, da gibt es den Beweis von Intelligenz, Weisheit, Harmonie, Ordnung, Schönheit und Perfektion.

Also, was ist Krankheit?

Es müsste ein Platz oder ein Raum sein, wo dieser Fluss des Lebens unterbrochen ist oder wo geglaubt wird, dass er unterbrochen sei. Ein Platz, an dem die Energie durcheinander gebracht, blockiert oder eingeschränkt ist. Was dann erscheinen würde, wäre etwas anderes als Schönheit, Ordnung und Perfektion. Was dann erscheinen würde, wäre anormal, entstellt, hässlich und dunkel. ‚Dis-ease' – englisch Krankheit, wörtlich übersetzt nicht-leicht. Auch bekannt als Verwirrung.

Also dann, egal, was erscheint, wie es sich offenbart, wo es sich offenbart…, egal, welchen Namen es hat, egal unter welcher Klassifikation es erscheint…, es ist alles einfach ein Raum oder ein Platz des Staus, an dem das Leben nicht fließt!

Stellen wir uns diesen Fluss, der durch uns hindurch fließt, wie einen richtigen Fluss vor, und erkennen wir die reine, klare Erscheinung des Wassers, wenn der Fluss frei fließt. Wir nehmen wahr, dass das Wasser dieses klare Leben gibt, welches dafür sorgt, dass Fische und andere Wassertiere darin leben können.

Wir bekommen ein Gefühl von Gesundheit und pulsierender Energie. Dann bringen wir unsere Aufmerksamkeit in Gebiete, in denen das Wasser eingeschlossen ist, wo es stagniert…, wie in einer Lagune oder in einem Strudel. An diesen Orten kommt es zu Gärung. Sie sind Brutstätte für alle möglichen Insekten und Kreaturen. Man kennt sie auch als Sumpf…, trüb und dick voller Mist und Verfall. Das ist Krankheit.

Im Alten Testament beschreibt der Prophet Hesekiel einen „Fluss des Lebens", Der, was auch immer Er berührt, heilt, wenn Er durch das menschliche Denken fließt. Dieser Fluss des Lebens geht aus vom Geiste Gottes. Es ist das Wissen davon, was wahr und ewig ist. „Was immer Er berührt, ist geheilt.“ (1)

Aber Hesekiel warnt auch vor Sumpfgebieten, in denen der Fluss nicht fließt. Diese Gebiete verbleiben in einem Status von Stagnation und Verfall.

Die Voraussetzung, um in diesen Fluss des Lebens zu kommen, ist, sich selbst ganz in ihn einzutauchen…, „nicht bis zu den Fußgelenken, nicht bis zu den Knien, nicht bis zu den Hüften, sondern ganz tief in das Wasser, welches du nicht durchschreiten kannst…, sondern von dem man getragen werden muss, vom Fluss Seiner Strömung.“ (2)

Dies ist die Hingabe an den Geist Gottes, wo unsere eigenen Gedanken, Schemen, Sorgen und Lösungen aufhören. Es ist hier, wo wir einem höheren Bewusstsein, einem Wissen von dem, was wahr ist, erlauben, den Raum in unserem Geist zu füllen, wo vorher nur Verwirrung geherrscht hat. „Und alle Dinge werden neu.“ (3)

Sofort begreifen wir, wie dumm es ist, zu versuchen, den Verfall und den Tod beseitigen zu wollen. Wir verstehen, dass so lange, wie das Wasser noch gestaut ist, alles wieder kommen wird, sogar dann, wenn wir erfolgreich alles beseitigt haben. Wir wissen, dass ein guter Regenschauer das Problem löst. Also *bringen Sie den Fluss zum Fließen.* Soweit, bis dieses Gebiet wieder geöffnet ist…, dann wird es genauso erscheinen wie der Rest des Flusses. Die Gesundheit der Gewässer ist wiederhergestellt.

Und so ist es mit all den verschiedenen Manifestationen des Lebens. Jede Formation des Lebens *braucht die frei fließende Energie des Geistes des Lebens, damit die Ganzheit und Vitalität erhalten bleibt.*

Wir müssen uns in Acht nehmen vor jeder Blockade oder jedem Engpass im leichten Fluss des Lebens, *und das tun wir, indem wir unsere Gedanken und unsere Glaubenssätze beobachten.* Es ist näm- [illegible] sehr das, was wir tun oder nicht tun, was sich auf diesen [illegible] bens durch uns hindurch auswirkt, *sondern das, was wir* [illegible] lauben.

Einer der tückischsten und am meisten vorherrschenden Beiträge zu Krankheit im ganzen kollektiven menschlichen Massenbewusstsein ist unser Glaube an die Krankheit selbst. Wir sind wie der Typ, der versucht, den Sumpf zu reinigen, und dabei denkt, wenn wir nur jede Kreatur studieren würden, die darin brütet, könnten wir sie besiegen. Zweihundert Jahre dieser Art des medizinischen Managements, in denen der Sumpf jährlich weiter glücklich neue und noch schrecklichere Kreaturen hervorbringt, sollten uns lehren, dass dies nicht der Weg der Weisheit ist.

Bis heute sind wir durch die Anwesenheit von Krankheit vereinnahmt.

Wir sind fasziniert von ihrem schrecklichen Horror.

Wir sind überwältigt von ihrer Vorherrschaft.

Es scheint, dass Krankheit die Fähigkeit hat, unser Leben, unsere Gedanken und unsere Ressourcen zu ändern, zu verändern, ihnen eine neue Richtung zu geben, sie zu zerstören und zu beherrschen.

Wir nehmen extreme Anstrengungen auf uns, um Krankheit zu verhindern, während wir *immer wieder ihre Macht über uns bestätigen.*

Wir haben Angst vor ihren Folgen. Wir kommen ihren Forderungen nach.

Wir opfern ihr all die Zeit, die Mühe und die Energie, die sie benötigt.

Wir reden ständig über sie.

Die Hälfte der Weltbevölkerung ist wahrscheinlich irgendwie mit ihr verbunden. Die Menschen verbringen ihr Leben damit, zu versuchen, sie zu behandeln, sie zu analysieren, sie zu vernichten, sie mit Tabletten und innovativen Arten der Diagnose zu jagen und Gebäude zu bauen, die wir nach ihr benennen können.

Sie regiert uns.

Sie fordert unseren Respekt, unser Denken, unsere Angst, unsere Substanz.

Sie ist zu einem Gott für uns geworden, in und aus sich selbst heraus, und wir haben ihr unwissentlich einen Schrein gebaut.

Während wir sie kollektiv hassen…, dienen wir ihr. Wir ducken uns und katzbuckeln in ihrer Gegenwart… wie vor einem schrecklichen König, einer monsterähnlichen Autorität, einem brutalen Diktator.

Wir haben ihr große und beeindruckende Gebäude errichtet, wie die Sklaven der ägyptischen Pharaonen. Wir leiden unter der Geißel und der Folter, die sie hervorruft, während wir weiterhin ihre Pyramiden, ihre Städte, ihre Schlösser bauen…, die großen pharmazeutischen Firmen, die gewaltigen medizinischen Komplexe. Wir beugen uns in Angst und Ehrfurcht vor ihren vielen Metaphern und ihrer Zerstörungskraft.

Wir verehren sie mit großen und aufgeblähten Namen, die zu schwierig sind, um sie auszusprechen…, die nur dazu dienen, um noch mehr Ehrfurcht einzuflößen.

Wir haben sie analysiert, halbiert, zergliedert, bis wir zu wandelnden sprechenden medizinischen Wörterbüchern geworden sind. Wir sind auch noch sehr stolz auf unser Wissen und die Industrie…, und sind uns total unbewusst darüber, dass wir mit all diesem Wissen unser eigenes Grab schaufeln.

Ich frage mich, wann es uns aufgehen wird, dass Krankheit eine unrechtmäßige Erfahrung ist… ohne wirkliche Macht in sich selbst, ohne Schöpferkraft, ohne Leben in sich selbst, ohne Substanz.

Anstatt ein Etwas zu sein… *ist sie tatsächlich nur die Abwesenheit von etwas.*

Wie ein brüllender Löwe ohne Zähne und ohne Klauen nimmt sie ihre einzige Kraft nur aus dem, was wir ihr in unserer Angst, Ignoranz und Vergötterung gegeben haben.

Ich frage mich, wann es uns aufgehen wird, dass dies ein anderer Gott ist, den wir in unserer Angst und Ignoranz vor der Wahrheit geschaffen haben… bis zu unserer eigenen Zerstörung.

Krankheit analysieren

Zuerst erklären wir, dass Krankheit ein Teil der menschlichen Erfahrung und unvermeidlich ist. Als nächstes erklären wir, dass sie übermächtig ist, mächtiger als der Widerstand des Körpers gegen sie.

Tatsächlich sind wir so verwurzelt in den verschiedenen Verästelungen von Krankheit, dass wir dadurch die natürliche Abwehr des Körpers gegen äußeres Eindringen und Degeneration vergessen haben.

Wann haben wir das letzte Mal etwas über die Wunder des menschlichen Körpers gehört? Wann wurde uns etwas über die unergründlichen Wunder seiner Intelligenz gelehrt? Wann haben wir das letzte Mal jemanden zugeben hören, dass wir das alles nicht einmal an der Oberfläche verstehen?

Vor einigen Jahren war ich umgeben von Patienten, die an Leukämie litten. Krankheiten scheinen in Wellen zu kommen. Speziell ein Patient nahm meine Aufmerksamkeit mehr in Anspruch als die anderen. Er war ein Polizist aus Houston, verheiratet, mit zwei kleinen Kindern.

Eines Nachts hatte ich einen schrecklichen Leukämietraum, der mich am nächsten Tag noch stundenlang zittern ließ. Eine meiner Patientinnen bemerkte, dass es mir nicht gut ging und fragte mich, was mich beunruhigte. Sie war eine wirklich nette Frau mit christlichem Glauben, die viel Weisheit in sich trug. Also erzählte ich ihr von meinen Patienten und von jenem Mann im Besonderen..., und ich erzählte ihr meinen Traum. Sie sagte mir, dass ich in dieser Angelegenheit auf die Weisheit Gottes hören solle. Sie fühlte, dass ich deshalb diesen Traum hatte, vielleicht auch, damit ich aufhörte, mir Sorgen um die Patienten zu machen, und anfangen sollte, auf die Stimme der Weisheit zu hören. Als sie das sagte, wusste ich, dass sie recht hatte, und sofort begann ich „zu erwarten“, dass ich etwas hörte. Ich wusste, dass ich etwas hören würde.

Es vergingen zwei Tage, und es kam kein Wort von Gott, aber ich war nicht entmutigt. Ich wusste, dass ich etwas hören würde, ich konnte es fühlen.

Am dritten Tag endlich las ich eine Zeitschrift, die einmal im Monat ins Haus kam und mich mit ihren Artikeln und Geschichten spirituell inspirierte. Ich stolperte über einen kurzen Artikel, der von einem Mediziner geschrieben war und den Titel trug: „Unser wunderbarer Körper". (1)

Er begann zu erzählen, wie *jeder spezifische Aspekt unseres Körpers die Natur Christi verkündet,* und er begann, von Leukozyten zu reden! Wow! Alle Haare auf meinen Armen stellten sich auf! Leukozyten sind die unentwickelten weißen Blutzellen, die im Schatten des Knochenmarks warten, bis sie entwickelt genug sind, um in den Blutstrom als Lymphozyten einzutreten.

Ich wusste, dass es genau das war, worauf ich zu hören gewartet hatte. Leukämie ist eine Krankheit, die diese jungen, unentwickelten weißen Blutzellen betrifft. Das war kein Zufall!

Er personalisierte eine Leukozyte, nannte sie Luke und begann, einen Tag im Leben einer solchen weißen Baby-Blutzelle zu beschreiben.

Luke, so schrieb er, war unruhig und ängstlich. Er wollte das Ziel seines Lebens vorantreiben und sich den anderen weißen Blutzellen im Blutstrom anschließen. Er wollte gegen die Infektion und Entzündung kämpfen, wie es die „großen Jungs" tun. Er wartete Tag für Tag, bis er eines Tages die Botschaft von einer „M"-Zelle erhielt, dass es für ihn an der Zeit sei zu gehen. Er war außer sich vor Aufregung und tauchte in das Blut.

Er reiste das Venensystem hinauf und in die rechte Vorkammer des Herzens hinein. Er reiste durch die Tricuspidalklappe in die rechte Herzkammer, die Lungenarterie hinauf und in die Lunge. Es war die beste Zeit seines Lebens!

Er wusste, dass das, was vor ihm lag, schwierig war und ihn ohne

Zweifel das Leben kosten würde, aber er wusste auch, dass dies der Zweck seiner Existenz war..., sein Leben mit Freuden zu geben, damit der gesamte Körper leben konnte! Ohne einen selbstsüchtigen Gedanken in seinem Herzen, ohne einen Hinweis auf Selbstschutz schwamm er weiter.

Zurück im Herzen, jetzt durch die linke Vorkammer des Herzens durch die Bicuspidalklappe in die linke Herzkammer, hinaus in die Aorta und runter, runter, runter in die rechte Ileakalarterie. Seine Sinne waren auf die Signale eingeschwungen, die seine Reise umrissen. Weiter hinunter ging es über die Femuralisarterie bis zu den Füßen.

Jetzt wurde es schwierig. Der große Zeh sollte sein Reiseziel sein, aber die Zellgewebeschwellung war so groß, dass sein Weg durch das Gefäßsystem beeinträchtigt war. Er war so fest entschlossen, *sein Leben zu geben, damit das Ganze leben kann*, dass er eine Amöben-Form annahm und durch die Kapillarwand ins Gewebe eindrang. Hier war der Kampf heftig. Er konnte die Hitze fühlen. Er konnte sehen, wie die anderen weißen Blutzellen, seine Kameraden, in den Kampf fielen, wie sie einen Kreis bildeten und um die Infektion im Zeh herum „eine Mauer bildeten". Ohne Zögern stieg auch er in diesen Kampf ein und gab darin sein kurzes Leben.

Das Resultat war die Heilung des gesamten Organismus!

Als der Autor dies dann in einen direkten Vergleich zum Leben und Sterben von Jesus Christus setzte, „das Ganze zu retten", musste ich so sehr weinen, dass ich fast die Worte nicht mehr lesen konnte.

Während meines ganzen „medizinischen" Lebens wurde mir gesagt, dass die Leukozyten die „Feinde" in der Leukämie seien. Es wurde geglaubt, dass sie die Ursache der Krankheit seien..., nicht ein einziges Mal wurde dargestellt, dass sie in solch großer Zahl und Kraft den Körper „schützen". Stattdessen waren sie das Ziel der Chemotherapie, bis sie starben!

Plötzlich fühlte ich Liebe zu diesen kleinen Kerlen. Ich wollte sie vor dem beschützen, was ihnen angetan wurde. Ich wollte, dass sie wussten, dass ich verstand, warum sie in solch großer Zahl auftauchten…, nicht um zu verletzen, sondern um einem bereits übertoxischen Körper zu helfen, sich mit den eigentlichen Giften zu beschäftigen, die ihn zerstören würden.

So eigenartig wie das auch klingen mag, legte ich mich quer über das Bett und dankte ihnen für ihr konstantes Opfer und ihre Bereitschaft, unerschrocken ihr Leben für das Leben des Ganzen zu geben.

An jenem Tag lernte ich den Körper als Ganzes zu lieben und erkannte, dass jede Zelle, jedes Organ und jede Struktur exakt täglich immerwährend dasselbe tat. Es gab keinen einzigen selbstsüchtigen, egoistischen Gedanken, der in der gesamten Funktion des Körpers enthalten war.

Der Körper war also - wie die gesamte Schöpfung - ein sichtbarer Ausdruck der Liebe Gottes. Das bereitwillige Opfer der Liebe. Und da sind wir, in unserer blinden, arroganten Ignoranz … wir missverstehen ihn, wir widersetzen uns ihm, und wir zerstören ihn!

Es war gerade drei Tage vor dieser Erfahrung, als ich den Mann das letzte Mal gesehen hatte. Zu jenem Zeitpunkt rangierte die „Zahl der Leukos" über Einhunderttausend! Das nächste Mal sah ich ihn in der folgenden Woche wieder, drei Tage nach meinem neuen Verständnis, und die Zahl seiner Leukos lag bei normalen 7.000! Meines Wissens ging die Zahl nie wieder über die normalen Parameter hinaus.

Durch diese Erfahrung erlangte ich einen Respekt für unseren Körper, der in all dem Studium der Krankheiten verloren gegangen war. Ich erlangte ein Bewusstsein von seiner Göttlichen Intelligenz. Ich erkannte, dass sein Leben tatsächlich das ewige Leben von Gott war.

Ich erlebte einen kompletten Wandel in meiner Wahrnehmung, *wobei die Krankheit schwach und der Körper stark war*. Das war ein gewaltiger Wandel.

Der gesamten Welt wurde beigebracht, dass die Krankheit die Macht hat und der Körper zu schwach ist, ihr zu widerstehen, und dass er deshalb Myriaden von Tabletten und medizinischen Interventionen braucht.

Ich begann zu verstehen, dass die *gesamte Schöpfung*, nicht nur der Körper, eine sichtbare Demonstration der Natur Gottes war… *wenn wir nur Augen hätten, dies zu sehen und Herzen, es zu verstehen.* Die Omnipräsenz Gottes.

Es gibt drei Bibelstellen, die mir dazu in den Sinn kommen, die mir die Allheit Gottes erklären… die das Auftreten von allem, was nicht Seine Natur ist, ausschließen… auch Krankheit:

Psalm 19:1-3: „Die Himmel rühmen die Herrlichkeit Gottes, vom Werk seiner Hände kündet das Firmament. Ein Tag sagt es dem anderen (alles, was jeden Tag erscheint, lehrt uns die Natur Gottes), eine Nacht tut es der anderen kund, ohne Worte und ohne Reden, unüberhörbar bleibt ihre Stimme (Auf der ganzen Welt erklärt die Schöpfung die Botschaft). Doch ihre Botschaft geht in die ganze Welt hinaus, ihre Kunde bis zu den Enden der Erde."

Brief an die Römer 2:20: "Die unsichtbaren Dinge Gottes (die Natur, die Zeichen) von der Schöpfung der Welt sind klar zu sehen und werden durch die Dinge verstanden, die gemacht sind."

Hiob 12:7-8: „Doch frag nur die Tiere auf dem Felde, sie lehren es dich, die Vögel des Himmels, sie verkünden es dir. Rede zur Erde, sie wird es dich lehren, die Fische des Meeres erzählen es dir."

Hiob könnte genauso gut gesagt haben: „Frage deinen Körper und er wird dir von der Herrlichkeit Gottes erzählen und dich lehren. Frage deine Zellen und frage dein Rückenmark. Frage dein Immunsystem und die Vielfalt der weißen Blutzellen. Frage das endokrine System (das System, das die Hormone ausbalanciert), und es wird dir die Natur Gottes erklären."

Hier haben wir die Wahl. Wir wählen, unseren Körper zu fürchten, ihn zu kritisieren und ständig Fehler an ihm zu finden. Wir wählen, ihm überhaupt nicht zu trauen. Wenn wir das so tun, dann wählen wir, seinem Schöpfer nicht zu vertrauen.

Immer und immer wieder lesen wir, dass Christus (der sichtbare

Ausdruck des unsichtbaren Gottes) sich in unserem Körper manifestiert. Dass die Weisheit und Person Gottes alles füllt, was Sie geformt hat. Dass Gott nicht getrennt ist von dem, was Er geschaffen hat…, auch nicht von unserem Körper. (2) Aber wir hören auf die Weisheit der Menschen, die sich als menschliche Angst und Ignoranz entpuppt hat, und von deren Worten wir weggefegt wurden.

Wir müssen diesem menschlichen Massenbewusstsein entkommen!

Zweiter Teil:

Einführung

In diesem Teil reisen wir entlang des Weges einer neuen und frischen Einführung in die Natur Gottes und sehen uns an, wie dieses Verständnis unsere Beziehung zu Gott als Ursprung und Quelle aller Existenz komplett verändert.

Wir entdecken, wie ein verändertes Gottesverständnis uns dazu veranlasst, das Leben aus einer anderen Perspektive zu sehen. Wir beginnen, uns selbst in einem anderen Licht zu sehen, und finden heraus, dass dies zu dementsprechend anderen Resultaten in unseren Lebenserfahrungen führt.

Am wichtigsten ist es, den Mut zu haben, Zugang zum Herzen und zum Geist Gottes zu finden. Dort sehen wir, wie Er sieht, wissen, was Er weiß, und leben, wie Er uns gesandt hat zu leben. Das ist der einzige Weg und die einzige Hoffnung für uns, in Frieden zu leben…, in unserem Körper, in unserem Verstand und in unserer Welt.

Alte Konzepte überdenken

„Euch ist es gegeben, die Geheimnisse des Himmelreiches zu erkennen“(1)

Es ist wirklich ein ehrgeiziges Unterfangen, die enorme Aufgabe zu übernehmen, Gott Ihnen erneut vorzustellen, aber das ist genau das, was ich vorhabe. Ein neues und reineres Verständnis von Gott zu erlernen hat für mich den Unterschied in meinem Leben und im Leben derer bewirkt, die im Laufe der Jahre dazu gekommen sind, mir dabei zu helfen.

Mein heutiges Verständnis der Natur und Person Gottes unterscheidet sich buchstäblich wie Tag und Nacht von dem, was meinen Verstand all die Jahre zuvor geformt hat. Jetzt erwarte ich, dass Güte in meinem Leben vorherrscht, wo ich vorher nur nach dem Konflikt Ausschau gehalten habe. Ich merke, dass nun, statt die Idee zu akzeptieren, dass Konflikt und Verwirrung die von Gott eingesetzten Werkzeuge sind, um Fehler im menschlichen Verhalten zu korrigieren, Frieden und Gelassenheit die natürliche Göttliche Tagesordnung ausmachen. Heute erfreue ich mich an der unveränderlichen Wahrheit, dass das Leben stets in immerwährender Göttlicher Ordnung fließt, wohingegen ich früher fand, dass nur Aufruhr im scharfen Sinne von überwältigender Verantwortung „das Leben funktionieren ließ“. Ich musste nur erlauben, dass das Leben als solches in meinem Herzen erschien, um die Wahrheit dessen zu sehen.

Schlussendlich verstand ich, dass ich mich nicht länger mit dem Schmerz und dem Fehlschlag einverstanden erklären musste, um meine „miserable Existenz“ wieder gutzumachen (obwohl ich keine Ahnung hatte, dass ich das tat). Ich konnte mir stattdessen den Luxus einer Erwartung und eines Lebens in einer immerwährenden Atmosphäre der Akzeptanz und der Güte erlauben.

Aber die verblüffendste Veränderung war, *dass sich meine Meinung von mir selbst und von allen anderen änderte,* während sich mein Verständnis von Gott neu strukturierte. Jetzt war ich in der Lage, die Schöpfung durch das Herz Gottes zu sehen und die ewige, gegenwärtige Schönheit und Herrlichkeit all dessen zu erkennen.

Ich muss noch einmal auf Bibelstellen im Alten Testament verweisen, auf das zweite Buch Samuel, Kapitel 22, wo es heißt: „Den Barmherzigen will Ich mich barmherzig zeigen, und den Rechtschaffenen will Ich mich rechtschaffen zeigen. Den Reinen will Ich mich rein zeigen. Aber denen, die richten, und den Hartherzigen will Ich mich unnachgiebig zeigen." Erschien Gott den verschiedenen Völkern verschieden? Und war das so, weil wir nur das sahen, was wir, basierend auf unserem gegenwärtigen Verständnis, sehen *konnten*? Und wie viel von diesem Verständnis wurde von dem geformt, was wir durch das menschliche Glaubensbekenntnis und Dogma über Gott gelernt haben? Ich wusste, ich musste Gott so kennen lernen, wie Gott wirklich ist, um nicht länger von der vorherrschenden Ignoranz in weitere Zerstörung getragen zu werden.

Eine der schwierigsten Umkehrungen in meiner Wahrnehmung, die stattfinden musste, war für mich die Idee, dass *wir* die Ereignisse, die in unserem Leben stattfinden, ändern und steuern können, oder anders gesagt, dass wir etwas mit den Dingen zu tun haben, die sich in unserem Leben ereignen. Ich war es gewöhnt zu beten und einen unnahbaren Gott zu bitten, die Dinge, die mir oder denen, die zum Beten kamen, passierten, zu ändern, zu steuern oder sie irgendwie zu korrigieren. Manchmal wurden die Gebete erhört und manchmal nicht.

Jetzt begann ich zu verstehen, dass *wir das Leben gemäß unserem Verständnis erfuhren,* und dass es dieses Verständnis war, was korrigiert werden musste. Mit anderen Worten, mein Fokus musste sich ändern, weg davon, Gott zu bitten, *die Wirkung dessen, was wir glaubten*, zu korrigieren, sondern das zu korrigieren, was wir zu allererst geglaubt hatten.

Bald änderten sich meine Gebete, und statt dass ich mich darauf konzentrierte, die menschlichen Bedingungen zu verbessern, begann ich damit, die Wahrheit erfahren zu wollen. Ich wollte wissen, was in der Ewigen Weisheit und im Wissen von Gott in jedem speziellen Fall enthalten ist. Als dies sich mir zu enthüllen begann, trat die gewünschte Änderung in den menschlichen Bedingungen automatisch ein.

Trotzdem war ich mir nicht sicher, ob mir die Idee gefiel, dass ich in eine Position gesetzt wurde, für mein „richtiges" Denken und Wissen verantwortlich zu sein, so dass das „Richtige" eintreten könnte. Es schien mir so viel sicherer, sich einfach auf das zu verlassen, was „der Wille Gottes" in jeder speziellen Situation war und mir dann einfach meinen Weg „da hindurch zu bahnen". Ich fand, dass ich Angst vor dem hatte, was ich irrtümlicherweise als persönliche Verantwortung empfand, dieses neue Verständnis, diese höhere Ebene des Denkens vorwärts zu bringen. Aber eines Tages passierte etwas in der Klinik, das mir zeigte, wie einfach und sicher diese neue Art zu beten für mich sein würde.

An einem Vormittag erhielt ich einen verzweifelten Anruf von einer sehr guten Freundin. Sie war mit ihrem Mann im Krankenhaus. Er war vor ein paar Tagen plötzlich schwer an etwas erkrankt, was später als akutes Dickdarmgeschwür diagnostiziert wurde. Es verursachte eine aggressive Darmblutung, kontinuierlichen Durchfall und rapiden Gewichtsverlust. Innerhalb sehr kurzer Zeit verlor er 30 bis 35 Pfund und war jetzt schwach und schwer anämisch. Die einzige Behandlung, die angeboten wurde, war, den Dickdarm zu entfernen. Sie rief mich an und bat mich zu beten, weil sie gerade eben informiert worden war, dass die Operation in einer Stunde durchgeführt werden sollte!

Ihre Angst bewirkte, dass mir ganz schwindlig wurde. Ich fand mich selbst schwankend zwischen dem alten traditionellen Konzept von Gott, an Den man appelliert und Der dann antwortet oder auch nicht..., und meinem neuen Verständnis der vorhandenen Vollkommenheit des Menschen nach Seinem Ebenbild, unabhängig von der

Erscheinungsform, die das in Frage stellen mag. Sofort entschuldigte ich mich bei meinem Patienten, den ich gerade behandelte, ging hinaus und setzte mich in mein Auto, sodass ich für eine Minute Ruhe hatte. Ich fragte Gott: „Wie soll ich beten?" Ich hörte die Antwort noch bevor ich zu Ende gefragt hatte: „Bete darum, dass du sehen kannst, dass nur der Geist Gottes vorherrscht." Das tat ich. Ich schloss den Patienten, seine Frau, mich selbst, die Ärzte, das Krankenhauspersonal und jeden mit ein in mein Gebet, der von dem Problem wusste. Ich folgerte, dass Gott die Intelligenz und Herrschaft all dessen ist, was Er nach Seinem Ebenbild und aus Seinem Sein heraus erschaffen hat. Da das die immerwährende Wahrheit ist, würden sich alle Beteiligten wie selbstverständlich in Übereinstimmung befinden und unter der weisen Beratung des Heiligen Geistes stehen.

Mir kam der Gedanke, dass jede einzelne Herausforderung für die Menschheit, jedes Problem, jedes unglückliche Ereignis tatsächlich eine Kampfansage an diese reine Wahrheit ist.

In jedem Problem, dem der Mensch gegenüber steht, steckt der gegenwärtige Glaube, dass alles andere, nur nicht die ewige Güte Gottes, die Situation regiert. Es geht darum, wirklich zu *wissen*, dass Gott, der allgegenwärtig und omnipotent ist, immer und kontinuierlich in Göttlicher Ordnung regiert und Perfektion die Lösung für jedes Problem ist, das auftritt.

Innerhalb von fünf Minuten war ich wieder zurück und kümmerte mich um die Klinik.

Eine Stunde später rief meine Freundin mich an, um mir zu sagen, dass seine letzten Blutwerte stabil geblieben waren und sie deshalb beschlossen hatten, ein paar Stunden zu warten, um zu sehen, was passiert. Bald berichtete sie mir, dass die zweiten Blutwerte sich verbessert hatten und die Operation deshalb auf unbestimmte Zeit verschoben wurde. In jener Nacht fuhr ich ins Krankenhaus, um sie zu unterstützen, und wir beteten und erfreuten uns an dem „All-Sein" von Gott, Der nur gütig ist, und an der „Nichtigkeit" des Horrors des Bösen..., und wir weigerten uns, dem Problem die Macht zu geben, die nur Gott gehörte.

Innerhalb von Tagen war der Mann wieder zu Hause. Das Bluten und die krampfartigen Darmstörungen hatten aufgehört. Nach einigen Wochen hatte er wieder sein altes Gewicht, und bis heute, über zwanzig Jahre später, ist nichts mehr von der Krankheit aufgetreten.

Zweifellos war das für mich ein sicherer Hinweis auf die Einfachheit von dem, was ich da gerade lernte, wie auch auf die Wahrheit davon. „Ihn zu kennen, das ist ewiges Leben" (2) Genau hier und jetzt!

Als ich anfing zu verstehen, *dass das menschliche Leben sich in dem Maße verbessert wie sich unsere Vision von Gott verbessert*, fühlte ich, dass es meine Mission war, dies zu verfolgen, kostete es, was es wolle.

Ich brauchte nicht lange, um zu verstehen, dass überall, wo ich hin ging um zu verstehen, alles zu noch mehr Verwirrung führte. Die Menschen schienen sogar die vernünftigsten Gedanken zu verkomplizieren. Religion war beladen mit Ängsten und Widersprüchen. Also wandte ich mich der einzig vernünftigen Quelle zu, die verfügbar war, und das war Gott selbst. „Ihr habt keinen Grund, dass ein Mensch euch lehren sollte, nur die Einweihung, die innen lebt, wird euch führen und leiten in alle Wahrheit." (3)

Ich dachte ständig darüber nach und fand großen Trost und Stärke in den Stunden und Tagen, in denen ich verschiedene Fragen über den Geist der Wahrheit (4) stellte und es mir erlaubte, dass die Antworten in meinem Geist und Herzen formuliert wurden. Es hat all die Jahre meines Lebens in Anspruch genommen, mein Image von dem, wer und was Gott ist, aufzuheben und wieder zu erneuern, mit dem, was Seine Natur und Seine Charakteristiken ausmachten und was meine Beziehung und meine Verantwortlichkeit dem gegenüber war. Aber es war eine so wundervolle Erfahrung, eine, die ich für nichts und niemanden in der Welt eintauschen würde.

Ich fand, dass die Antworten und „die sich enthüllenden Verständnisse" ziemlich sicher und exakt kamen und oft von erstaunlichen Erfahrungen der Heilung derer, um die ich mich gesorgt hatte, begleitet waren. An jedem Wendepunkt war Gott da, das Verständnis mit beispiellosen Beweisen und voller Sicherheit zu versiegeln. Dies wurde zu meinem persönlichen Lebensziel, weit vorrangig vor anderen Dingen, die mir auf meinem Weg begegnet sind. Und der Lohn für den Fleiß war bei weitem höher als ich erwartet hatte.

Schlicht und einfach gesagt hat Gott wie auch alles, was Er geschaffen und geformt hat, eine Natur mit festgelegten Charakteristiken. Diese zu kennen, heißt Gott zu kennen. Diese zu kennen heißt auch, uns selbst zu kennen, da wir nach dem exakten Ebenbild Seiner Natur gemacht sind.

Hier genau haben wir die Tendenz, das zu verlieren, weil *wir nach dem urteilen, was wir sehen,* und leider sehen wir das, was uns gelehrt wurde zu sehen. Wir müssen lernen, „rechtschaffen zu urteilen." (5) Das heißt zu beurteilen, wie Gott sieht, nicht wie der Mensch sieht.

Da dies unbestreitbar der Fall ist, müssen wir uns darüber klar sein, dass wir, wenn wir etwas neu erkennen, hinter jeder Ecke etwas finden werden, was das, was wir gelernt haben, in unserem Leben herausfordert. Dies produziert oft Konflikte und innere Kämpfe. Während der Geist der Wahrheit das reine Verständnis enthüllt, werden die alten Vorstellungen in uns kämpfen und festhalten. Ich habe herausgefunden, dass die Dinge viel sanfter laufen und die Resultate viel eher als reine Wahrheit empfangen werden können, wenn ich mich so weit wie möglich aus dem Kampf heraushalte. Ich kann sicherlich die Spannung in mir fühlen, aber ich habe gelernt, dem Glauben zu widerstehen dass es meine Verantwortung sei, in alle meine Schlussfolgerungen, Meinungen und Argumente einzusteigen. Am Anfang merkte ich, dass ich sogar oft gegen das neue Denken argumentierte, wenn es gerade erscheinen wollte, obwohl zugegebenermaßen klar war, dass ich nicht mehr mit dem alten Glauben anfangen würde. Aber all das legte sich bald in dem Maße, wie mein Verständnis und mein Vertrauen in den Prozess wuchsen.

Ich begann „zu wissen, dass ich nichts wusste". Das war eine Voraussetzung für das Lernen..., *bescheiden genug zu sein um zu wissen, dass ich wirklich überhaupt nichts wusste.* Was würde mich also überzeugen, mich mit meinen Meinungen zu beschäftigen, jetzt, wo sich mir die Wahrheit selbst enthüllte? Ich fand heraus, dass sich alles von selbst rechtzeitig genug sortiert, wenn ich nur ruhig und still blieb, nicht die Gedanken und Ideen mit anderen diskutierte, während diese in meinem Herzen rumorten... und wartete. Die Wahrheit, das pure Verständnis, wird sich immer durchsetzen, ohne meinen irrigen und schwachsinnigen Input.

Ich fand auch heraus, dass ich oft Angst hatte, etwas „loszulassen", was mir gelehrt wurde zu glauben. Ich hatte Angst, dass ich, wenn ich dies losließe, die sichere Zerstörung durch Gott über mich bringen würde. Aber bald erkannte ich, dass diese unnatürliche Angst vor der Strafe Gottes genau der Punkt war, den Er aus meinem Herzen entfernte, während ich mehr über Seine ruhige, stille, unveränderbare und sanfte Natur und Sein unbestreitbares Bestreben lernte, um Ihn so kennen zu lernen wie Er wirklich ist.

Ich schlussfolgerte, dass Er mich in meinem Lernen führen würde, wenn ich um der Wahrheit willen zu Ihm kommen würde, und um Ihn zu verstehen. Er würde mich durch das führen, was ich las, durch die Menschen, mit denen ich in Kontakt kam und durch das, was ich hören würde usw. Ähnlich wie bei unseren Nieren, die Er geschaffen hat, um alle unnötigen Substanzen aus dem Körper zu entfernen, würde Er es auch möglich machen, dass alles aus meinem Denken verschwindet, was ohne Nutzen ist, um darin zu verbleiben.

Kurz gesagt lernte ich zu vertrauen und mich vollständig auf Ihn, den Geist der Wahrheit, zu verlassen, um mich von Ihm von einem Verständnis zum nächsten führen und leiten zu lassen, so weit, bis ich Ihm von Angesicht zu Angesicht gegenüber stehe, so wie Er wirklich ist. Und wie anders dies sich darstellte! Wie Leben spendend dies war, und welch ein Frieden da siegte!

An diesem Punkt könnte sich die Frage stellen, warum das so wichtig für uns ist. Wie genau setzt sich diese Wahrheit in unserem Leben um? Kann sie uns bei unseren unmittelbaren Sorgen helfen? Kann sie unsere Krankheiten heilen? Kann sie unsere Ehen retten? Kann sie unsere Söhne und Töchter wieder zurück nach Hause bringen? Kann sie unsere finanziellen Angelegenheiten regeln?

Die Antwort zu all diesen Fragen und zu noch mehr ist, dass es eine direkte Verbindung gibt, eine Verbindung zwischen unserem Gottesbild und dem, was wir in unser Leben und in unsere Erfahrungen hereinlassen.

Wenn ich zum Beispiel glaube, dass Gott uns für unsere Vergehen bestraft, indem er uns Krankheiten schickt oder ihnen erlaubt, in unseren Körpern aufzutreten..., was muss dann verdient werden, um Ihn zu fragen, mich zu heilen? An welchem Punkt ist sein „Zorn" letztendlich beschwichtigt?

Aber wenn ich weiß, dass „Er nicht an mir handelt nach meinen Sünden" (6), dann werde ich die Vorstellung ablehnen, dass dieser Schmerz und das Leiden von Gott kommt, und ich werde viel selbstsicherer sein, Heilung zu erfahren.

Wenn man diesen Gedanken noch weiter denkt, wenn ich dahin komme zu wissen, dass ich nach dem Ebenbild Gottes geschaffen bin, und dass ich in einem Zustand permanenter Göttlicher Ordnung bin, ein Objekt der Liebe selbst, ein Kind des Lichtes..., versetzt mich das in die Lage, kontinuierliche und immerwährende Ordnung und ununterbrochene Perfektion *wirklich zu fühlen*. Dann gibt es keinen Platz für das Auftreten von Krankheit, nicht wahr? Sollte es trotzdem passieren und ich mich mit einer Krankheit konfrontiert sehen, dann würde ich die Stärke, die Selbstsicherheit, die Macht und die Wahrheit haben, sie wegzuschicken. Und sie würde gehen.

„Was Gott geschaffen hat, soll für immer sein, nichts kann dem hinzugefügt und nichts weggenommen werden." Das ist die Basis, auf der ich frei von Krankheit und frei von der Angst vor Krankheit leben kann.

Sehen Sie anhand dieses einen Beispiels, wie entscheidend es für uns ist, das wahre und reine Verständnis nicht nur von Gott, sondern auch *von uns als Seinem Ebenbild*, zu kennen? Es gibt kein wichtigeres Studium in Ihrem Leben. Es gibt kein herausfordernderes Studium in Ihrem Leben. Und es gibt kein sich lohnenderes Studium in Ihrem Leben. Von allen Dingen, die der Mensch sich ausdenkt und dem er sein Leben widmet, ist das ohne Zweifel das, was ihn am meisten ausfüllt. Das ist die nächste und beste Wüste, die zu erforschen ist.

Mein persönlicher Wandel

Seit Anbeginn der Zeit forschte die Menschheit nach der wahren Identität von Gott, ihrem Schöpfer. Religionshistoriker, Bibel- und Gesellschaftsgelehrte haben die verschiedenen Enthüllungen von Gott für die Menschen dokumentiert und herausgefunden, dass es eine fortschreitende Reise von Verständnissen war, je nachdem, wie wir in der Lage waren, sie zu erfassen.

Die Wahrheit ändert sich nicht. Es ist die Wahrheit von Gott und unserer Quelle, und deshalb kann und wird sie sich niemals ändern. Es ist einzig unsere Fähigkeit, solch unbegreifliches Wissen zu begreifen. Dies muss langsam enthüllt werden, sodass wir unsere Ideen und Glaubenssätze in einem Tempo ändern, das für uns vertretbar ist. Diesen Wandel im Denken zu machen war für mich teilweise so, als würden sich meine Eingeweide umdrehen.

Jahrelang habe ich gebetet und Gott gefragt, warum manche Leute niemals krank werden und warum andere wiederum niemals auch nur einen Moment lang gesund zu sein schienen. Warum sind manche in der Lage aufzustehen und sich über eine potentiell zerstörerische Erfahrung zu erheben, während andere von Anfang an zum Scheitern verurteilt zu sein scheinen?

Während die Welt der neuesten und größten Entdeckung der Wissenschaft, „dem genetischen Code", applaudierte, der nicht nur die Ereignisse in unserem Leben determiniert, sondern auch, wie wir damit umgehen…, lechzte ich wirklich nach der Wahrheit. Ich fand das generelle Fehlen der Notwendigkeit, solche „Entdeckungen" zu hinterfragen, sehr alarmierend. Und ich fand die Einstellung der Massen apathisch.

1984 war der Beginn einer der verheerendsten Zeiten in meinem persönlichen Leben. Die Dunkelheit war unbeschreiblich tief. Nur die, die sich selbst schon einmal in solch einer Situation befunden haben, kennen sie. Am Ende dieser dunklen Reise war ich jedoch tief von der absoluten Wahrheit all dessen überzeugt, was zu verstehen ich begonnen hatte. Letztlich war ich bereit, diese Wahrheit mit all meinem Herzen und meiner Seele zu umarmen.

Tagtäglich führte ich die Klinik mit nur einem Angestellten (heute haben wir ungefähr 20). Ich war eine „Ein-Mann-Show", und wir hatten mehr als 35 Patienten am Tag! Ich erzog fromm meine zwei Töchter, war als Pastorin für eine kleine Gruppe von 75-100 Leuten zuständig, und mein Haus war voll mit Leuten einer Kirchengruppe aus Alaska, die alle mit einer jungen Frau, die die Diagnose Brustkrebs bekommen hatte, mitgekommen waren, um sich um sie zu kümmern und für sie da zu sein.

Meine Kinder und ich gewöhnten uns in der Zwischenzeit an die erste ehrlich gute Liebesbeziehung, die ich seit dem Verlassen ihres Vaters vor 10 Jahren zulassen konnte. Dieses unvorstellbare Szenario begann 1980.

Die junge Frau starb 1984, zwei liebe Patienten, die Krebs und eine Herzkrankheit überlebt hatten, starben durch Autounfälle, meine „Kirchengruppe" löste sich auf, alle 18 Leute zogen aus meinem Haus aus, und mein tapferer Versuch einer ernsthaften Beziehung zerbrach.

Wenigstens die Klinik blieb bestehen und erblühte weiter. Mein Herz war in Stücke zerbrochen, aber schlimmer noch war, dass ich über Gott schrecklich enttäuscht und verwirrt war. Sehen Sie, ich betete jedes erdenkliche Gebet für diese junge Frau. Sie hinterließ drei kleine Kinder und hunderte von Leuten, die wie betäubt in Zweifel steckten. (Sie war die Frau eines bekannten Predigers, und „für sie beteten" Hunderte von Leuten, die sie kannten und liebten). Wie ich schon sagte, ich betete (manchmal ganze Nächte lang), ich fastete, ich las, erinnerte mich an jede verwandte Bibelstelle und glaubte ohne Zweifel, dass sie gesund werden würde. Ich ließ keine „Hintertür" der emotionalen Hilfe offen, für den Fall, dass sie nicht genesen sollte.

Aber das Schlimmste kam für mich während ihres Beerdigungs-Gottesdienstes, den einige hundert verwirrte und fragende Seelen und eine Handvoll Prediger, die für sich beanspruchten Antworten zu haben, besuchten. Letztendlich kam ich auf dem Höhepunkt meiner Suche nach der Wahrheit an. Ich war gezwungen, die letzten nackten Fäden der traditionellen Religion mit all ihren verdrehten Traditionen im Denken und ihren endlosen Prozessionen von Worten gehen zu lassen. Einer nach dem anderen von den Pfarrern sprach. Ihr pathetisches Tasten nach Antworten war offensichtlich (so wie es mir die letzten zehn Jahre ergangen war).

Einer erklärte, dass der Tod dieser Frau der „Wille Gottes" war, während der nächste laut von sich gab, dass das ein Werk des Teufels sei. So ging das hin und her. Die Zweiteilung des Denkens, die Leere im wahren Verstehen entging keiner einzigen Seele in diesem Auditorium.

Als ich dann an der Reihe war, gab ich einfach unter Tränen des Kummers und der Frustration zu, dass ich keinerlei Idee mehr hatte, was ich denken oder was ich wissen sollte. Gott für diesen beispiellosen Horror zu bestrafen, den sie durchmachen musste, hieße, eine Vorstellung von Gott zu haben, die härter ist als das Herz von Stalin oder Hitler. Den Teufel dafür verantwortlich zu machen hieße, die Fähigkeit von Gott zu verneinen, dass Er korrigieren, retten, unsere Gebete erhören, sich kümmern kann. Es hieße, dass das Böse machtvoller wäre als Gott (das Gute).

Ich gab bekannt, dass ich nach San Antonio zurück gehen (der Gottesdienst war in Georgia) und warten würde… egal, auch wenn ich den Rest meines Leben dafür brauchte…, bis ich wusste, was immer es auch war, was ich nicht über Gott wusste. Ich meinte es so, und sie wussten das!

Plötzlich fielen Hunderte von Leuten auf die Knie, klatschten Beifall und weinten mit mir. Da wusste ich, dass Herzen überall auf der Welt schmerzten, mehr zu wissen. Es war nicht nur das Tosen in meiner Seele. Leute von überall waren an das Ende einer Ära des

Verstehens gelangt und waren mehr als bereit, dass sich die nächsten Wahrheiten enthüllten. Die Bibel nennt diese Erfahrung das Hinter sich lassen von „alten Meilensteinen“, um sich auszudehnen und neue Verständnisse zu umarmen. Ich nenne es „eine Ebene des Denkens“ zu verlassen und in eine neue einzutreten. Einige Leute werden das nie tun. Andere werden nicht widerstehen können, weil ihre Herzen ebenfalls schmerzen und nicht zur Ruhe gebracht werden können.

Ich erinnere mich an eine Bibelstelle im Gesetz von Levitikus im Alten Testament, eines von vielen, das Moses gegeben wurde, die Kinder Israels zu regieren, bis die wahre Selbst-Regierung in ihren eigenen Herzen als der Christus erscheinen würde. (1)

Darin wurden die Kinder Israels instruiert, keine Häuser oder irgendwelche permanenten Strukturen zu bauen während sie durch die Wüste ins Geheiligte Land zogen. (Das Geheiligte Land heißt ‚die Fülle der Wahrheit und des Verstehens des Wissens von Gott, das den Himmel hier auf Erden schafft'…“Dir soll getan werden hier auf Erden wie im Himmel.“) Sie sollten stattdessen in Zelten leben.

Das offensichtliche Verständnis lautet hier, dass „ein Haus zu bauen“ heißt, sich permanent in einer bestimmten „Ebene des Denkens“ aufzuhalten, wo man niemals das Eintreten eines neuen Gedankens wünscht oder auch nicht erlaubt. Diejenigen, die diese Warnung beachten und gewillt sind, offen und empfänglich für den Geist der Wahrheit zu bleiben, diejenigen, die mit der Wolke am Tag und mit der Feuersäule bei Nacht wandeln und sich mit diesen progressiven Enthüllungen von Gott und den Menschen weiter bewegen, werden sich selbst nicht erlauben, für immer in einer Ebene des Denkens zu bleiben. Das braucht sicher Mut und Vertrauen. Man muss schon ziemlich zeitig beschließen, dass man sich durch Gebet und Offenbarung weiter entwickeln wird und nicht blind „jedem Hauch einer Lehre“, der einem auf dem Wege entgegen weht, folgt. Die Schafe, die nur auf die Stimme des Meisters hören, werden ihn sicher erkennen, wenn er spricht. Und einem anderen werden sie nicht folgen! (3)

So wanderte ich fünf Jahre lang durch die Wüste des „Denkens“, fühlte mich sehr einsam und gewillt, es auch zu bleiben, bis sich mir etwas enthüllen würde, das mein Verständnis erhöhen und meine gesamte Auffassung von Gott radikal korrigieren würde…, wer wir sind, warum wir es sind, und was das mit uns alles wirklich auf sich hat.

Die Doktrin der Notwendigkeit des Leidens

Ich sage immer wieder, dass Krankheit unrechtmäßig ist.

Es ist ein von Menschen gemachtes Konzept, dessen Basis auf einer menschlichen Vorstellung von Versagen, Misserfolg und Selbst-Abscheu (welche sich oft als Stolz verkleidet) beruht. Wenn wir dann als Menschen aus dieser Vorstellung über uns selbst heraus „agieren oder leben", werden wir dafür bestraft. Das ist die Prämisse, aus der heraus das gesamte „religiöse" Denken geboren ist. Und von dort aus gehen wir abwärts.

Erinnern Sie sich daran, dass der Unterschied zwischen Religion und Spiritualität so groß ist wie ein Universum.

Die Religion kommt aus dem Denken, aus den Schlussfolgerungen der Menschen, und ist Subjekt von Veränderlichkeit und Fehlern. Das schließt ein System von Gesetzen ein, die dafür gemacht wurden, uns in einen Status der Akzeptanz von Gott und in ein Maß von Heiligkeit zu bringen, obwohl wir niemals wirklich glauben, dass wir das vollständig verdienen könnten.

Die Spiritualität kommt aus dem Geiste Gottes und ist immerwährend und unveränderlich (unveränderbar).

Sie erklärt, dass unsere wahre Identität immerwährend heil ist und nicht verdient werden muss. Wir müssen sie nur annehmen. Sie beschreibt die Beziehung zwischen Gott und dem Menschen als eine *Einheit, die nicht unterbrochen werden kann*, und wo Gott das wahre Leben des Menschen ist. Sie verlangt unseren soliden Glauben im Angesicht von manchmal auftretenden überwältigenden gegenteiligen Erscheinungen.

Die Spiritualität bringt die Freude und Güte des Lebens in Gott, die Religion die Schmerzen und die Qual des Leidens und des Todes.

Die Religion lehrt uns, uns selbst als miserable, elende Sünder zu sehen, die das Leiden verdienen und wirklich Leiden brauchen, um jemals „auf den rechten Weg zu kommen“. Es ist dieses Konzept, es ist dieser Glaube, diese Ideologie des menschlichen Denkens, was wie ein Magnet wirkt und uns all die notwendigen Situationen bringt, die unser Leiden gewährleisten! Wir „agieren“ aus diesem unserem Selbstbild heraus. Verändern wir dieses Image, finden wir heraus, dass wir die menschliche Situation verändert haben.

Belohnt und bestraft Gott?

So ziemlich das gesamte Kollektive Menschliche Denken glaubt, dass wir konstant von Gott beurteilt werden und dass wir immer irgendwie versagen, wenn wir entsprechend Seiner nicht zu erreichenden Standards der Rechtschaffenheit beurteilt werden.

Es ist wahr, dass wir als Menschen unter einem „Gesetz von Ursache und Wirkung“ leben, welches auch das „Gesetz von Säen und Ernten“ genannt wird. Ein Vers in der Bibel besagt: „Was immer du säst, das sollst du ernten.“ (1) Dies bezieht sich natürlich nicht auf das Korn, das aus dem in die Erde gesäten Samen kommt. Es bezieht sich in Wirklichkeit auf unsere Gedanken, unsere Worte und unsere Glaubenssätze. Was immer wir in unseren Gedanken für wahr halten, ist das, was wir „sehen“ und erfahren.

Anstatt zu erkennen, dass *unsere Vorstellung von Gott und vom Leben das ist, was Schmerz und Krankheit anzieht*, wird uns gesagt, dass Gott es ist, Der entschieden hat, dass wir diese Erfahrung machen sollten, und wir glauben das. In der Tat dominierte dieser Gedanke bereits die gesamte Geschichte der Menschheit bei ihrer Suche nach dem Verstehen des Lebens. Diese Idee ist gut dokumentiert und wurde von denen, die während der Zeit der alttestamentlichen Schriften gelebt haben, eindeutig angenommen. Sie ist auch bis heute noch in jeder traditionellen Kirche auf dem Lande lebendig.

Diese Verwirrung, die Gott den Ahnherrn des Leidens nennt (immer in Bezug zu unserer sündigen Natur), anstatt zu erkennen, dass es einfach eine Erfüllung des grundlegenden menschlichen Gesetzes von Säen und Ernten ist, hat uns dieses falsche Konzept von Gott gegeben. Wie sich herausstellt, sind es wir selbst, die durch unsere Glaubenssätze und Taten das Leiden auf sich ziehen.

Das hält uns auch in dem Glauben gefangen, dass wir keinen Ausweg haben außer dem, Gott zu bitten, das von uns zu nehmen, was Er getan hat. Oder wir beginnen mit der niemals endenden Übung des vergeblichen Versuches, unsere Sünden und Schwächen zu überwinden. Wenn wir versagen, versinken wir in einem Abgrund der Selbstverurteilung. Wenn wir nach unseren Standards eines rechtschaffenen Verhaltens erfolgreich sind..., dann werden wir selbstgerecht und verdammen alle, die nach denselben Standards versagt haben.

Ich nenne diesen ganzen Selbstversuch „den Berg der Moral erklimmen". Gerade wenn Sie denken, dass Sie fast auf der Spitze sind, kommt ein weiterer Fehler in Ihrem Charakter zum Vorschein, und Sie wissen, dass es für all das kein Ende gibt.

Ich verbrachte Jahre damit, so zu sein, wie die religiöse Gemeinschaft mich haben wollte. Ich beobachtete jedes Wort, das ich sagte, und jede Reaktion, die in meiner Seele an die Oberfläche kam. Ich war so erpicht darauf, „rechtschaffen zu erscheinen", damit ich ein Teil des „Clubs" sein konnte. Stattdessen wurde ich zu einem nervösen Wrack. Zum Schluss schlug ich vor lauter Erschöpfung die Hände über dem Kopf zusammen und hörte mit all den Versuchen auf. Das Urteil war so extrem, und meine Fähigkeit war so gering...

Zu meinem großen Erstaunen überschwemmte genau zu diesem Zeitpunkt ein warmes und friedliches Gefühl mein Herz, und ich begann zu wissen, dass ich die ganze Zeit mit Gott im Einvernehmen gewesen war. Er mochte mich so wie ich war, mit all meinen Ecken und Kanten und all den sozialen Fehlern. Es war genau diese Erkenntnis, die mich dazu brachte, Gott zu lieben, anstatt Ihm in Angst zu dienen. Ich fühlte mich akzeptiert und geliebt. Alle Veränderungen in meinem Leben und in meiner Person fanden durch diese Veränderung im Bewusstsein statt, nicht aufgrund einer vorangegangenen menschlichen Anstrengung. Dieses Mal blieben die Veränderungen haften!

Wenn wir in falschem Denken eingeschlossen sind, sind wir nicht in der Lage zu sehen, dass *ein Wechsel im Verständnis* alles ist, was es braucht, damit wir von jeglicher Anziehungskraft auf Schmerz und Verwirrung frei und rein werden.

Wenn wir lesen, dass wir unsere Feinde lieben sollen, die, die gegen uns gesündigt haben, meinen wir dann, dass Gott weniger tut als so zu handeln, wie Er es uns empfiehlt? Die dem Satz „Liebe die, die dir Unrecht tun" folgenden Worte sind: „Gott lässt seine Sonne über beide scheinen, über die Bösen und über die Guten, und Er sendet den Rechten und den Unrechten gleichermaßen Regen." (2)

Wo sind jetzt das Urteil und die Strafe in diesem Gedanken?

Direkt in der Bibel, auf deren Grundlage die Religion uns lehrt, dass wir das Leiden *verdient* haben, lesen wir: „Gesegnet ist der Mensch, der erkennt, dass Gott uns nicht nach unserer Sünde bestraft." (3)

Gott als das eine Leben aller Schöpfung

Im ersten Kapitel der Bibel lesen wir, dass der Mensch mit einer Vorstellung von sich selbst als rein, perfekt, ganz, vollständig und schön begann. Er war eins mit Gott, wandelte mit Gott, fühlte sich geliebt und völlig furchtlos. Er hatte keine Vorstellung, was Angst war. Er hatte keinen Grund, so etwas zu kennen. (Es macht hier keinen Unterschied, ob Sie diese Geschichte als einen aktuellen Fakt oder als eine Allegorie lesen.)

Ihm wurde gesagt, immer vom „Baum des Lebens" zu essen. Das heißt, er sollte überall das Leben „sehen", Seine Schönheit fühlen und sich Seiner Güte erfreuen.

Noch einmal, das Leben ist nicht das, was wir als Menschen tun..., *Leben ist Gott.* Von Anfang an gab es nur *ein Leben,* und aus diesem einen Leben heraus erschienen alle sichtbaren Manifestationen. Der Geist des Einen Lebens gab die Impulse zu allem Geformten. „Denn aus Ihm, durch Ihn und Sein ist die ganze Schöpfung." (1)

So lange, wie das in unserem Denken blieb, freuten wir uns an den Wundern dieses Lebens.

Gleichzeitig wurden wir gewarnt, niemals etwas als richtig oder falsch zu beurteilen, als gut oder böse..., weil wir ab dem Tag, an welchem wir das tun, sterben würden! Das ist mit „vom Baum des Wissens von Gut und Böse zu essen" gemeint. (2)

Bevor man urteilen kann, muss man zuerst das, was man beurteilt, von dem Leben, das es durchfließt und belebt, trennen. Man muss zuerst glauben, dass dieser Teil der Schöpfung eine getrennte Einheit des Einen Lebens ist und deshalb ins Böse fällt. Damit haben Sie Gott geteilt..., zumindest in Ihrem Verstand. Wir sollten niemals „nach den Erscheinungen" (3) urteilen, sondern dahinter schauen zu dem sich niemals ändernden Leben, welches die wahre Substanz aller Dinge ist. Das wird „rechtschaffen urteilen" genannt, und das ist es, was uns gesagt wird, was wir tun sollen!

Wir wurden und werden instruiert, *nur Leben zu sehen*, wenn wir all die Dinge und Menschen betrachten. Wir sollten Gott *in und als* alle Dinge sehen.

Wir müssen uns selbst beibringen, statt der Sterblichkeit einer Person oder eines geschaffenen Gegenstandes, dieses Leben zu sehen. Das hält uns davon ab, die Dinge als „gut oder böse", als „richtig oder falsch", als „gesund oder krank" zu beurteilen. Das hält uns davon ab, uns selbst als „gut oder böse", als „richtig oder falsch" zu beurteilen.

Indem wir darauf bestehen, das wahre Leben in ihnen zu sehen, werden wir bewirken, dass dieses sich manifestieren kann. So sollten wir uns gegenseitig lieben und heilen.

Je mehr wir das praktizieren, desto weniger binden wir uns an die Gedanken von „meinem Leben", „deinem Leben" oder „seinem/ihrem Leben". Bald werden wir erkennen, dass es wirklich nur ein Leben gibt. Wenn wir das verstanden haben, erscheint die Herrlichkeit dieses Lebens.

Zurück zum Garten Eden …

Jetzt kommt dic Schlange daher. (4) Das hebräische Wort für „Schlange" ist „Angst". Diese Einheit des Denkens suggeriert, dass Gott beides ist, gut und böse, und es erklärt damit, dass Gott in der Lage ist, Gutes von uns weg zu halten, wann immer ER meint, es so zu tun. Die Schlange suggeriert hier, dass Gott Seinem Geliebten, dem Menschen, Weisheit und Verständnis vorenthält und somit das Herz der Menschen mit dem Gedanken tränkt, er sei getrennt und schwach.

Sobald der Mensch diese Worte gehört hatte und ihnen glaubte, *aß* er von dem Wissen von Gut und Böse. Das heißt, er teilte diese Lüge. Somit begann er ein Leben der Bewertung und damit ein Leben in Angst. Er beurteilte Gott als fähig, gut und böse zu sein. Er beurteilte sich selbst als fähig, gut und böse zu sein. Und er beurteilte alles andere als fähig, gut und böse zu sein.

In diesem neu gefundenen Urteil des Menschen bewertete er sogar bestimmte Tiere als liebenswürdig und sanft oder der Boshaftigkeit fähig…, als verletzend, giftig, unberechenbar und selbst in Angst lebend.

Jetzt sah der Mensch sich als nackt. Nackt heißt ‚unbekleidet von der Schönheit und Herrlichkeit des Einen Lebens'. Es heißt ‚getrennt, isoliert und einsam'. Der Mensch sieht sich nicht länger als Teil des Einen Lebens. Jetzt hat er Angst vor Gott, Der ihn gemacht hat. Er kann der Güte Gottes nicht länger vertrauen. Er glaubt, dass ihm Güte in jeglicher Form vorenthalten werden könne.

Er fühlt sich jetzt für sein eigenes Leben persönlich verantwortlich. Er erlaubt dem Geist des Einen Lebens nicht länger, durch ihn hindurch zu fließen und die Herrlichkeit des Lebens Gottes zu manifestieren.

Deshalb sieht sich der Mensch als nackt und ist beschämt! Das Wort ‚beschämt' heißt hier „es fehlt etwas". Der Mensch sieht nicht länger, dass er alles besitzt und sich immer der reichlichen Güte des Lebens erfreut. Plötzlich glaubt der Mensch, es würde ihm an etwas mangeln, und dass er deshalb die Güte für sich selbst sichern muss. Jetzt ist er verantwortlich für sein Leben…, er ist auf sich allein gestellt!

Er versteckt sich voller Scham und Angst hinter dem Busch. Was sind die Büsche unseres Lebens? Wohin flüchten wir vor unseren schrecklichen Gefühlen der Unwürdigkeit, der Isolation und der Angst? Was tun wir, um diese unerträglichen Gefühle „im Keim zu ersticken"? Geben wir vor, dass sie nicht da sind?

Unser Busch ist das, woran wir uns binden, das, was uns erfolgreich von der Wahrheit Gottes und von uns als einem Ausdruck Seines Einen Lebens *ablenkt.*

Alkohol? Verschriebene Medikamente? Seifenopern? Endlose Telefongespräche? Arbeiten und einkaufen bis wir umfallen? Beschäftigt sein mit unserem Körper? Zahlreiche Arztbesuche? Beschäftigt sein mit Unterhaltung, Sex, mit dem Leben von bekannten Leuten?

All das begann, als wir glaubten, dass Gott der Autor von Gut und Böse sei. Dann wurde Er zum Richter unseres Gutseins oder unseres Versagens und demzufolge zu Dem, der uns entsprechend belohnt oder bestraft.

Anstatt das Eine Leben zu leben und es zu genießen, begannen wir damit, so zu leben, dass wir Güte verdienten, während wir aber gleichzeitig *erwarteten*, dass schlimme Dinge passierten.

Gott sprach zu Adam von alledem, und er sagt es noch heute: „Wer hat dir gesagt, dass du nackt bist? Wer hat dir gesagt, du sollst dich schämen? Wer hat dir gesagt, dass ich der Ahnherr von Gut und Böse bin? Wer hat dir gesagt, dass ich ein Richter von Gut und Böse sei?“

Die Wahrheit ist, dass Gott, wäre Er gleichzeitig Gut und Böse, einem Haus ähnelte, das getrennt und nicht in der Lage ist, stehen zu bleiben. Er würde Sich Selbst zerstören und Selbst vom Tode kosten, da aus Seinem eigenen Munde heraus die Worte stammen, dass solch eine Zweiteilung im Denken den Tod hervorbringt. „An dem Tag, an dem du Gut und Böse kennst, sollst du sicher sterben.“

Wenn Gott uns als richtig oder falsch bewertet, muss Er *das Böse sehen und kennen.* Das macht Ihn Selbst für den Tod empfänglich. Wenn Gott uns nicht als richtig oder falsch bewertet, so wie es uns unser ganzes Leben lang erzählt wurde, was sieht und weiß Er dann über uns?

Was Gott weiß, ist das, was Er geschaffen hat…, nicht das, was wir aus unseren Missverständnissen und Ängsten heraus gemacht haben. Was Gott weiß, ist das, was Er ist. Es gibt nur Ein Leben, und dieses Leben ist Gott, und Gott heißt „gut“.

Also sieht Gott nur reines, perfektes, ganzes und vollkommenes Leben. Er kennt nur Harmonie, Ordnung und Balance in allen Dingen.

Er kennt nur Güte, Freude und Fröhlichkeit. Und all das nennt man die Herrlichkeit Gottes.

Wenn wir diese Wahrheit über Gott und die Menschen einmal in unserem Herzen erkennen, entdecken wir, dass *Gott* in jedem Fall *auf unserer Seite* steht. Jetzt können wir hinter jedem beliebigen Busch, hinter dem wir uns versteckt haben, hervor kommen. Wir können uns selbst völlig mit Güte, Liebe, Würde und Unschuld bekleidet sehen. In diesem Moment können wir die ganze Fülle des Guten empfangen, die Gott ist…, die unser Leben ist!

Gott ist unser geliebter Schöpfer, die Quelle und der Ursprung allen Lebens. In Seinen Augen ist es unmöglich, dass irgendein Teil Seiner Schöpfung in Schaden oder Verfall gerät.

Wenn wir jetzt darauf blicken, was wir alle wissen, was die wahre Natur und der wahre Charakter Gottes ist, erkennen wir, dass es für Gott völlig unmöglich ist, der Ahnherr des Bösen zu sein…, es gibt keinen Grund dazu. Dann können wir auch verstehen, dass die ganze Erfahrung von Krankheit wirklich völlig unrechtmäßig ist.

Krankheit ist ein „akzeptiertes“ Böses, ein akzeptiertes Unrecht. Wenn wir an den Punkt des Verstehens kommen, *warum* wir sie nicht länger akzeptieren müssen, dann werden wir sie nicht mehr erfahren. Der Mesmerismus und die hypnotische Hysterie der Massen werden ihren Griff auf unsere Herzen und unseren Verstand loslassen, und wir werden frei sein. „Dann werden die Bewohner des Landes nie mehr sagen: ‚Ich bin krank'.“ (5)

Gott als unveränderliche Güte

Währen mein Verständnis über die Natur Gottes wuchs, hörte ich auf, Ihn Gott zu nennen. Allein dieses Wort brachte alte Bilder und Glaubenssätze hoch, die mich davon abhielten, etwas Neues zu lernen.

Stattdessen bezog ich mich auf Gott aufgrund Seiner Ewigen Natur und nicht nur wegen des Namens „Gott“.

Zum Beispiel lernte ich, dass das Wort *Gott* von dem sächsischen Wort *gut* kommt. So begann ich, von Gott als von ‚allem Guten' zu denken. Während einer langen Zeit blieb das so. Es untermauerte, dass es nicht folgerichtig sei, zu erwarten, dass etwas Schlechtes von Gott kommen könnte, wenn Er alles Gute ist.

Ich fand heraus, dass ich, je länger ich bei diesem Gedanken blieb, Gott alles fragen, die Dinge bei Ihm lassen und darauf vertrauen konnte, dass die Lösung nur gut sein würde, wie immer sie auch aussah. Bevor ich in diesem Verständnis war, hatte ich diesen ständigen Gedanken, dass Gott mir etwas Schlechtes schicken könnte, natürlich nur zum Besten für mich! Deshalb fürchtete ich mich davor, Gott zu vertrauen, dass Er mir nur Gutes geschehen lassen würde. Und so lebte ich mein Leben getrennt und abgeschnitten von der Weisheit und dem Rat Gottes. Ich versuchte einfach, alles selbst herauszufinden und das Beste zu tun, was ich tun konnte. Als ich zu beten anfing, dachte ich fälschlicherweise, dass ich Gott *sagen* müsste, was zu tun war und wie, weil ich kein Vertrauen in Seine Güte und Weisheit hatte.

Ein weiterer Meilenstein war der, als ich das Wort *‚unveränderlich'* lernte. Zu begreifen, dass Gott unveränderliche Güte war, hieß für mich, dass Er nicht *reaktiv* war. Gott segnete mich nicht mit Gutem, wenn ich es verdient hatte, er verfluchte mich aber auch nicht mit Bösem, nur weil ich es meinem Urteil gemäß verdient hätte. *Gott war beständig in all Seinen Attributen und in seiner gesamten Natur.*

Nichts, was ich tat oder auch nicht, konnte irgendetwas an der Güte Gottes ändern.

Religion lehrt, dass sich Gott jedes Mal ändert, wenn wir das tun. Das ist zermürbend und widersprüchlich. In diesem Denken gibt es kein sicheres Fundament. „Ich bin der Herr, dein Gott. Ich ändere mich nicht." (1)

Es war wahr, dass meine Taten, und am allermeisten natürlich meine Glaubenssätze, noch immer meine Erfahrungen bestimmten, aber wenn ich nur aufhörte und *„mein Denken in die Wahrheit der Anwesenheit der Güte Gottes erhob"*, dann änderten sich alle Dinge zu meinem Besten. Ich hatte einen Weg gefunden, *das Gesetz von Ursache und Wirkung zu transzendieren*!

Wenn ich einen Fehler gemacht hatte, dann hatte ich einfach nur zu verstehen, dass ich in einer menschlichen Vorstellung des Lebens stecken geblieben war aber jetzt wünschte, einzig und allein in der Präsenz der Göttlichen Vision des Lebens zu sein. Mit diesem Wunsch kam ein ganz neues Verständnis und eine ganz neue Erfahrung..., jedes Mal.

Jakobus erklärt: „Er ist der Vater der Lichter (du und ich), mit Ihm gibt es weder Veränderung noch den Schatten der Abwendung." (2) Das spricht von einem Gott, der unveränderlich, nicht reaktiv und unveränderbar ist.

Nichts, was wir glauben, tun oder nicht tun, wird jemals das ändern, was Gott getan hat oder was Gott sieht und weiß. *Ich kann durch meine falschen Glaubenssätze leiden, aber wenn ich mich dem Geist der Wahrheit zuwende, Der mir einen besseren Weg zeigen soll, dann finde ich unveränderliche Güte..., jedes Mal*. Das widerlegt die Theorie, dass wir einem Gott der Vergeltung und der Strafe dienen.

Wir dienen einem Gott der Güte. Wir müssen uns nur von dem gegenwärtigen Denken (Glauben) in ein Bewusstsein des Geistes und der Wahrheit Gottes bewegen.

Gott als Geist

Leider sehen viele von uns Gott noch als einen Mann. Wir behaupten, dies nicht zu tun, aber wir tun es doch. Wir beurteilen die Natur Gottes als eine männliche Natur. Die gesamten Schriften des Alten Testaments tun das. Wir lesen, dass Gott eifersüchtig und zornig ist, dass Er Vergeltung fordert und unmögliche Opfer und Leiden verlangt, um Ihn dazu zu bringen, dass Er seinen gegenwärtigen Aktionskurs ändert. Wir denken, dass Er bestimmte Entscheidungen, die Er getroffen hat, bereuen würde und sich dann entschieden habe, diese nachträglich zu korrigieren.

Der Grund für diesen Widerspruch ist, dass wir von dem sprechen, was wir verstehen. Das war es, was die Menschen verstanden. Was sie aufzeichneten, war ihr höchster Sinn für Wahrheit.

Sie werden bemerken, wie radikal sich die Vorstellungen von der Wahrheit änderten, als Jesus die Szene betrat. Er brachte ein Gefühl von Gott als Geist, als Attribute einer Natur, die mehr ist als eine Person. Und doch personalisierte er Gott, indem er Ihn Vater, die Quelle allen Seins nannte. Er stellte Gott auf eine Art vor, die die Menschen der damaligen Zeit noch nicht begreifen konnten. Der größte Teil der heutigen Menschheit versteht Ihn bis jetzt noch nicht.

Er sagte uns, dass es im Königreich Gottes weder männlich noch weiblich gibt. Das macht Gott weder männlich noch weiblich…, aber zu Leben und zu Liebe Selbst.

Als Paulus zu lehren begann, erklärte er weiter, dass der *Mensch*, gemacht nach dem Ebenbild dieser Natur … *die Manifestation dieser Natur auf der Erde ist. Er nannte es das „Mysterium der Göttlichkeit.“* (1)

Später ging Johannes, erfüllt von der Liebe, die Gott ist, so weit, die Beziehung zwischen Gott und dem Menschen zu beschreiben, indem er sagte: „Denn wie Er ist, so sind auch wir in dieser Welt.“ (2)

Sie können sehen, dass die Bibel eine fortschreitende Entfaltung der Wahrheit von Gott zum Menschen ist, die dessen Gottesverständnis korrigiert und ihn veranlasst, so zu erscheinen, wie es beabsichtigt war. Dieses Verständnis ist aber dazu da, es zu haben und zu besitzen. „Es ist eures Vaters Freude, euch das Königreich zu geben“ (3), uns die Tiefe der Vorstellung und die Klarheit im Denken zu geben.

Wir werden erscheinen wie Er ist, aber nur, wenn wir Ihn *sehen*, wie Er wirklich ist. „Und ihr sollt Ihm ähnlich sein, wenn ihr Ihn seht, wie Er ist.“ (3)

Der Schlüssel zum Königreich ...

wie man die Wahrheit erkennt

Das komische an Gott ist, dass Seine Wege nicht unsere sind. Wir denken, wenn wir vielleicht einfach nur die Worte sagen, die Worte lesen, die Worte singen..., dann werden wir irgendwie zu diesen Worten.

Aber der Weg ist klar: *um hinauf zu gehen, musst du erst einmal bereit sein, hinab zu steigen.*

Da waren zwei Männer, die dorthin gekommen waren, wo Jesus lebte. Sie fragten Phillipus, ob sie ihn sehen könnten. Als Phillipus Jesus sagte, dass da zwei Männer seien, die ihn gerne sehen wollten, antwortete er auf mysteriöse Weise.

„Sag ihnen, wenn das Weizenkorn nicht in die Erde fällt und stirbt, bleibt es allein; wenn es aber stirbt, bringt es reiche Frucht. Sag ihnen, dass der, der gewillt ist, sein Leben zu verlieren, es erhalten wird. Sag ihnen, dass sie ihr Kreuz auf sich nehmen und mir folgen sollen." (1) Dann, und nur dann, könnten sie Ihn wirklich „sehen".

Jesus war bescheiden genug, um zu wissen, dass sie nicht im Geringsten daran interessiert waren, ihn zu treffen, als vielmehr zu sehen, was es mit ihm *auf sich hatte*, das ihn von anderen Menschen so sehr unterschied. Was veranlasste ihn, die Dinge zu tun, die er tat, und die die Dinge zu wissen, die er wusste. Er verstand, dass sie ihn *überall und in jeder Person* sehen mussten. Er erkannte: das, was sie wirklich brauchten, waren die Wahrheit und das Wissen darüber, wie sie diese Wahrheit finden konnten.

Also sagte er ihnen, wie es geht, das Unsichtbare zu sehen, das, was nicht getan werden kann, zu tun und das zu wissen, was man nicht weiß.

Seien Sie gewillt, Ihren gegenwärtigen Sinn für das Leben zu verlieren. Hören Sie auf, für sich selbst zu leben. Seien Sie gewillt, einen anderen Sinn des Lebens empor kommen zu lassen. Fangen Sie damit an, so zu leben, den Zweck, für den Sie hierher gekommen sind, zu erfüllen. Mit anderen Worten: „Nehmen Sie ‚dieses Kreuz' täglich auf sich und folgen Sie dem Weg, den ich gegangen bin."

Das Kreuz ist der Platz, wo ein Leben gegen ein anderes ausgetauscht wird. Zumindest wird ein „Sinn des Lebens" verneint, so dass ein neuer Sinn des Lebens empor kommen kann.

„Dann wirst du mich sehen! Und wenn du mich siehst, sollst du mir ähnlich sein."

So schrieb Paulus klar und deutlich in der Botschaft: „ Also ist zu leben für mich der Christus, zu sterben ist ein Gewinn." (3) Und an einer weiteren Stelle sagt er: „Ich sterbe täglich." (4) Dies heißt, dass er täglich *wählt, sich zu entscheiden…* dass das Leben, was er einmal zu leben gedacht hatte, nicht das Leben war, wozu er gesandt wurde…, deshalb stirbt er „für das eine", damit sich das andere enthüllen kann.

Wir beziehen uns hier auf das Bewusstsein und nicht auf Taten oder Verhalten. Die Religion möchte, dass wir uns im Verhalten üben. Sie möchte, dass wir uns auf bestimmte Art verhalten, dass wir auf bestimmte Art denken und dass wir auf bestimmte Art glauben.

Aber Gott möchte einen kompletten Wechsel im Bewusstsein.

Erinnern Sie sich daran, dass das Kreuz der Platz ist, an dem ein Bewusstsein darüber, wer wir sind, durch ein anderes ausgetauscht wird. Das verlangt einen starken Sinn für das Ziel und eine überlegte Entscheidung…, täglich.

Menschliches Bewusstsein kontra Göttliches Bewusstsein

Obwohl es viele klare Unterschiede zwischen dem Menschlichen und dem Göttlichen Bewusstsein gibt, wollen wir hier zwei davon besprechen. Einer hat mit unserem Fokus und mit unserer Absicht im Leben zu tun, der andere mit unserer Interpretation des Lebens.

Das erste Gesetz der Menschen ist: „Nur der Stärkste überlebt." Tu du es den anderen an, bevor sie es dir antun. Schau, dass du der erste bist. Geh hinaus und hol es dir! Wer zuerst kommt, malt am besten! Macht ist Recht. Gott hilft denen, die sich selber helfen. (Ja, woher in aller Welt kommt das wohl?)
Im Gegensatz dazu ist das erste Gesetz von Gott „Liebe ist keine Liebe, wenn kein Opfer enthalten ist. Gib, ohne an dich selbst zu denken. Verleihe ohne etwas wieder zurück zu erwarten. Liebe deine Feinde, segne die, die dich verfluchen, tue denen Gutes, die dich hassen, bete für die, die dich voller Bosheit benutzen." (1) Und mein Lieblingssatz ist: „Das Rennen ist nicht für die Schnellen, noch ist der Kampf für die Starken, aber für den, der die größte Gnade zeigt!" (2) Nicht derjenige, der einen starken menschlichen Willen zeigt, noch der, der am schnellsten ist, sondern, der, welcher ein Herz voller Gnade hat, wird das Rennen gewinnen.

Sie sehen, um etwas zu erhalten, müssen wir unsere Selbsterhaltung, unseren Selbstschutz und unsere Selbstzweifel loslassen. Um hinauf zu gehen, müssen wir gewillt sein, hinab zu steigen. Noch einmal erkennen wir, der Erste wird der Letzte sein, und der, der sich zuletzt platziert, wird sich selbst als Erster finden."(3)

Der zweite Hauptunterschied zwischen diesen beiden klar verschiedenen Bewusstseinszuständen ist folgender...

Die gesamte Motivation des menschlichen Bewusstseins basiert auf der Angst vor Verlust, auf Mangel und Begrenzung. Wir sehen das Glas immer als potentiell halb leer. Wir haben Angst vor dem, was passieren könnte, „wenn". „Was ist, wenn...", so sagen wir immer. Wir sparen und planen für den Tag, an dem wir nichts mehr haben werden, an dem wir etwas verlieren könnten. Wir leiden unter dem Glauben, dass wir begrenzt seien in unseren Beziehungen, in unserer Gesundheit, Stärke, Fähigkeit, in unserem Wohlstand, in unseren Möglichkeiten usw. Deshalb haben wir die Einstellung der Sorge perfektioniert. Wenn wir einmal nichts haben, worüber wir uns Sorgen machen können, dann sind wir darüber besorgt.

Im Gegensatz dazu ist die ganze Idee des Göttlichen Geistes, des Ewigen Unbegrenzten Einen, die Fülle! Ein Leben voller Fülle, Liebe in Fülle, reichliche Möglichkeiten, reichliche Akzeptanz, reichlich Freude, reiche Ressourcen, reiches Verständnis, Weisheit und Rat in Fülle…, Fülle, Fülle und noch mehr Fülle!

„Lernt von den Lilien, die auf dem Feld wachsen. Sie arbeiten nicht und spinnen nicht. Doch ich sage euch: „Selbst Salomon war in all seiner Pracht nicht gekleidet wie einer von ihnen. Um wie vieles mehr wird euer Vater euch einkleiden"… Und sorget euch nicht, was ihr essen oder trinken sollt und seid nicht im Denken voller Zweifel… Denn das sind all diese Dinge, nach denen die Nationen der Welt suchen… aber suche zuerst das Königreich Gottes (Verständnis, Wissen, Beziehung), und all diese Dinge werden dir dazu gegeben…, in Fülle. Denn da, wo dein Schatz ist, dort wird auch dein Herz sein. Denn ich bin gekommen, euch ein Leben in Fülle zu bringen." (4)

Der Weg in die Tiefen des Geistes Gottes, um zu sehen, wie Er sieht, zu wissen, was Er weiß, das zu tun, wozu wir hierher geschickt wurden, führt nur über die Worte der Demut von Jesus: „Von mir selbst aus kann ich nichts tun." (5) Und das heißt, sind wir willens, das aufzugeben, woran wir hängen, so bekommen wir das, was wir nicht verlieren können!

Gott ist omnipräsent

Gott, der reiner Geist ist, bewohnt allen Raum und jeden Platz. Es gibt keinen Platz im Himmel oder auf der Erde, den der Geist Gottes nicht bewohnt.

Er ist wie die Luft, die uns umgibt. Wir leben von ihr, aber wir sehen sie nicht. Wir erkennen ihre Wirkung auf uns und unsere komplette Abhängigkeit von ihr, aber wir können sie nicht berühren. Wir können den Wind fühlen, wenn er weht, wir können sehen, wie sich die Blätter bewegen und wie unsere Haare durchgepustet werden..., mit anderen Worten, wir können die Auswirkung von dem sehen, was präsent ist, aber wir können dessen Ursache nicht sehen.

Und so ist es mit dem Geist. Ich fühle Ihn. Ich erkenne den Einfluss, den Er auf mich hat. Ich erkenne meine totale Abhängigkeit von Ihm. Ich weiß, dass Er den ganzen Raum füllt und dass es keinen Raum oder Platz gibt, wo Er nicht präsent ist.

Jahrhunderte lang wurde uns erzählt, die Hölle sei ein Platz, an dem Gott nicht ist. Die Hölle zu erleben bedeutet, einen Moment ohne Gott zu erleben. Aber die Bibel widerspricht dem. Sie sagt uns: „Bettete ich mich in der Hölle, bist du auch da.“ (1)

Hölle ist Verzweiflung, und Verzweiflung ist der Glaube, dass wir die Gnade Gottes in einer speziellen Situation nicht sehen werden. Es ist sozusagen so, als würden wir Gott aufgeben. Oder wir sind davon überzeugt, dass Gott uns im Stich gelassen hat. Aber die Ewige Wahrheit ist hier, dass Gott durch Seinen Geist überall ist, zu allen Zeiten und in allen menschlichen Umständen.

Wir können gar nicht schlecht genug sein, um Gott aus unserer Gegenwart zu entfernen. Güte umgibt uns, ob wir das nun begreifen oder nicht. Generell ist es eher Ignoranz oder Schuld, die uns davon abhält, die Präsenz Gottes stetig zu erkennen.

Gott kennt kein Vakuum. Entfernen wir einen Gedanken, der uns von der Erkenntnis der Präsenz des Geistes abgehalten hat, aus unserem

Verstand, dann wird der Geist in diesen Raum kommen, den wir für den Gedanken gebraucht haben. *Er wird auf irgendeine Art oder in irgendeiner Form erscheinen, welche die menschliche Bedingung korrigiert.*

Einmal, als ich eine spezielle religiöse Gruppe wegen ziemlichen Spannungen und starken Zwängen verlassen habe, erklärte einer der Leiter der Gruppe, dass ich, wenn ich jetzt hinausginge, auch Gott verlassen würde! Zu jener Zeit war ich noch sehr jung und leicht zu beeindrucken, wenn es um Gott ging, sodass mich das, was er sagte, ziemlich schockte. Ich dachte einen Moment nach, und plötzlich wusste ich, *dass es keinen Platz gab, den Gott nicht einnahm.*

Deshalb gab es keinen Platz, der nicht ausgefüllt war mit Liebe, Trost, Schutz, Führung, Frieden usw. Wenn Sie in den schlimmsten menschlichen Umständen stecken, dann ist Gott auch da.... Denn Er „teilt die Hütte mit den Menschen" (2) und ist das Leben aller Menschen.

Sie sind in diese menschliche Szene als Göttlicher Einfluss auf alle menschlichen Bedingungen gesandt!

Wenn Sie sich in widrigen und drohenden Situationen daran erinnern, werden Sie ruhig und selbstsicher bleiben. Sie tragen das sichere Wissen in sich, dass Gott anwesend ist, weil Sie dort stehen, und dass Er die gesamte Situation zum Guten beeinflussen wird. Sie sind dann in der Lage, ruhig, beobachtend und zuhörend zu sein. Bald wird die ganze Situation in der Herrlichkeit Gottes erscheinen. Es werden Güte, Ordnung und Frieden vorherrschen. Das trifft auf jede menschliche Bedingung zu, in der Sie sich verstrickt sehen, sei es Krankheit, eine Attacke eines anderen, ein plötzlicher Verlust von etwas usw.

Es ist sogar in den Situationen der Fall, für die Sie Ihrem Urteil nach der Hauptverantwortliche waren. Erinnern Sie sich daran, Gott ist nicht reaktiv. Seine konstante, unveränderliche Natur kann nicht durch das, was der Mensch tut oder nicht tut, verändert werden. Immer, wenn die Präsenz Gottes erkannt wird, und sei es nur für einen

Moment, übernimmt die Natur Gottes die Führung, und alle Dinge erscheinen in Göttlicher Ordnung.

Gott ist Heilige Ordnung

Im Buch Genesis steht geschrieben, dass es unter keinen Umständen eine Änderung in „...Winter und Frühling, Aussaat und Ernte, Tag und Nacht, Kälte und Hitze“ (1) geben wird.

Da diese aus einer unveränderlichen Natur herrühren, bleiben sie fortwährend und unangetastet als eine Manifestation dieser Natur bestehen.

Alle Dinge, die in der Welt des Sichtbaren erscheinen, begannen als Gedanken. Die Welten wurden durch das Wort Gottes geformt, aber dieses Wort begann als ein Gedanke im Geiste Gottes..., andererseits wird darauf verwiesen, dass das Wort Bild (engl. image) aus dem Wort Vorstellung (engl. imagination) stammt.

Gedanken sind die mächtigsten Kräfte in unserer Welt. Leider sind wir demgegenüber so ignorant und denken und sprechen unwissentlich auf eine Art, als würden wir die dunkelste Nacht über uns entfesseln! Unsere eigenen Gedanken und Worte hängen über uns.

In den Geboten wird dies als „ein Götzenbild haben“ bezeichnet. Ein Götzenbild ist nicht einfach nur ein Stück Gold oder Silber, eine Statue oder ein Bild, das der Mensch verehrt, wie die Religion es uns sagt. „Du sollst dir kein Bildnis machen“ (2) heißt, dass wir achtsam sein sollen, wem oder was wir erlauben, in unseren Gedanken zu wohnen. Was immer in die Vorstellung unseres Verstandes eingraviert ist, wird in der Welt der Form erscheinen.

Wenn wir das, was wir erfahren, nicht mögen, dann müssen wir darum bitten, erkennen zu dürfen, welchen Gedanken wir festhalten, der der absoluten Wahrheit entgegen spricht..., ein Götzenbild.

Krankheit beginnt als Gedanke. Es handelt sich nicht um einen Gedanken über eine spezielle Krankheit, sondern um eine Ebene des Denkens, die eine Welt voller Krankheit *sieht* (engl. dis-ease: aus der Leichtigkeit gefallen), auf welcher Verwirrung regiert und Chaos herrscht.

Auf dieser Ebene des Denkens sehen wir keine Güte (Gott), Der Seine Schöpfung in Liebe und Göttlicher Ordnung regiert, noch erwarten wir sie. Wir sehen nur die Umstände, die regieren. Wir sehen die Ignoranz, die regiert. Wir sehen uns selbst komplett vom Gesetz des Zufalls bestimmt.

Wir sehen uns selbst als bloße Sterbliche, verletzlich und zerbrechlich innerhalb der Grenzen des Körpers, den wir tragen. Wir haben vergessen, wer diesen Körper geformt hat, und wessen Leben dem Körper Ordnung, Harmonie, Stärke und Intelligenz gibt. Wir haben vergessen, dass wir „das Licht der Welt“ (3) genannt werden!

Wenn wir an uns denken, dann müssen wir damit anfangen, uns zu allererst als spirituelle Wesen zu sehen. Als Kinder des Lichts. Die absolute Göttliche Ordnung ist hier, dass *es der Geist ist, der das Physische bestimmt.* Dem Physischen sollte niemals erlaubt werden zu herrschen und zu regieren. Sobald wir in diesen Status der Verwirrung geraten, regieren Chaos und Dunkelheit. Wir werden zu einem Zug, der außer Kontrolle geraten ist, ohne Kontrolle, ohne Ordnung, ohne Balance, ohne Harmonie. Und das ist Krankheit.

Krankheit des Geistes, Krankheit zu Hause, in der Familie, in der Geldbörse, am Arbeitsplatz. Niemals sollte das geschaffene Etwas die Autorität über das an sich reißen, was dieses Etwas geschaffen hat.

Deshalb bestimmt nicht der Körper das Leben. Es ist das Leben, das die Kondition des Körpers bestimmt.

Man braucht nur einmal hinaus in die geformte Welt zu blicken, um die unbestreitbare Ordnung aller Dinge zu erkennen. Die Jahreszeiten, die Sterne, Planeten und Galaxien. Schauen Sie sich die Tiere an, die Welt der Insekten, Ameisen und Bienen.

Schauen Sie sich die immanente Schönheit und Harmonie des menschlichen Körpers an, der in Göttlicher Ordnung funktioniert, ohne dass ihm ein einziges menschliches Wesen sagt, was zu tun ist, wann oder wie etwas zu tun ist! Stellen Sie sich das vor! In der heutigen Zeit, in der sich der Mensch in jeden Aspekt des Lebens einmischt, sind wir davon überzeugt, dass die normalen Funktionen des Körpers einfach ohne Medikamente und ohne Einmischung des Menschen in dieser natürlichen Ordnung weitergehen können!

Blicken Sie auf den Himmel über Ihnen. Es erscheinen dieselben Sterne in derselben Ordnung, in der sie erschienen, als die Welt geformt wurde. Die Jahreszeiten kommen und gehen. Die Nacht macht immer wieder den Weg frei für den Tag. Alle Kreaturen wissen, ob sie Tag- oder Nachtkreaturen sind. Das ändert sich nie. Perfekte Ordnung aus dem perfekten Geist der perfekten Güte!

In der Apostelgeschichte heißt es: „Eine Generation geht und die andere kommt…, die Sonne geht auf und unter… der Wind weht nach Süden und dreht nach Norden, und der Wind kehrt gemäß seinem Zyklus wieder zurück. Alle Flüsse fließen in den Ozean, an den Ort, von dem sie gekommen sind, und von dort aus kehren sie wieder zurück.“ (4)

Das ist eine wundervolle Beschreibung der absoluten Göttlichen Ordnung.

Hier müssen wir uns eine Frage stellen. Ist der menschliche Körper irgendwie und aus irgendeinem Grund von diesem Prinzip der Natur Gottes ausgenommen? Ist alles, was Gott geschaffen hat, noch immer unter der absoluten und souveränen Autorität der Göttlichen Ordnung, nur der menschliche Körper nicht?

Sind wir der einzige Aspekt der Schöpfung, der die Hilfe des Menschen braucht, um die Ordnung zu erhalten? Durch Medikamente, Vorsorgeuntersuchungen, Röntgenaufnahmen und Untersuchungen?

Haben wir uns irgendwo auf dem Weg in etwas sehr Merkwürdiges und Irrsinniges eingekauft? Ist das nicht der schlimmste Fall eines Götzenbildes, von dem Sie jemals gehört haben?
An welchem Punkt haben wir die Göttliche Ordnung an bloße Menschen, an Fremde abgegeben? An welchem Punkt wurde damit begonnen, uns zu erzählen und uns glauben zu machen, dass unsere

von Gott geschaffenen Körper Opfer von „Zufall und Wahrscheinlichkeit“ seien? Wer hat uns dahin gebracht zu glauben, dass wir anfällig für Veränderung, Verwirrung und Unordnung seien? Sicherlich weil wir dieses Bild eingekauft haben…!

Jetzt sind wir davon überzeugt, dass wir nicht ohne menschliche Intervention überleben können. Und was wir glauben, das erfahren wir. Jetzt müssen wir nur an das glauben, was wir sehen, um diese sonderbare Vorstellung bestätigt zu finden. Aber wenn der Christus in unserem Herzen erscheint, „werden wir nicht nach dem urteilen, was wir mit unseren Augen erblicken. Wir werden stattdessen der Wahrheit entsprechend urteilen und gemäß Dem, was ewiglich richtig ist.“ (5) Wenn sich unsere Beurteilungen ändern und unsere Glaubenssätze sich in Einklang mit Dem befinden, was ewig wahr ist, dann wird sich unsere Erfahrung ändern.

Egal welchem Zweig der Wissenschaft wir auf dieser Erde nachgehen (der Biologie, der Zoologie, der Botanik, der Astronomie, der Physik, der Chemie usw.), der einzige Faktor, der in allen Aspekten des Lebens immer präsent ist, ist das Prinzip der Göttlichen Ordnung. Es könnte die Frage in Ihrem Kopf auftauchen, was denn mit den Krankheiten ist, die wir in der Natur bei Tieren, Pflanzen und anderen Manifestationen des Lebens sehen. Die Antwort findet sich in den Worten: „Die ganze Schöpfung wartet sehnsüchtig auf das Offenbarwerden der Söhne Gottes“. Eine andere Übersetzung bringt es in diese Worte: „Die ganze Schöpfung steht auf Zehenspitzen und wartet auf das Erscheinen der Söhne Gottes.“ (6)

Göttliche Ordnung bedeutet, dass *der Mensch* die „krönende Herrlichkeit der Schöpfung“ ist. Es ist der Mensch, dem das Kommando gegeben wurde, „zu gehen und die Herrschaft über die Erde zu übernehmen und sie sich zu unterwerfen.“

Wir sollen sie durch selbst aufopfernde Liebe unterwerfen und für die Erde, die uns für unsere Bedürfnisse gegeben wurde, sorgen.
Aber wir sollen sie auch durch das Wissen der Wahrheit unterwerfen. So, wie wir das Leben begreifen, wird alles unter unserer Herr-

schaft regiert. Wenn wir in Unordnung und Verwirrung des Denkens ängstlich unter dem Gesetz des Zufalls leben, wird auch der Rest der Schöpfung so erscheinen. Wenn wir anfangen, aus dem Nebel des Wahnsinns, der Lethargie und des Egoismus herauszutreten und uns daran erinnern, wer wir sind und warum wir hierher geschickt wurden…, dann werden die Kreaturen, die Vegetation und der Rest der Schöpfung reagieren. Kein Wunder, dass sie auf unser Erscheinen warten!

Dritter Teil:

Einführung

Viele der Ideen und Einsichten, die hier vorgestellt werden, scheinen auf den ersten Blick im direkten Gegensatz zu den Lehren der Bibel zu stehen. Dies ist nicht wahr. Die Wahrheit ist, dass sie sich radikal von den bisherigen Lehren *über* die Bibelschriften unterscheiden.

Paulus sagte, dass „die Buchstaben der Schriften den Tod, jedoch die Auslegung der Schriften im Einklang mit dem Geist der Wahrheit Leben bringen würden."(1) Bisher hatte die Religion oberflächliche Auslegungen gelehrt, die die Grundursache menschlichen Leidens und des Todes waren. Auf einer tieferen Ebene betrachtet offenbaren dieselben Schriften eine völlig andere Vision und erlauben eine Umkehr ins Leben.

Wegen der Verwirrung und Widersprüchlichkeit der Bibellehren haben viele Menschen die Bibel als eine Quelle der Wahrheit und des Trostes weggeworfen. Dies macht mich zutiefst traurig. Ich hoffe und wünsche, dass dieselben Leute dadurch, dass wir Licht in die spirituelle Bedeutung der Bibel bringen, die Liebe zu jenem Buche wieder entdecken und Vertrauen in ihre Worte und Einsichten gewinnen werden. Erinnern Sie sich, dass die Bibel *durch* den Geist der Wahrheit *geschrieben* worden ist und nur durch denselben Geist unterbrochen werden kann. Wenn wir uns an diesen Geist wenden, damit sich uns die Einsichten entfalten, werden wir beginnen, eine völlig neue Beziehung zur Bibel und zu dem Gott der Bibel zu entwickeln.

Die zwei Abkommen

Ein Abkommen ist ein Vertrag zwischen zwei Parteien oder Einzelpersonen. Es ist nur so lange gültig, wie beide Seiten ihre Versprechen einhalten, oder solange sie ihren Teil der Vereinbarung erfüllen.

Der Klarheit zuliebe nenne ich das Alte Testament einen Vertrag, den Gott mit den Menschen gemacht hat. Es wird auch Altes Abkommen genannt. Dieser Vertrag ist die Basis des gesamten Alten Testamentes. Das Neue Testament, oder Abkommen, ist das Eintreten in einen neuen Vertrag zwischen Gott und dem Menschen, der notwendig wurde, da der Mensch unter der Last des ersten selbstzerstörerisch gewesen ist.

Ich gebe zu, dies mag für den Durchschnittsmenschen, der mit der Bibel nicht wirklich vertraut ist, viel Information sein. Wenn Sie dies jedoch verstehen, werden Sie klar sehen, warum Krankheit existiert, warum wir denken, sie sei legitim oder notwendig, und wie der Mensch begonnen hat, sich Gott auf solch eine falsch dargestellte Art und Weise vorzustellen. Das Wichtigste ist, dass Sie den Weg verstehen werden, der uns gegeben wurde, um aus dem Schutt dieses gesamten tödlichen Szenarios herauszuklettern.

Erinnern Sie sich, dass Einsicht progressiv ist. Es gab Zeiten, in denen der Mensch nicht einmal wusste, dass man sich gegenseitig nicht umbringen sollte! Das menschliche Bewusstsein war stark in der Dunkelheit seiner eigenen Argumentation verloren und noch nicht in der Lage, einen Souveränen Gott, geschweige denn die Natur Gottes, die Liebe ist, wahrzunehmen. Das Überleben des Stärksten war an der Tagesordnung.

Vor Abraham schaute der Mensch auf viele Götter, je nachdem, welcher zum jeweiligen Zeitpunkt gebraucht wurde. Zumindest verstand er, dass *Etwas* die Schöpfung regierte. Mit der Offenbarung, die Abraham gegeben wurde, kam das Wissen von einem Gott, Der alles und das Leben von allem regierte.

Dies jedoch schien die Gesetzlosigkeit der Menschheit nur wenig zu beeinflussen. So war das, bis Moses „das Gesetz“ erhielt, nach welchem der Mensch leben sollte. Es setzte der Menschheit Grenzen im Verhalten, die sie brauchte, um sich selbst zu regieren...... *so lange, bis sie weit genug in ihrer Beziehung zu Gott fortgeschritten sei, dass sie keine äußere Liste von Gesetzen mehr brauchen würde.* (1)

Dies geschah sofort, nachdem die Kinder Israels die Knechtschaft in Ägypten verlassen und ihren langen Marsch durch die Wildnis ins gelobte Land begonnen hatten.

Immer, wenn Ägypten in der Bibel erscheint, bezieht es sich auf die extreme Dunkelheit des menschlichen Bewusstseins, eines Bewusstseins fürchterlicher Sklaverei und harter Knechtschaft durch die Glaubensmuster der Welt. Ägypten repräsentiert die vielen Ideen und Vorstellungen, die wir geschaffen haben, und denen wir folglich gezwungen sind zu dienen. Wir wurden an das gebunden, woran wir geglaubt hatten.

Der Mensch war nicht in der Lage, Gott zu erkennen..... so groß war seine Verwirrung. Deshalb gab Gott dem Menschen einen Maßstab, nach dem er leben sollte, der ihm ein bestimmtes Maß an Ordnung ermöglichen sollte. Dies sind nicht nur die Zehn Gebote, sondern zusätzlich das gesamte Levitische Gesetz. Diese Maßstäbe werden durch die Folge von „Belohnung und Strafe“ verstärkt.

Es wird gesagt, dass *die Erfüllung des Gesetzes Liebe sei.* (2) Das bedeutet, dass der Mensch, wenn er mit der Natur Gottes erfüllt ist..., die Liebe ist..., kein Gesetz braucht, da er *natürlicherweise* dessen Erfüllung ist. Es ist wichtig, dass wir dies verstehen.

Der Vertrag, den Gott mit Seinem Volk gemacht hat, bedeutete, dass es bei Einhaltung dieses Gesetzes leben und viele Segnungen empfangen würde. Aber wenn die Menschen das Gesetz nicht einhielten, dann würden sie viele Tragödien erleiden und schließlich sterben. Da es in ihrer Natur noch nicht entwickelt war, das automatisch zu tun, arbeiteten und bemühten sie sich Tag und Nacht, dieses Gesetz zu erfüllen..., und selbstverständlich versagten sie, da es in ihrer Natur noch nicht entwickelt worden war.

4000 Jahre vergingen mit dem Versprechen auf einen neuen Vertrag. Schließlich, mit dem Erscheinen von Jesus, wurde der Menschheit ein neuer Vertrag oder ein neues Abkommen vorgestellt und eingeführt. Es wird ‚Neues Testament' genannt.

Dies ist das neue Gesetz, das Jesus den Menschen vorgestellt hat: *„Wahrlich, ich sage euch, ich will meinen Geist über euch ausschütten. Er wird euch übernehmen und verzehren. Durch meinen Geist werdet ihr eine neue Natur kennen........ Ich will es in euer Herz schreiben. Diese neue Natur wird bewirken, dass ihr fähig seid, das gesamte Gesetz zu erfüllen." Es wird die Natur der Liebe und Gnade sein. Und dadurch werdet ihr automatisch zur Erfüllung des Gesetzes werden. Ihr werdet euch nicht bemühen müssen, etwas zu werden... denn ihr werdet erkennen, dass ihr das bereits seid, was ihr mühsam versucht zu werden. Ihr könnt nicht versagen. (3)*
Dies ist die wahre Definition und Aktivität der Gnade.......

Gott erledigt das durch Seinen Geist, was der Mensch durch seine Bemühungen nicht schaffen kann. (4)

Dieses neue Abkommen wird durch *Gnade allein* ausgeführt, nicht länger durch Schweiß und Mühe der menschlichen Bemühungen, Gott durch das Einhalten eines Maßstabes von Gesetzen zu gefallen. Als dieses „neue" Abkommen erschienen war, wurde das alte weggenommen. (5) Warum? Weil nun der Geist Gottes Selbst das Leben der Menschen leben und die Anforderungen Seiner eigenen Natur im Inneren des Menschen erfüllen würde!

Menschliches Bemühen und ‚sich anstrengen, um zu gewinnen' ist eine Bestätigung dessen, dass wir nicht verstehen, wer wir sind und was die ewige Wahrheit unserer Existenz ist. Menschliches Bemühen, um spirituell irgendetwas erreichen zu wollen, bedeutet, dass wir damit erklären, die Gnade nicht verstanden zu haben. Es ist das Gegenteil von Gnade. Wenn wir ins menschliche Bemühen zurückfallen, um bei Gott irgendetwas erreichen zu wollen, setzen wir uns selbst zurück in das alte Abkommen mit Gesetzen und Strafen.

„Durch Gnade" seid ihr bereits das, was ihr seid.

„Durch Gnade" werdet ihr die wahre Natur Gottes kennen und verstehen lernen und als Er erkannt werden. (6)

„Durch Gnade" werdet ihr alle Hindernisse, die auf eurem Weg zu sein scheinen, überwinden, also all das, was verleugnet, wer ihr seid, und was Gott in eurem Leben bedeutet.

„Durch Gnade" bedeutet dann, dass der Geist, die Aktivität, Präsenz und Macht Gottes *allein das tun wird, was zum jeweiligen Zeitpunkt und zu den jeweiligen Umständen notwendig ist.*

Klingt das nicht wundervoll? Aber hier liegt das Problem.

Wir leben noch immer unter dem Gesetz. Wir akzeptieren die Realität nicht, die Jesus uns zeigte und lehrte. Wir versuchen noch immer, würdig zu sein... wir versuchen, etwas von Gott zu verdienen. Wir versuchen noch immer, „Gott zu gefallen", um dessen Zorn, der laut unseres Glaubens unserem Versagen folgen müsse, nicht auf uns zu ziehen.

Wir mühen uns noch immer unter der Last einer *persönlichen Vorstellung von Verantwortung* für unser Leben ab. Wir wissen nicht, dass es nur Ein Leben gibt... und Gott lebt dieses Leben durch Seinen Geist in und durch jede Fassette der Schöpfung, inklusive durch uns. Besonders durch uns! „Denn von Ihm, durch Ihn und Seiner sind alle Dinge." (7)

Wir leben nicht in und aus dieser „neuen Natur".

Wir sehen uns selbst nicht als Liebe und Gnade, und wir sehen auch niemand anderen als solche.

Und doch wurde uns gesagt, dass dieser Geist das „wahre Licht ist, das jeden Menschen, der in diese Welt geboren ist, erleuchtet." (8) Aber wir versuchen noch immer, dies zu verdienen, so, *als ob es nicht schon existierte.*

Es wurde uns gesagt, dass wir das Licht der Welt seien, aber wir glauben es nicht.

Es wurde uns gesagt, dass „wir alle von Seiner Vollständigkeit empfangen haben“ (9)...nicht dass wir empfangen *werden*, sondern dass wir empfangen *haben*. Aber wir glauben es nicht.

Es wurde uns gesagt, dass wir aus dem Königreich der Dunkelheit (menschliches Bewusstsein) herausgenommen worden sind, in das Königreich Seines geliebten Sohnes(10) (Göttliches Leben, das sich auf der Erde manifestiert hat), aber auch das glauben wir nicht.

Es wurde uns gesagt, dass „Er der Vater der Lichter ist (welche wir sind), bei Dem es keinen Schatten des Umkehrens noch der Veränderung gibt“ (11)

Wir handeln noch immer so, als müssten wir etwas verdienen..., aber traurigerweise glauben wir niemals, dass wir es wirklich verdienen würden. Das wird von der Religion gelehrt, und wir sind alle, wie Schafe, die zum Schlächter geführt werden, darauf hereingefallen.

Das jedoch steht in direktem Gegensatz zu dem, was der Geist Gottes sagt und was Jesus uns gelehrt hat. Warum haben wir es also nicht akzeptiert, und warum lehren sie noch immer das Alte, erklären aber, dass das Neue gekommen sei? Die Antwort ist einfach. Wir glauben, was wir sehen... und sehen, was wir glauben. Wir machen genau das, was Jesus uns gelehrt hat nicht zu tun, nämlich nach äußeren Erscheinungen zu urteilen. Wieder einmal wird uns gesagt, wir sollten „rechtschaffen urteilen“. (12)

Und nochmals, rechtschaffenes Urteilen ist, einfach zu wählen, zu beurteilen und zu glauben, dass wir so sind, wie Er uns gemacht hat. Dass wir eine Erfüllung des Gesetzes sind. Dass wir die Personifizierung von Liebe und Gnade sind. Und *dass dies auch für alle anderen gilt*!

Wir müssen es zuerst glauben, weil es wahr ist... dann, und nur dann, werden wir es sehen. Das ist Glauben. Statt dem, was unsere Augen sehen oder was unsere Herzen interpretieren, das zu glauben, was wahr ist.

Wie man in dem neuen Abkommen lebt

Erinnern Sie sich, das neue Abkommen besagt, dass der Geist Gottes dieses Leben für Sie leben wird, sodass Sie, wie die Natur dieses Geistes, immer rechtschaffen leben werden. All das Gute im Leben wird Ihnen gehören. Nur Segnungen und die Fülle von alledem, was Gott ist, wird für immer Ihr Anteil sein.

Jedoch, wenn wir wählen, innerhalb der Beschränkungen des alten Gesetzes zu bleiben, werden wir weiterhin unter unseren eigenen Gefühlen von Nutzlosigkeit und Versagen leiden.

Wie treten wir nun also diesem Vertrag bei? *Wir lernen, hinzuhören.* Wir lernen, das konstante Geschwätz und den Rat des babylonischen Unsinns abzublocken. Wir hören auf, jedes Verlangen und jede Laune unsere Entscheidungen regieren zu lassen. Wir hören auf, uns täglich vom „Wissen“ der Menschen mitreißen zu lassen. Wir hören auf, auf das „Gelernte“ zu blicken, um Wegweisung und Rat zu bekommen.

Lesen Sie die Worte des Propheten Jesaja mit mir:

„So spricht der Herr: Jammer über die widerspenstigen Kinder, die Rat suchen, aber nicht von mir... die in Ägypten (menschliche Wege und Methoden) nach Hilfe suchen, ohne mich gefragt zu haben.

Sie suchen Schutz in der Stärke des Pharaos und vertrauen dem Schatten Ägyptens. (Dies bezieht sich auf das Vertrauen in die Wege und Methoden, denen die ganze Welt folgt.) Deshalb wird die Stärke des Pharaos eure Scham, und das Vertrauen in den Schatten Ägyptens eure Verwirrung sein. Sie alle haben sich wegen eines Volkes geschämt, das ihnen weder Nutzen bringen noch eine Hilfe sein konnte, sondern welches eine Schande war.

Denn die, die ihr um Hilfe bittet, bieten euch eine Hilfe an, die vergebens und zwecklos ist.“

„Jammer komme über diejenigen, die auf Pferde vertrauen, weil es viele gibt, und auf Wagen, weil sie stabil sind. (Dies bedeutet zu urteilen, dass der Weg der Welt, dem der Mensch folgt, stärker und mächtiger sei als der Weg Gottes.) Denn die Ägypter sind Menschen und nicht Gott, und ihre Pferde sind Fleisch und nicht Geist.“ (1)

Machen wir nun nicht den Fehler und denken, es sei Gott, der das Versagen und das darauf folgende Leid verursacht hat, das wir auf uns ziehen, wenn wir „unseren eigenen Weg gehen“. Wir haben uns selbst in das Leben von „Erfolg durch menschliche Bemühungen“ (oder das Gesetz von Säen und Ernten, Ursache und Wirkung) zurückversetzt, das unser eigenes Leiden verursacht.

Und nun hören Sie sich folgendes an:

„Deshalb habe ich ihnen diesbezüglich laut zugerufen. Ihre Stärke ist es, still zu sitzen. Durch Rückkehr und Ruhen sollt ihr von diesem Übel gerettet werden... in der Stille und im Vertrauen liegt eure Stärke.“ (2)

Wir müssen lernen zuzuhören, um uns vom Geist der Weisheit, des Rates und der Wegweisung in jeder Situation und bei jeder Entscheidung, die wir zu treffen haben, leiten zu lassen. Wir müssen uns erinnern, dass unser Leben nicht uns selbst gehört. Es gibt nur ein Leben, und wir sind die Manifestation dieses Lebens.

Wir wurden mit einer Bestimmung erschaffen. Wir wurden mit einer Aufgabe gesandt, die erfüllt werden soll. Da wir nicht wissen, was das ist, können wir sie nicht durch unser eigenes Wissen ausführen.

Wir wissen nicht, was unsere Zukunft bringen wird, wie sollen wir dann weise Entscheidungen treffen, ohne das gesamte Bild zu kennen? Wir wissen nicht, was in einer Stunde passieren, und erst recht nicht, was den Rest unseres Lebens geschehen wird! Wahrscheinlich ist es gut, dass wir keine vorprogrammierte Straßenkarte für unser Leben haben... wir würden nie lernen, zuzuhören, um den Antworten, die dann kommen, zu vertrauen.

Zuhören lernen wird auch als „Warten“ auf das Wort Gottes bezeichnet. Warten ist hier definitiv nichts Passives. Es ist höchst aktiv.

Es verlangt mehr Fokus und Hingabe als alles andere, was Sie den Rest Ihres Lebens tun werden. Es ist schwierig, still zu sitzen, zu beten und zu warten, wenn alles in Ihnen schreit: „Du solltest besser schnell etwas unternehmen!" Aber trotz allem wird nichts, was Sie tun, so wirkungsvoll oder förderlich sein wie „nichts tun"... und stattdessen auf die Wegweisung und den Rat des Göttlichen Geistes zu warten.

Missverstehen Sie das nicht als Verweigerung oder Ignoranz dem Problem gegenüber. Sie ignorieren es nicht..., Sie heilen es. Sie tun es nur nicht auf die Art und Weise, wie die Welt bekräftigt, dass es getan werden sollte. Im Stolz zu glauben, dass ihr Weg der einzige sei, sagen sie Ihnen, Sie seien „in der Verweigerung". Sie werden es nicht glauben, wie oft ich dies in meinem Leben schon gehört habe! Und Sie werden nicht glauben, wie viele Heilungen ich gesehen habe, weil ich nicht auf solch dummes Geschwätz gehört habe.

Wie hören wir nun die Stimme Gottes? Oder besser gesagt, wie *fühlen* wir den Impuls des Geistes in uns?

Der erste Schritt ist der schwierigste. Wir müssen jegliches erwünschte Ergebnis loslassen. Das heißt, wir können uns nicht an Gott um Wegweisung und Rat wenden und bereits eine vorgefertigte Antwort vorherbestimmen. Wir werden nicht in der Lage sein, die Wegweisung zu *fühlen*, weil wir in unseren Gedanken so vernebelt sind und an dem, was wir wollen, festhalten. *Wir müssen darauf vertrauen, dass Gott gut ist, und dass nur Gutes kommen kann;* wir müssen Gottes Natur gut genug kennen, um das zu wissen! Wir können nicht dirigieren, was geschehen soll oder wie es sich ereignen müsse. Es reicht aus für uns, zu wissen, dass *nur die Vollkommenheit und Güte Gottes in Erscheinung treten kann.* Denn Gott ist gut, und Gottes vollkommene Bestimmung auf Erden ist, in Erscheinung zu treten..., in jeder einzelnen Situation und in jedem Geschehen offenbart zu werden..., dass Gott „Alles in Allem" ist. Möge Güte das ganze Land erfüllen!" (3)

Wir müssen wissen, dass der Geist Gottes uns immer führt und leitet, immer spricht und uns den Weg weist. Wir hören nicht immer hin, so vernehmen wir Ihn oft nicht. Der Geist der Weisheit, des Rates und des Verstehens wurde uns gegeben, „um uns in *aller* Wahrheit zu leiten und zu führen..., denn die Wahrheit wird dich immer befreien, was immer die Herausforderung sein mag.“ (4) Sie ist in jeder Situation frei verfügbar.

Hören Sie noch einmal auf Jesaja, wenn er schreibt: „Und so hört ihr hinter euch eine Stimme, die sagt ‚Dies ist der Weg, den ihr einschlagen sollt‘, wenn ihr euch zur rechten oder zur linken Seite dreht.“ (5)

Und wenn das Wort zu dir kommt, „soll das Licht des Mondes genauso sein wie das Licht der Sonne, und das Licht der Sonne soll siebenfach scheinen.“ (6) So großartig wird der Segen Gottes auf dir sein.

Wenn Sie dem Geist Gottes erlauben, Ihr Leben zu leiten und zu regieren, und wenn Sie die Weisheit des Zuhörens erlernen, können Sie sich nicht vorstellen, wie Ihr Leben aussehen wird. „Was kein Auge jemals sah, was kein Ohr jemals hörte und was sich kein Mensch vorstellen kann, das hält Gott für die bereit, die ihn lieben.“ (7) (An diejenigen, die ihr Leben Seiner Unendlichen Weisheit anvertrauen.) „Nicht mein, sondern Dein Wille geschehe“ wird leicht, sogar bequem, wenn Sie in Ihrem Herzen erkennen, *dass Sein Wille Ihr Wille ist*. (8)

Meine erste Tochter Linda war schon immer ein sehr tief spirituell ausgerichtetes Kind. Aber sie kämpfte oft damit, ihren Willen einer höheren, vollkommeneren Weisheit zu übergeben. So oft versuchte ich ihr klar zu machen, dass der Göttliche Geist nichts anderes tun kann als sie zu segnen. Eines Tages hatte ich den Impuls, ihr zu sagen: „Du hast am gleichen Herzen teil wie Gott... und Gott ist nur Liebe. *Gott leitet uns durch die Wünsche unseres Herzens.* Es ist die Weisheit Gottes, die *als* unsere Wünsche erscheint. Beides ist dasselbe. Du kannst aufhören festzuhalten, in dem Wissen, dass das, was du übergibst, in Fülle zu dir zurückkehren wird.“ Und dies änderte letztlich die Angelegenheit.

Die Angst davor, das, was der „Wille Gottes“ sein könnte, aufrecht zu erhalten, bedeutet, sich in die Doktrinen eines menschenähnlichen Gottes, der belohnt und bestraft, der uns in jedem Moment den Boden unter den Füßen wegziehen kann, zurückzulehnen! Zugegeben, ein Furcht erregender Gedanke!

Die Antwort Gottes wird Sie niemals verletzen oder Schmerzen verursachen. Es kann sein, dass Sie durch einige ziemlich seltsame Orte gehen, aber Er wird vor Ihnen hergehen, um das Krumme gerade zu machen. Die Güte und Fülle Gottes erwartet Sie wegen Ihrer Treue, Ihm zuzuhören und zu folgen. Jede Situation wird Sie lehren und bewirken, dass Sie immer höher in den Geist und das Verstehen Gottes aufsteigen. Und das Ende dieses Weges ist Frieden.

Die spirituelle Bedeutung des Sabbats

Das Wort Sabbat bedeutet „Ruhen“. Der Sabbat ist kein Wochentag, wie die meisten Doktrinen es lehren. Es geht nicht darum, etwas an einem bestimmten Tag zu tun. Dies sind menschliche Traditionen, und während sie für einige eine bestimmte Bedeutung haben, geht der wahre Sinn und Zweck des Sabbats verloren. DAS „RUHEN“ Gottes finden wir in der Stille der Seele, tief in der uns umhüllenden Liebe der Göttlichen Liebe selbst.

Man erzählt, Gott habe sich am siebten Tag der Schöpfung ausgeruht. Er hörte auf zu arbeiten, da Er Sein Werk beendet hatte und Zufriedenheit spürte, weil alles fertig war. Wir ehren den Sabbattag, indem wir in das „Ruhen“ Gottes eintreten und aufhören zu kämpfen, auch wenn unsere Arbeit noch nicht beendet ist und wenn in unseren Augen noch mehr von uns getan werden muss.
Wir sind der Geist des Einen Lebens, und „alles ist gut“. Wenn wir dies tief in unseren Herzen wissen, sind wir zufrieden, voller Frieden, und wir können wahrnehmen, wie die leise Zuversicht der Ewigen Liebe unsere Herzen umhüllt.

Wenn wir jedoch einer besonderen Herausforderung, der Versuchung zu glauben, das Böse habe Macht über uns, gegenüber stehen....., wenn wir vergessen haben, wer wir sind, und dass „alles, was getan werden muss, bereits getan ist“, (1) beginnen wir zu kämpfen, uns aufzuregen und zu sorgen. Wir rennen hierhin und dorthin, um die Hilfe zu finden, die wir zu brauchen glauben. Wir haben aufgehört zu „glauben“ und „auszuruhen“.

In solchen Zeiten würden wir gut daran tun, eine Pause einzulegen! Mit dem furchtbaren Impuls, „etwas zu tun“ aufzuhören. Mit der Panik aufzuhören. Hören Sie auf und erinnern Sie sich an das Eine Leben und an den Geist dieses Lebens, der Sie „in aller Wahrheit leiten und führen wird“. (2) Nur an diesem Ort des „Ruhens“ werden wir fähig sein, die Richtung zu erkennen, die wir einschlagen müssen.

Mein Lieblingsgebet in solchen Zeiten lautet: „Was ist es, das ich vergessen habe?“ „Was gibt es hier für mich zu wissen?“ Wenn wir vertrauensvoll in jenem Platz des „Ruhens“ bleiben, so lange, bis die Antwort in unserer Seele aufzugehen beginnt, werden wir *immer* fühlen, dass das Eine Leben die Führung übernimmt und dass „alles gut ist“. Wir werden merken, dass das Übel, das in Erscheinung getreten war, keinerlei Macht besitzt... und dass, unabhängig von der momentanen Bedrohung, die Eine Macht immer noch in der bestehenden Vollkommenheit des Einen Lebens regiert.

Ein Gefühl von Ruhe und Frieden ist Gottes Geschenk zu unserer Sicherheit in Zeiten der Herausforderung. Die menschlichen Traditionen lehren uns, etwas Besonderes an einem bestimmten Tag zu tun, um Gott zu ehren. Aber jeder Tag, an dem wir im Frieden, Vertrauen und in der Stille des Geistes leben, Der die Wahrheit kennt und über uns kommt, ist ein Sabbat. Deshalb hat Jesus gesagt: „Der Sabbat ist für den Menschen gemacht, nicht der Mensch für den Sabbat.“ (3)

Wenn wir unseren Sinn für das Christusbewusstsein entwickelt haben, wodurch wir täglich von der Weisheit und dem Rat des Geistes geführt werden, *Der unser Leben ist...* dann „heiligen wir den Sabbat“. Versuchungen greifen uns täglich an, um uns mit Sorgen und Anliegen menschlicher Dramen zu absorbieren. Wir müssen uns immer „an den Sabbat erinnern und ihn heiligen“. Diese Übung, dieser Ort des Friedens und der Sicherheit, wurde uns zu unserer Freude gegeben, um uns ein friedliches, gesundes und erfülltes Leben zu sichern. So sollten wir leben, und so sollten wir mit der Dunkelheit umgehen, die uns so oft in verschiedener Gestalt und in verschiedenen Erscheinungsformen begegnet.

Es ist noch nicht lange her, als ich meine jüngste Tochter zu einem ihrer Arztbesuche während ihrer Schwangerschaft begleitet hatte. Ich war gespannt, ihren Gynäkologen kennen zu lernen, da ich von ihr so viele positive Dinge über ihn gehört hatte. Während des Besuches fand seine Assistentin heraus, dass ich mich niemals einer Untersuchung für Zervikalkrebs unterzogen hatte. Tatsächlich war ich seit der Geburt meiner Babys nie mehr wegen irgendwelchen Tests und Untersuchungen bei einem Arzt gewesen, und ich hatte auch nicht vor, mich untersuchen zu lassen. Aus einem für mich zu dieser Zeit unbekannten Grund entschied ich mich, den Test an jenem Tag vornehmen zu lassen. Ich verließ die Praxis, ging nach Hause und dachte nicht mehr weiter daran. Einige Tage später erhielt ich einen Anruf von der Arztpraxis, in dem mir mitgeteilt wurde, dass die Untersuchung ein positives Ergebnis für Zervikalkrebs ergeben hatte. Sie sagten mir, die entarteten Zellen hätten sich großflächig am Muttermund ausgebreitet, und ich solle sofort zum Arzt in die Sprechstunde kommen.

Als ich einmal wahrgenommen hatte, was mir gesagt worden ist, wechselte ich schnell in den spirituellen Gedankenmodus. Da ich davon überzeugt war, ein Kind des Lichts zu sein, das geschickt wurde, „die Werke der Dunkelheit zu löschen“, und dass „mich nichts, aber auch gar nichts, verletzen kann“ (4), schloss ich daraus, dass dies einfach eine Anwesenheit von Dunkelheit war, die durch das Leuchten des Lichts der Wahrheit aufgelöst werden musste. Ich teilte der Krankenschwester mit, dass ich vor der Geburt meiner Enkelin nichts unternehmen würde. Dies war eine ganz besondere und heilige Zeit für unsere Familie, und ich erlaubte keinem Übel, egal in welcher Form, dies zu zerstören. Auch war dies meine Art, sie hinzuhalten, bis ich die Möglichkeit hatte, über die ganze Angelegenheit zu beten.

Zwei meiner Assistentinnen in der Klinik, sehr liebe Freundinnen, standen neben mir, als der Anruf hereinkam. Ich bat sie, mich im Gebet zu unterstützen und niemandem etwas davon zu erzählen, auch nicht untereinander darüber zu sprechen. Sie stimmten zu. Wir sind uns der Macht der Worte, zum Guten oder zum Kranken, ziemlich bewusst, deshalb war es für sie nichts Neues. Ich entschied, meiner Familie nichts darüber zu erzählen, bevor ich nicht eine Möglichkeit hatte, darüber zu beten. Auf diese Art und Weise ging ich sowieso immer mit Problemen um. Je mehr Menschen über bestimmte Herausforderungen Bescheid wissen, desto mehr vernebeln deren Ängste und Sorgen die Gedankenatmosphäre und erschweren damit die Befreiung aus einer Situation.

Einen Monat später brachte meine Tochter ihr Baby zur Welt, und wir konnten uns ohne diese über uns hängende Düsternis freuen und jeden Moment der Erfahrung genießen. Bald kehrten wir alle in die Routine unseres normalen Lebens zurück, und ich begann Gott zu bitten, mir jetzt Raum zu geben, um mich mit der Angelegenheit auseinanderzusetzen.

Beim ersten Arztbesuch nach der Geburt erzählte die Krankenschwester meiner Tochter, was mit mir los war, in der Hoffnung, sie hätte etwas Einfluss auf mich, um mich zur Rückkehr in die Praxis und zur Behandlung zu bewegen. Nun wusste es die ganze Familie. Ich stimmte einer Biopsie zu, während der der Arzt in aller Einzelheit die Masse der wie ‚Salz und Pfeffer' aussehenden malignen Zellen, die er überall sah, beschrieb.

Wir gingen nach Hause und fingen an, still aber leidenschaftlich zu beten. Ich begann, die Stärke ihrer Unterstützung zu spüren und wusste, dass es Zeit war, mich „hinein zu stürzen". Der gesamte Aufwand dauerte drei Tage. Das Haus war ruhig, die Atmosphäre ausgerichtet aber zuversichtlich. Die erste Nacht blieb ich wach, las und erinnerte mich daran, wer ich war, warum ich hierher gekommen war, und fühlte einfach die Anwesenheit der Göttlichen Liebe. Dies erlaubte mir, in die „Sabbatruhe" einzutreten, die, wie ich wusste, Gott Raum geben würde, um zu sprechen. Dieses Eintreten in die „Ruhe" bewirkte, dass alle Ängste sich auflösen konnten, und die Verwirklichung der Liebe begann mein Herz zu erfüllen.

Diese Herausforderung kam nach Jahren des Studierens, Hinterfragens, Lernens, und nachdem ich Tausende unwiderlegbare Beweise der Wahrheiten, die ich gelehrt wurde, gesehen hatte. Ich bestimmte, dass sich dieser Tempel meiner Seele mit der Präsenz und Macht der Herrlichkeit Gottes füllen durfte. Diese ersetzte die durch die dunklen Ratschläge des menschlichen Bewusstseins hervorgebrachte totale Verzerrung der Wahrheit mit ihrer schleichenden Unruhe, ihrer Angst und ihrem Graus.

Meine grundlegenden Gedanken begannen, mich an die Wahrheit zu erinnern, die ich bereits kannte, um dem Heiligen Geist den Grundstein zu legen, ein neues Verständnis aufzubauen, was immer dies auch sein würde.

Ich erinnerte mich, dass ich ein Kind des Lichts, kein Ergebnis einer willkürlichen DNS, und auch nicht der Wille meiner Eltern bin.

Ich erinnerte mich, mich nicht mit Krankheit zu beschäftigen. Stattdessen befasste ich mich mit der Göttlichen Liebe, denn Liebe ist allgegenwärtig... deren Erkenntnis hebt jeglichen Platz und Raum auf, in dem das Übel existieren kann.

Ich erinnerte mich, dass ich in diese weltliche Existenz gesandt worden war, nicht um meine Eigeninteressen zu suchen, nicht, um diese tödliche Erfahrung festzuhalten, sondern um den Zweck Gottes zu erfüllen. Und um dem Ausdruck von Wahrheit, Harmonie und Vollkommenheit die Freiheit zu geben, in jeder gegebenen Situation zu erscheinen.

Ich erinnerte mich, dass mein Leben nicht „mir selbst gehört“. (5) Ich habe kein individuelles Leben, das von dem Einen Leben, das Gott ist..., oder vom Ausdruck jenes Lebens, das der Christus genannt wird, getrennt ist. („Wenn Christus, *der dein Leben ist*, erscheinen wird...“) (6)

Ich erinnerte mich daran, dass der Grund, warum wir als das Licht in dieser irdischen Form erschienen sind, der war, ‚die Werke des Dunklen rückgängig zu machen...’ (7), und wie könnten wir dies tun, ohne ihm nicht direkt gegenüberzustehen?

Ich erinnerte mich daran, dass es der Wille und Zweck Gottes war, Seine Herrlichkeit zu offenbaren. Dies bedeutet, jeder Erscheinung von Dunkelheit gegenüber als das Licht, als Harmonie, Schönheit und Vollkommenheit zu erscheinen.

Ich erinnerte mich, dass es hier überhaupt nicht um mich selbst ging.

Da ich all dies aus tiefstem Herzen wusste, konnte ich mich der Gnade hingeben, von der ich wusste, dass sie durch meine Seele und meinen Geist floss, denn nur durch Gnade, die Aktivität des Geistes, würde sich diese Dunkelheit auflösen und das Licht der Herrlichkeit Gottes offenbart werden.

Am nächsten Morgen erhielt ich einen Anruf von Kay, einer der beiden Freundinnen, die neben mir gestanden hatten, als ich jenen ersten Anruf erhalten hatte. Auch sie hatte gebetet, sie hörte während der ganzen Zeit immer wieder ein Wort in ihrem Geist, und sie hatte den Impuls, dessen Bedeutung in einem Duden nachzuschlagen. Das Wort war „Geringschätzung". Die erste Definition war die übliche „jemanden mit herablassender Missachtung, aus einem schmachvollen Geist heraus, zu betrachten". Jedoch die zweite aufgelistete Definition veranlasste sie, mich anzurufen. Dort stand „ein leidenschaftliches, energisches, hasserfülltes Übel von einem edlen Geist." Wir beide stellten fest, dass dies besagte, dass der Christus (der Geist Gottes, der durch die Schöpfung offenbar wird) *vor diesem Übel stand*, nicht nur in unserem Interesse, sondern im Interesse der Erscheinung der Harmonie und Vollkommenheit Gottes, welche die menschlichen Glaubensmuster durch den Göttlichen Geist ersetzt.

Das Übel beteuert gerne seine Existenzberechtigung, um als eine Macht gefürchtet und verehrt zu werden, damit es sich behaupten kann. Es liebt es, seine Macht über die Macht des Ewigen Lebens und die unermessliche Liebe zu stellen. Es bekräftigt, die Dunkelheit sei stärker als das Licht, der Hass stärker als die Liebe, die Verwirrung stärker als die Ordnung, Lügen stärker als die Wahrheit. Aber hier war der Christus, der Seine Macht, Seine Anwesenheit und Seine Autorität erklärt.

Als ich diese Worte hörte, fühlte ich eine eindeutige Veränderung in meinem Bewusstsein, und nahm wahr, dass ich gerade in die „Sabbatruhe" eingegangen war. Frieden und Sicherheit durchfluteten meine Seele. Ich fühlte eine überwältigende Dankbarkeit und wusste, dass ich zu dem „geführt" wurde, was ich zu tun hatte, falls notwendig. Ich wusste, dass alles mit mir in Ordnung sein würde, egal, was da auf mich zukäme. Alles würde gut gehen.

Am nächsten Tag, während ich in der Klinik war, kletterte ich in die Sauerstoffkammer, um etwas für einen Patienten vorzubereiten, als ich plötzlich ein eindeutiges und intensives Bild von einem Zähne fletschenden Wolf bekam, der vor mir stand, Angst erregend und aggressiv, mit gelben, schiefen Augen. Dieses Tier war in einem „Angriffsmodus". Sofort sprang die Figur eines Schäfers zwischen uns. Er wandte sich dem Wolf zu, und ich konnte das Rückenteil seines Gewandes, das einer Robe ähnelte, sehen. Um seine Hüfte war ein Seil geschnürt. Seine Beine waren gespreizt, seine Arme erhoben und er hielt eine rutenartige Peitsche in seiner rechten Hand. Er verteidigte sein Lamm. Dies alles geschah so schnell, während ich die Worte hörte: „Der Wolf steht vor der Tür. Aber beunruhige dich nicht, Michele, *„Ich bin die Tür!*"

Mit diesen Worten verschwand die Vision. Melissa, meine andere Freundin, die bei jenem ersten Anruf mit anwesend gewesen war, befand sich hinter mir in der Kammer. Ich drehte mich zu ihr und brach zusammen, fassungslos und in Tränen. Immer wieder wiederholte ich: „Melissa, der Wolf ist an der Tür, aber Er ist die Tür!" Ich sprach diese Worte wieder und wieder und weinte dabei so heftig, dass sie mich kaum verstehen konnte. Mein ganzes Leben lang hatte ich noch nie solch eine Liebe gespürt. Geduldig setzte sie sich zu mir, ohne zu wissen, was diese plötzlichen Gefühle ausgelöst hatte, und hielt meine Hand, bis die Wucht der ganzen Erfahrung nachließ. Während ich ihr von der Vision erzählte, läutete das Telefon. Es war die Arztpraxis mit dem Bericht über die Biopsie. Ich kann nicht beschreiben, wie friedvoll ich den Anruf annahm. Es hätte genauso ein Wetterbericht sein können! Sie berichteten mir, was zu hören ich erwartet hatte. Es gab keinen Hinweis, keine sichtbar erkennbare Indikation von irgendetwas, das nicht in Ordnung gewesen wäre. Später fragte ich den Arzt, was er darüber dachte. Er hatte gerade mein erstes Buch „*Von Affen und Drachen, Befreiung aus der Tyrannei der Krankheit*" gelesen. Er lächelte und sagte: „Ich habe nichts anderes erwartet!"

Dies ist das Ergebnis, wenn man die Wahrheit kennt und in die Ruhe

Gottes eintritt, die kommt, wenn Sie das glauben, was Sie kennen gelernt haben. Dies ist das Ergebnis eines freien Flusses der *Gnade*, die den Willen Gottes erfüllt und in alle menschlichen Ereignisse Harmonie bringt. Sie ist jetzt in diesem Moment für jeden frei verfügbar, sie ist die Ursache, warum wir in dieser menschlichen Form existieren.

Das Gesetz des Säens und Erntens

Das natürliche Gesetz von Ursache und Wirkung, das die Erde regiert, wird, wie bereits erwähnt, auch das Gesetz des Säens und Erntens genannt. „Was immer du säst, das wirst du auch ernten.“ Dies *ist* das Gesetz Moses. Wenn Sie Gutes tun, können Sie Gutes erwarten. Andererseits, wenn Sie Böses tun, können Sie erwarten, dass dies ebenfalls zu Ihnen zurückkehrt. Das trifft nicht nur auf das zu, was wir *tun*. Es wird uns *nicht* gesagt, dass dies auch so sein wird, wenn wir an das unwillkürliche Regieren der Macht des Bösen *glauben*. Glauben wir andererseits jedoch, dass es nur Eine Macht gibt und dass dies die Macht und Allgegenwart der Güte ist, die die Schöpfung regiert, werden wir diese Erwartung ernten. Wir machen unsere Erfahrungen entsprechend der tiefsten Erwartungen unseres Bewusstseins.

Die Unfähigkeit des Menschen, dieses ursprüngliche Gesetz zu erfüllen, verursachte, dass die Menschheit unter der Verwirklichung von Niederlagen, Versagen und der *Erwartung von Strafe...*, also unter einer Art des Leidens, lebt.

Diese Unfähigkeit macht uns uns selbst und allen anderen gegenüber kritisch. Sie ist die Basis und die Tribüne allen Urteils.

Dieses Gesetz ist die Ursache aller Krankheit, Armut, Traurigkeit, Tränen und Schmerzen auf der Erde. Es ist die Ursache des Todes. Dies ist das berüchtigte Karma, von dem wir so viel hören. Eine bodenlose Grube. Der Grund für Leiden und menschliche Qual. Was wir *nicht hören*, ist, dass es für uns vorgesehen war, das Gesetz des Karmas zu transzendieren. Unter diesem Gesetz sind wir durch Angst motiviert. Angst vor Strafe. Dies ist die niederste Form der Motivation. Dagegen ist die Liebe zu Gott, und aus dieser Liebe heraus ein Leben als unsere eigene Natur, die höchste Form der Motivation.

Wir haben geglaubt, dass es Gott ist, der uns straft, während es in Wirklichkeit *unsere eigene Bewusstseinsüberschreitung und die Erwartung von Strafe ist, die uns unser Leiden bringt.* Unter dem Gesetz selbst zu leben und uns selbst und alle anderen nach diesem Gesetz zu beurteilen, genügt, um uns die ungünstigen Auswirkungen des Gesetzes zu sichern.

Das natürliche Gesetz regiert den natürlichen Menschen. Da der Mensch das Gesetz jedoch nicht einhalten konnte..., *wurde ein neuer Weg eingeführt.* Er wird das ‚neue Abkommen' genannt, von dem wir gesprochen haben... dass Gott das durch Seinen im Menschen wohnenden Geist bewirken würde, was der Mensch, getrennt von der Aktivität dieses Geistes, nicht ausführen könnte. „Gott aber kann *viel mehr* tun, als wir von ihm erbitten oder *uns* auch nur *vorstellen* können. So groß ist Seine Kraft, *die in uns wirkt.*" (1)

Gott würde dem Menschen seine wahre Beziehung zu seinem Schöpfer offenbaren. Er würde den Menschen veranlassen, zu sehen, wer er in der ewigen *Einheit* in seiner Beziehung zu Gott wirklich ist. In der Bibel wird das die *neue Schöpfung* genannt, (2) ...eine, durch die Gott leben und Seine großartige Natur zeigen kann. Obwohl dies als die „neue" Schöpfung bezeichnet wird, ist sie eigentlich die Schöpfung, wie sie dem Göttlichen Geist seit „vor der Erschaffung der Welt" bekannt gewesen war. Dass Gott durch Seinen Geist das Leben von allem, was Form besitzt, leben, regieren und *sein* würde. Noch einmal die Definition vom Leben durch Gnade.

Sie können sich vorstellen, dass alles, wodurch Gott lebt, was Er bewegt und führt... jenseits jeglicher Beschreibung sein würde. Es würde niemals Elend, Angst oder Dunkelheit in irgendeiner Art kennen. Es würde im Licht und in der Herrlichkeit Gottes wandeln. Glück, Freude und Fülle würden seine *einzige Erwartung* sein. *Niemand wäre krank oder könnte jemals krank sein.* Es gäbe nur Tränen der Freude, der Erleichterung und der Dankbarkeit. „Denn alles kommt von Ihm, alles lebt durch Ihn und alles vollendet sich in Ihm." (4)

Wie gewinnen wir nun das, was wir vergessen haben, zurück? Wie wenden wir uns von den *vergeblichen menschlichen Bemühungen* ab, um etwas zu werden, was wir *bereits* sind?

Die einzige Voraussetzung ist, dass wir *erkennen*, dass wir dieses Gesetz nicht halten (und demzufolge auch das daraus folgende Leid nicht verhindern)können. Und dass wir *aufhören, es zu versuchen.* Die *menschlichen Bemühungen* zu wissen, zu handeln und zu sein, loslassen.

Unsere Aufgabe ist es, uns in den Geist hineinzulehnen, ihm zu erlauben, Sein Leben durch uns zu leben. Es zu erlauben, das Gesetz der Liebe zu halten, das die Erfüllung des natürlichen Gesetzes ist. Wir können von dieser Liebe, „die uns großzügig alle Dinge gibt“, (5) niemals wirklich getrennt sein. Wir müssen im *Gewahrsein* des Geistes des Göttlichen und Ewigen Lebens leben, Der unser Wesen immer erfüllt und unser Dasein motiviert. Wir müssen Ihm den ununterbrochenen Ausdruck, den Er wünscht, zugestehen.

Dies wird als ‚*Das Gesetz des Geistes des Lebens'* bezeichnet.

Das Gesetz des Geistes des Lebens

„Denn das Gesetz des Geistes des Lebens hat mich befreit von dem Gesetz der Sünde und des Todes" (1)

Können wir das natürliche Gesetz von Säen und Ernten, Ursache und Wirkung, transzendieren? Ja, das können wir. Aber es gibt nur einen Weg, dies zu tun, nämlich uns unter ein *höheres Gesetz* zu stellen und darunter zu bleiben. Die Bibel bezeichnet dieses neue Gesetz als „das Gesetz des Geistes des Lebens".

In dieses neue Gesetz oder Verständnis einzutreten wird uns von den Auswirkungen des Gesetzes von Ursache und Wirkung und dem gesamten karmischen Einfluss befreien. Denken Sie darüber nach! Der Menschheit ist ein Weg gegeben worden, über all den Leiden und Tragödien, Schmerzen und Ängsten, die uns seit Menschengedenken versklavt haben, zu leben. Man kann sich nur darüber wundern, warum wir nicht seit dem Tag unserer Geburt davon gehört haben, da dies bereits seit 2000 Jahren bekannt ist. Warum leben wir noch immer unter einer Denkensart, die weiterhin die schlimmsten Leiden verursacht, von denen wir uns so sehr bemühen, frei zu werden? Weil das Gesetz von Ursache und Wirkung (mit all seinen Strafen und Leiden) den „natürlichen" Menschen so lange regieren wird, bis dieser es wählt, dieses Gesetz zu transzendieren. Wie jedoch können wir wählen, wenn uns keine andere Möglichkeit bewusst gemacht wird?

Wir können diesen ganzen Schauplatz nur dadurch transzendieren, indem wir in ein neues Verständnis, eine neue Offenbarung, eine total neue und andersartige Art und Weise, das Leben zu sehen, eintreten. Und dies wurde uns ungehindert gegeben, sowohl das Wissen davon als auch die Kraft, es zu leben.

Um den Geist Gottes, im Gegensatz zu den „Doktrinen der Menschen", zu verstehen, müssen wir uns zuerst von allen bisherigen

Glaubensmustern und unserem bisherigen Verständnis befreien. Wir können das einfach dadurch erreichen, dass wir gewillt sind, etwas Neues zu lernen..., indem wir in nichts Bestimmtes mehr investieren, was wir bisher für wahr oder heilig gehalten haben. Wenn unser Bedürfnis, die Wahrheit zu kennen, stärker ist, als das Bedürfnis zu atmen..., ist das ein guter Anfang!

Im Alten Testament gibt es viele, manchmal eigenartige Gesetze, die Gott Moses gegeben hat, um die Kinder Israels zu regieren. Eines davon, das gegeben wurde, als das Volk durch die „Erfahrungen der Wildnis" in Richtung „Gelobtes Land" gewandert ist, besagte, dass sie auf ihrem Weg keine Häuser, Tempel oder andere feststehende Strukturen bauen sollten. Sie sollten nur in Zelten leben. Der Grund dafür war, dass sie nicht unwillig sein sollten, weiter zu ziehen, wann immer der Geist Gottes ihnen den Antrieb dazu gab, weil sie es sich dort, wo sie gerade weilten, gemütlich gemacht hatten.

Genauso sind wir ermutigt, während wir in das „Gelobte Land" des „wahren Wissens über das Ewige Eine" und zu der Güte, die uns dies verheißt, reisen, keiner bestimmten Doktrin, Person, Komfortzone und keinem Platz „einen Altar zu bauen". Wir sollten immer bereit sein zu „hören" und zu antworten, sowie in unserem Verständnis „weiter zu gehen", wenn wir entsprechend gelenkt werden.

Dies also ist das Versprechen, das uns gegeben wurde, und das klare Verstehen, wie einfach es ist, in dieses Verständnis einzudringen. Es ist das Verstehen des Gesetzes des Geistes des Lebens.

Es gibt einen Geist des Lebens. Er ist es, der allem Lebendigen Leben gibt. Es gibt Einen Einzigen Geist und somit Ein Einziges Leben. Es ist ein und dasselbe Leben, ob es nun in einer Pflanze oder in einem Insekt, in einem Menschen oder in einem Vogel ist. Dieses Eine Leben fließt nicht nur durch die gesamte Schöpfung, sondern es hat all die sichtbaren Gebilde geformt, die wir sehen können. Dasselbe Leben, aber unterschiedliche Manifestationen. *Jede Manifestation verkündet etwas von der Natur dieses Geistes des Lebens.*

Noch einmal, es gibt hier ein Göttliches Gesetz, das besagt: „Jeder

Samen bringt seinesgleichen hervor.“ (2) Ebenso ist es mit Gott. „Er ist es, Der uns gemacht hat, nicht wir selbst.“ (3)

Da der Name Gottes *Gutes* bedeutet, gehen die ganze Welt und das Universum, alle Bewohner der Erde, die Sterne, Planeten und Sonnen in den Himmeln aus dem Göttlichen, Ewigen Reich aller *Güte* hervor.

Jegliche lebende Kreatur, alles, was wächst... alles, was wir als lebendig bezeichnen, alles, was wir sehen, kommt aus derselben Quelle..., aus dem Einen Geist des Lebens. Es ist dieser Geist, der durch alles Leben fließt, der alles Leben formt und bewegt.

Das Buch Hiob im Alten Testament sagt: „Der Geist Gottes hat mich gemacht, und der Atem des Allmächtigen hat mir das Leben gegeben.“ (4) Wir haben eigentlich bereits in diesem Geist des Lebens und als dieser Geist existiert, bevor unsere Körper geformt wurden. Wiederum erzählt uns das Buch Hiob: „...Als die Grundfesten der Erde gelegt waren und die Morgensterne gemeinsam sangen, und all die Kinder Gottes vor Freude johlten.“ (5)

Warum formt dieses eine Leben so viele verschiedene Gebilde? Weil es so viele Facetten, so viele Charakteristika dieses Einen Lebens gibt. Durch diese verschiedenartigen Gebilde beschreibt Es sich selbst. Es drückt sich selbst aus.

Hätten wir Augen, um zu schauen, und Herzen, um zu verstehen, würden wir lernen, Gott in allem zu erblicken, was wir sehen. Wir würden *Güte, Reinheit, Vollkommenheit, unveränderliche Ordnung und immerwährende Vollkommenheit sehen, wohin auch immer wir blicken würden. Denn alle Dinge verkünden Gott.*

Im Neuen Testament schreibt Paulus: „Denn Seine unsichtbaren Dinge aus der Schöpfung der Welt werden von den Dingen, die Er gemacht hat, klar gesehen und verstanden...“ (6) David, der König und Poet, sprach folgende Worte: „Die Himmel verkünden die Herrlichkeit Gottes, und das Firmament zeigt Sein Machwerk. Ein Tag erzählt es dem anderen, eine Nacht sagt es der anderen. Ohne Worte reden sie, keinen Laut kann man hören. Ihre Worte sind bis ans Ende der Welt gedrungen.“ (7)

Diese Männer erkannten, dass sie nicht nur die Dinge, die Gott erschaffen hatte, *betrachteten*, sondern *auf Gott selbst* blickten..., Der sich selbst aller Welt verkündet und beschreibt, auf dass sie Ihn kenne und genieße.

Als der betagte Patriarch Hiob nach dem Wissen und der Weisheit Gottes gesucht hatte, verkündete er: „Von den Tieren draußen kannst du vieles lernen. Schau dir doch die Vögel an! Frag nur die Erde und die Fische im Meer; hör, was sie dir sagen!“ (8) Für diese Männer war es kein Geheimnis, dass die Schöpfung geboren wurde, um ihren Schöpfer zu manifestieren und zu verkünden.

Aus dem Geist und Herzen des Ewigen Einen kommt eine große, herrliche, ununterbrochene, unveränderliche, beständige und konstante Vollkommenheit... denn Er, Der es geschaffen hat, ist vollkommen. Es ist der Eine Geist des Lebens, Der durch all dies atmet und fließt.

Dis ist die Fülle Gottes. Dies ist das Ebenbild und Bildnis, aus dem wir alle gekommen sind.

Es gibt Einen Gott, Eine Quelle allen Lebens, Eine Manifestation der Fülle jenes Lebens, und *dies wird als „Der Sohn“ bezeichnet...* der sichtbare Ausdruck des unsichtbaren Gottes..., auch Christus genannt. (9) Wir sprechen hier nicht über eine Einzelperson, sondern über das Gesamte von allem, *als das Eine. Jesus selbst verkündete dies in seinem Gebet, das im Buch des Johannes, Kapitel 7, geschrieben steht.*

Gott sieht nur Sich Selbst in der Schöpfung... ein vollständiger und vollkommener Ausdruck Seiner Selbst.

Dieses Bild der Schöpfung, so wie Gott sie erschaffen hat und wie Gott sie sieht, steht im direkten Gegensatz zu der Geschichte, die uns allen erzählt worden ist, und die wir schmerzlich seit 6000 Jahren gelebt haben. Es ist Zeit, dass wir diese Geschichte loslassen. Wir müssen uns nicht länger als unwürdig betrachten. Noch sollten wir uns als würdig sehen! Die ganze Frage, ob wir würdig sind oder nicht, ist überhaupt kein Thema. Wir sind einfach nur das, was wir sind! Gegenstand der Göttlichen Liebe und der Ausdruck der Göttlichen Liebe.

Wir sind Ausdruck der Einen Ewigen Liebe. Wir sind *eins mit allem, was ist.* Wir müssen einen Gott loslassen, dessen Zuwendung wir uns verdienen müssen. Wir müssen einen fernen Ort, genannt Himmel, den wir uns ebenfalls verdienen müssen, loslassen. Denn das Königreich Gottes ist in uns und ist immer schon in uns gewesen.

Wir müssen nur Liebe empfinden und uns geliebt fühlen.

Das Gesetz mit all seinen Regeln und Strafen für diejenigen, die diese Regeln übertreten, ist tot! (10)

Wenn wir in diesen Raum Göttlicher Liebe eintreten, wenn wir der Liebe erlauben, ihr Leben als uns zu leben, wenn wir der Liebe erlauben, unsere Natur zu sein..., werden alle Regeln automatisch erfüllt, allein dadurch, dass wir lieben und Liebe sind. Wir sind liebevoll und sind Liebe, wenn wir uns nicht verteidigen und keine Vergeltung üben müssen, wenn wir nicht mehr bekommen wollen als unser Nächster..., einzig und allein dadurch, dass wir lieben und *Liebe sind*; indem wir andere nicht nach ihrer äußeren Erscheinungsform beurteilen, indem wir unsere eigenen Handlungen und Gedanken nicht nach äußeren Erscheinungsformen beurteilen..., sondern indem wir wissen, dass wir die Dunkelheit, die wir sehen, nicht sind, und dass auch der Andere das nicht ist. Es ist nur Dunkelheit... nur Dunkelheit. Und diese Dunkelheit wird verschwinden, sobald wir uns in und als Liebe bewegen. In dem Moment, in dem wir wählen, statt einem sündigen Sterblichen den Anderen und uns selbst als Liebe zu sehen!

Wir müssen aufhören, dem Bösen Macht zu geben, zu handeln und zu sein. Es ist nur Dunkelheit. Ein Raum, den die Liebe füllen muss... und wir sind diese Liebe. Wenn wir also dastehen und im Angesicht des Dunklen *Liebe sind...*, geht die Dunkelheit. Sie kann in der Anwesenheit der Göttlichen Liebe nicht bleiben. Sogar die physische Erscheinung von Krankheit kann in der heiligen Präsenz der Liebe nicht bleiben.

Wir sind hierher gekommen, um die Dunkelheit wegzuschicken..., nicht um sie zu verurteilen.

Nicht um sie zu beherbergen... nicht um sie zu erlauben... aber auch nicht, um sie zu verdammen. Nur um sie wegzuschicken; indem wir wahrnehmen, dass es überall und in jedem nur Göttliches Leben und Göttliche Liebe gibt.

Wenn all dies nun gesagt ist, woher kommen dann Krankheiten und andere Übel? Von einem Missverständnis der Wahrheit. Wenn die Wahrheit nicht gesehen und verstanden wird, werden menschliche Doktrinen geschaffen!

Krankheit und alle anderen Manifestationen des Übels *sind einfach nur ein Platz oder Raum* (nur im Bewusstsein), *wo wir* (von einer verdunkelten menschlichen Wahrnehmung des Lebens) *noch nicht wahrgenommen haben, dass wir ein Teil des Einen Lebens sind.* Ist nicht alles menschliche Leiden ein Ort, an dem wir „geglaubt und geurteilt haben, dass das Böse existiert"? Ist es nicht wahr, dass wir, wenn wir in der Dunkelheit stehen, die Bilder, die wir sehen, aus unserer Vorstellung oder unseren Erfahrungen heraus interpretieren?

Ich erinnere mich an die Geschichte eines Mannes, der auf die Wohnung eines Freundes aufgepasst hatte, während jener für einige Zeit verreist war. Er wohnte auf der gegenüberliegenden Straßenseite, und so war es einfach für ihn, ein Auge auf die Sicherheit der Wohnung seines Freundes zu werfen. Eines Nachts sah er einen Mann auf der Straße, nahe der rückwärtigen Türe des Appartements, stehen! Der Mann trug einen Hut und einen Mantel und stand dort eine sehr lange Zeit mit den Händen in den Taschen. Dies beängstigte den Freund so sehr, dass er letztlich die Polizei anrief. Als die Polizei mit Blaulicht eintraf, konnte sie sofort und leicht sehen, dass das, was der Mann gesehen hatte, kein Übeltäter, sondern nur die Mülltonnen im dunklen Schatten des Mondes gewesen waren.

Von unserer Geburt an bis zu unserem Tode wird uns beigebracht,

Übel in Form von Krankheit zu fürchten, zu suchen und zu erwarten. Wir lernten, zu erwarten, dass der Körper bei der Erhaltung von Gesundheit und Energie im Alter versagen würde. Es wird uns gelehrt, in anderen Personen Böses zu sehen, vielleicht würden sie uns bestehlen oder übervorteilen wollen. Wir werden durch Lieder im Äther geplagt, die von Menschen erzählen, von denen wir abhängig sind, die uns enttäuscht, betrogen, verlassen oder zerstört, etc. haben. Wir haben Angst vor Unfällen, vor dem Wetter, vor der Veränderung der Jahreszeiten, vor Pflanzen, Bäumen, Blumen, Tieren und Insekten. Wir haben niemals genug und sind in ständiger Angst, auch das Bisschen noch zu verlieren, was wir haben. Wir schauen auf die menschlichen Erfahrungen vom Standpunkt des Todes aus. Dies ist der Schleier, von dem wir vorher bereits gesprochen haben.

Krankheit ist kein Feind..., sondern das antrainierte und angelernte menschliche Bewusstsein, das Übel erwartet. Das menschliche Bewusstsein, die gegenwärtige menschliche Bewusstheit, ist das Einzige, wovon wir befreit werden müssen. Wenn dies gereinigt ist, erscheint das Licht und die Herrlichkeit des Einen Lebens, und alle Dinge erscheinen anders. Deshalb hat Jesus immer wieder gesagt... „Richtet nicht!“ Ihr Urteilen kommt nur von dem, was Sie gelernt haben. Sie sehen das, was geglaubt wird! Sie haben bestimmt schon einmal das Sprichwort gehört: „Sehen ist Glauben“. Es müsste heißen: „Glauben ist Sehen!“

Wahrscheinlich ist folgendes die beste Definition menschlichen Bewusstseins:

„Ein eingebildeter und beliebter Glaube; mit dem landläufigen Strom der aktuellen tödlichen Gedanken fließen, ohne die Zuverlässigkeit, dessen Schlussfolgerung zu hinterfragen..., sodass wir das tun, was andere tun, das glauben, was andere glauben und das sagen, was andere sagen..., und somit das erfahren, was andere erfahren!“

Die Bibel hat ein nettes Wort für dieses Konzept. Wir haben bereits früher davon gesprochen. Es wird Babylon genannt und entstammt dem Ursprungswort „babbeln“. Es erscheint erstmals im Alten Testament in der Geschichte vom Turmbau zu Babel. (11) Die „gelehrten und brillanten Menschen jener Tage entschieden sich, einen Turm zu bauen, der den Himmel berühren sollte. Dies ist nichts anderes als all die religiösen Doktrinen und Traditionen der Menschen, die von Menschen geschaffen wurden, um „den Himmel zu erreichen" oder um die Segnungen zu erhalten, die sie suchten. Da dies keine Bemühung war, die ihren Ursprung in Gott hatte, versagte sie. Genauso, wie die moderne Religion und Wissenschaft versagt hat, uns mit der Freiheit von Krankheit oder mit einem wahren Wissen oder Verstehen der Ursache all dessen zu versorgen.

Man sagt, dass Gott sich das anschaute, was der Mensch aus seiner *Vorstellung* heraus geschaffen hatte (den Turm zu Babel), und dann entschied, „die Sprache und die Worte der Menschen durcheinander zu bringen, auf dass all ihre Worte und ihr Verstehen für immer verwirrt seien." Verwirrt, verwickelt und widersprüchlich! Also babbelnd! So ziemlich das, was wir all die Jahrhunderte hindurch gehört haben!

Wenn etwas nicht aus dem Geist des Lebens kommt, hat es einfach kein Leben in sich. Es kann kein Leben, Verstehen und keine Wahrheit hervorbringen. All die menschlichen Bemühungen, Gott zu erreichen und zu gefallen... die Versuche, Gottes Wohlwollen und Segnungen zu verdienen... sind babylonische Erfahrungen. Warum? Weil wir bereits Eins mit Gott sind, wenn wir das sind, was Er sagt, das wir seien, und weil wir es dann nicht nötig haben, zu versuchen, irgend etwas zu verdienen. Es zu *versuchen* bedeutet dann, die Wahrheit zu verleugnen und uns selbst getrennt und fern von unserem wahren Leben zu sehen.

Später wurden die Kinder Israels von den Babyloniern in Gefangenschaft genommen! Leider bleiben wir als *kollektives* menschliches Bewusstsein bis heute in der Gefangenschaft dieses menschlichen Bewusstseins. Aber es gibt das Versprechen, dass der Schleier gelüftet und Babylon gefallen ist. Wenn dies in unserer Erfahrung vollendet ist, bleibt der *volle Ausdruck des Geistes Gottes* übrig. *Wir leben das Leben nicht länger in Angst und Unwürdigkeit, sondern in Freude, Freiheit und andauernder Glückseligkeit.*

Adam und Eva hatten zwei Söhne, Kain und Abel. (12) Noch einmal, es macht keinen Unterschied, ob Sie dies wortwörtlich glauben oder als ein Gleichnis sehen. Diese beiden Söhne sind, symbolisch gesprochen, eine Erklärung der beiden Arten der Menschheit: der eine ist der natürliche Mensch, noch ohne Licht und Verständnis in seiner Seele geboren; der andere ist der Christus Gottes, der Ausdruck von alledem, was Gott ist.

Kain, der eine Trennung vom Geist oder Leben Gottes fühlt, arbeitete, um Gott zu gefallen und um sich angenommen zu fühlen. Es wird gesagt, er mühte sich ab im Schweiße seines Angesichtes und bestellte die Felder der Erde (seine Seele), um Früchte hervorzubringen, die Gottes würdig seien, damit er von Ihm akzeptiert würde. Gott jedoch wies Kains Opfer und Mühe zurück. Warum? Weil sie aus einem Geist stammten, der seine gegenwärtige Vollkommenheit und Einheit mit dem Geiste Gottes nicht sah. Deshalb versuchte er, diesen Graben durch menschliche Bemühungen zu überbrücken, um Gott zu gefallen. Ohne seine eigene gegenwärtige Würde zu erkennen, versuchte er, würdig zu werden. Dies wird uns nie in das Christusbewusstsein bringen, wie wir traurigerweise bereits seit 6000 Jahren sehen.

Abel andererseits symbolisiert die Seele des Menschen, die mit dem Leben Gottes als Einheit verknüpft ist. Abel opferte Gott ein Lamm..., und dieses Opfer wurde von Gott akzeptiert. Das Lamm steht immer für die Christusnatur. Es ist folgsam, fügsam und immer vollkommen vertrauend. Es verteidigt sich nicht, da es keinen Grund sieht, sich zu verteidigen. Das Bewusstsein seines eigenen Lebens verliert sich in der Einheit, die es mit seinem Hirten fühlt. Abel wusste, wer er war und woher er gekommen war.

Kain tötete seinen Bruder Abel aus Eifersucht. Dies symbolisiert die Generationen von Dunkelheit, welche die Erde bedecken würden, eine Zeit, in der es schien, als hätte das Böse jeglichen Sinn für die

Anwesenheit des Guten besiegt..., in welcher der Mensch keinerlei Verständnis über das Leben haben würde, das er lebt, noch darüber, wer er ist. Der dritte Sohn Adams und Evas, Seth, symbolisiert das Kommen einer „neuen Schöpfung“, das vor 2000 Jahren offenbart wurde..., der Mensch in vollem Bewusstsein seines Erbes und seiner Stärke. Der Mensch, der erkennt, dass er nichts tun muss, um dies zu verdienen oder zu erreichen, da er bereits das ist, was er in Wahrheit ist... eine neue Schöpfung.

Die nicht zu leugnende Wahrheit ist, dass sich nichts, was ewig ist, verändern kann. Wir können glauben, dass wir zerbrechlich, der Krankheit und untolerierbarem Leiden ausgeliefert sind. Wir können denen zuhören, die dies lehren, um dann die Wahrheit Gottes zu verändern, damit wir in deren Doktrinen hineinpassen. Wir können den Altar der modernen Wissenschaft und Medizin verehren, der bezeugt, dass wir nur aus der Materie stammen und deshalb Gegenstand all der auftretenden Krankheiten sind. Wir können glauben, dass wir unter dem Gesetz des Zufalls, einem Glücksspiel, stehen. All dies werden wir dann erfahren. Aber nicht, weil es die unveränderliche Wahrheit Gottes und die unsere nach Seinem Bilde ist, die Seine Herrlichkeit manifestiert, sondern weil wir sehen und denken, dass es so sei.

In der bewussten Wahrnehmung zu leben, das Eine Leben zu sein, untrennbar und makellos..., *ist* das Gesetz des Geistes des Lebens, Der uns vom Gesetz der Sünde, der Krankheit und des Todes befreit.

Neue Geschöpfe in Christus

Eines Tages, als ich ungefähr 26 Jahre alt und 8 Jahre lang eine massive Raucherin gewesen bin, fühlte ich stark, dass es Zeit für mich sei, diese Angewohnheit zu beenden. Ich quälte mich mit dem Glaubenssatz, dass diese Angewohnheit „mich hatte“. Ich glaubte in meinem Herzen und in meiner Seele, dass ich Sklavin dieser Zigaretten sei, und dass es ein Wunder brauchte, mich zum Aufhören zu bringen. Es ist unnötig zu sagen, dass ich mich mit solch einem Gedankenmuster zum Versagen programmiert hatte. Je mehr Macht und Energie ich diesem Gedanken gab, umso größer wurde der Kampf für mich. Sehr bald hatte ich in meinem Geist einen Berg von der Größe des Mount Everest zu überwinden.

Täglich versuchte ich, das Rauchen aufzuhören. Ich warf mehr Packungen Zigaretten weg als ich zählen konnte, aber jedes Mal kurz nachdem ich eine geraucht hatte. Als ich das nächste Mal das Bedürfnis nach einer Zigarette verspürte, waren sie weg. Dann, in heillosem Versagen, fuhr ich in einen Laden, um eine neue Packung zu kaufen. Manchmal warf ich sie aus dem Autofenster hinaus und fand mich Stunden später im hohen Gras an der Straßenseite stöbernd wieder, um meine verlorenen Zigaretten zu suchen. Unterlegen und verdammt schrie und betete ich zu Gott, damit Er mir mein Bedürfnis nach Zigaretten nehmen würde. Letzten Endes geschah es! Jedes Mal, wenn ich zu rauchen begann, fühlte ich mich, als müsse ich erbrechen. Die Unannehmlichkeit der Übelkeit war größer als der Genuss einer Zigarette, und so hörte ich sehr bald mit dem Rauchen auf.

Aber einige Wochen später, als ein menschliches Drama sich um mein Leben gewickelt hatte, begann ich von neuem. Ich denke, ich glaubte, das Rauchen würde mir helfen, darüber hinwegzukommen. Nun war ich wirklich verdammt! Zuerst hatte Gott mich davon befreit, und nun war ich rückfällig geworden! Bestimmt würde Er mich völlig entrüstet verlassen, damit ich das Problem diesmal selbst lösen würde! (Dies war mein armseliger Glaube über die Strenge der Natur Gottes.)

Eines Tages schließlich, als ich mit einer Zigarette in der Hand, ein Bein über die Lehne hängend, in meinem dick gepolsterten Sessel saß und meine Bibel las, stieß ich auf eine Schriftstelle im 2. Brief an die Korinther Kapitel 5, Vers 17. Dort stand: „Gehört jemand zu Christus, dann ist er ein neues Geschöpf. Was vorher war, ist vergangen, etwas Neues hat begonnen... und all dies verdanken wir Gott." Dies traf mich wie ein Blitz. Wenn ich wirklich ein neues Geschöpf in Christus war und all das, was zu dem alten gehörte, vergangen war, würde dieses neue Geschöpf rauchen? Hat dieses neue Geschöpf jemals geraucht? Wenn dieses neue Geschöpf nicht mit solch einer Gewohnheit beginnen würde und dies niemals getan hat, schloss ich, warum sollte ich jetzt damit anfangen wollen? Ich machte die Zigarette aus, legte sie weg und rührte nie mehr einen Glimmstängel an. Während der nächsten Tage wiederholte ich diese Fragen für mich selbst, und das Bedürfnis verschwand. Würde dieses Leben Christi ein solches Bedürfnis haben?

Jahre später gab es eine Situation, in der ich mich wieder an diese Wahrheit erinnerte. Als ich gerade mein Examen als Kinderkrankenschwester auf einer Intensivstation abgeschlossen hatte, steckte ich mehrere Stunden mit einem gerade an einem angeborenen Herzfehler verstorbenen Neugeborenen in einem Aufzug fest. Seit dieser Erfahrung betrat ich nie wieder alleine einen Aufzug. Ich entwickelte eine paralysierende Angst, darin eingesperrt und allein zu sein. Es machte mir nichts aus, 15 bis 20 Treppenabschnitte hinaufzugehen, um den Lift zu vermeiden. 30 Jahre später wollte ich eine Sauerstofftherapie machen, was bedeutete, dass ich allein in die Kammer klettern und dort bei verschlossener Tür 2 Stunden ausharren musste. Meiner Geschichte wegen wusste ich, dass ich mir selbst etwas vormachte, wenn ich dachte, ich könnte dies aushalten.

Plötzlich wurde ich auf solch eine dominante Angst wütend. Ich richtete mich innerlich auf und erklärte laut mit all der Kraft des Christuslebens und der Kraft des Wortes: „Ich willige nicht in diese unsinnige Angst ein!" Sofort erschien ein sehr zynischer und stichelnder Gedanke, der sagte: „Warum nicht? Du hast mir doch immer deine Zustimmung gegeben?" Zuerst dachte ich, diese Angst hätte mich wieder, dann jedoch wusste ich, dass das Wahre Ich, das Ewige, Göttliche Leben Gottes, solch einem Unsinn niemals seine Zustimmung gegeben hatte, und in dem Moment, als ich das mit aller Bewusstheit von Unendlichkeit hinter jenen Worten gesagt hatte, verschwand die Angst.

Zwanzig Minuten später und ohne Sorge und Unruhe betrat ich die Kammer, ließ die Tür verriegeln und blieb während der gesamten Behandlung in vollkommenem Frieden.

Sie sehen, solange ich der Angst einen Grund für ihre Anwesenheit gegeben hatte, war sie geblieben. Solange ich ihr eine Geschichte gegeben hatte, wie die meiner Erfahrung mit dem Baby, war sie geblieben. Erst als ich aufhörte, mich als Sterbliche mit dem Drama zu identifizieren und begann, meine Identität als das Ewige Leben Christi zu erkennen... wissend, dass dieses Leben niemals solch hysterische Ängste unterhalten würde..., geschah die Heilung oder die Korrektur.

Wir können dies in Bezug auf die Gesundheit und Ganzheit unseres Lebens und unseres Körpers anwenden, indem wir uns erinnern, dass wir „in Christus" sind. Wenn dem so ist, können wir solch einen anerzogenen hysterischen Wahnsinn wie Krankheit nicht wirklicher erfahren als ein Elefant fliegen kann! Wir haben ignoranterweise solch einer Tragödie unsere Einwilligung gegeben, dies jedoch kann im jetzigen Moment aufhören. Wenn wir solchen Glaubensmustern unsere Zustimmung entziehen, wenn wir die Wahrheit unseres Seins kennen und erklären, „eingebettet in Christus, in Gott (1), können wir uns letzten Endes frei fühlen von den widrigen Auswirkungen der Verwirrung und den verwickelten Gedanken des menschlichen Glaubenssystems. All dies und die Ignoranz der Wahrheit gegenüber kann uns nicht mehr regieren. Wir ehren Gott, wenn wir die Wahrheit Seiner von Ihm geschaffenen Schöpfung und das Gesetz des Geistes Seines Einen Lebens ehren. Wir ehren Gott, wenn wir wissen, dass wir ein Teil dieser neuen Schöpfung in Christus sind, in der alles von Gott (gut) ist.

Im 2. Brief an die Korinther, Kapitel 5, lesen wir weiter: Wenn wir diese neue Schöpfung sind, würden wir „keinen Menschen, nicht einmal Jesus, nach dem Fleische..., sondern alle Menschen als diese neue Kreatur, Christus, erkennen müssen." Weiter sehen wir, dass es der Zweck unseres Erscheinens als der Christus ist, „die Welt wieder mit der Wahrheit, mit der wahren Natur Gottes und mit ihrem Platz in Christus zu vereinen... indem wir ihre Übertretungen nicht anrechnen!" Indem wir uns überhaupt nicht um ihre Sünden und Übertretungen kümmern..., ohne Urteil, ohne Verdammung, ohne Grund zu leiden, um eine Schuld der Sünde zu sühnen... sondern indem wir sie stattdessen „nicht nach dem Fleische beurteilen." Dies bedeutet, dass wir mit der Welt so umgehen, als sei alles in dem Einen Leben enthalten, welches sich als der Eine Geist manifestiert. Wenn wir das sehen, wird sie darauf reagieren und anfangen, dies zu fühlen und es selbst zu wissen. Wie viel besser ist es doch, die Welt mit der Wahrheit zurück zu verbinden und die Wahrheit darüber, wer sie ist, zu beteuern, als sie dem Leiden für ihre Übertretungen auszuliefern.

Was ist Christus?

Nehmen Sie zur Kenntnis, dass die Frage hier nicht ist, *wer* Christus ist, sondern *was* Christus ist. Die wörtliche Definition ist „der sichtbare Ausdruck des unsichtbaren Gottes". (1) Wo immer Gott, Liebe oder Leben offenbart, manifestiert oder erklärt wird..., ist das der Christus, der sichtbare Ausdruck dessen, was unsichtbar ist. Deshalb wird Jesus der Christus genannt. Er erlaubte dem unsichtbaren Gott, Sich selbst *als* sein Leben auszudrücken. Er verstand, drückte aus und lehrte, dass dies der Weg aller Menschen sei. Er nannte uns Kinder des Lichtes und erklärte den Reichtum unseres Erbes im Christusleben. Er sah dies überall und in jedem, den er traf. Er erhöhte den Menschen aus dem armseligen Bild seiner selbst in die herrliche Freiheit des Sohnes und Bildnis Gottes.

Christus ist nicht nur eine Person, sondern Er ist, wo und wann immer die Ewige Schönheit und Vollkommenheit offenbart wird. Denn alle Dinge haben ihre Quelle und ihren Ursprung in dem Einen Leben.

Nun, da Sie das neue Abkommen verstehen, können Sie verstehen, warum gesagt wird, dass Sie „in Christus" sind. Sie sind eine Manifestation aller Attribute und Charakteristika des Ewigen, wenn Sie diese Wahrheit akzeptieren. Dies ist es, was Gott sieht. Das ist es, was Jesus sah, als er die Tausende heilte und erklärte, dass Krankheit und Leiden keine notwendigen Übel sind.

Wenn Sie das akzeptieren, was Jesus verkündete, werden Sie dessen Nutzen genießen. Wenn Sie es nicht akzeptieren, sind Sie noch immer das, was Sie sind, doch Sie gleichen dem Mann, der sich wünschte, ein schönes Land zu sehen, der davon sprach und alles las, was es darüber zu lesen gab..., der fast fühlte, als hätte er es bereits gesehen..., der jedoch niemals dort gewesen ist. Es ist ein riesiger Unterschied, ob wir an etwas denken oder es wirklich erfahren.

Uns wird gesagt, dass wir „neue Geschöpfe in Christus" sind. Es wird uns gesagt, dass all das Alte vorbei ist und all das Neue gekommen ist. Es wird uns gesagt, dass von nun an alles von Gott kommt. Dies ist nicht etwas, was geschehen wird..., dies ist etwas, was geschehen *ist.* Es wird Zeit, aufzuhören, nach vorne zu blicken und zu warten, dass es geschehen wird. Stattdessen sollten wir glauben, dass es jetzt da ist und in diese Erfahrung eintreten. Das ist die lang ersehnte „Wiederkehr Jesu Christi", „die denen widerfahren wird, die auf Ihn schauen... ohne Sünde bis zur Rettung." (2) Sein Erscheinen geschieht in und durch Seinen Körper, durch den Körper, der Sie sind!

Wie treten wir ein? „Diejenigen, die *vom Geist Gottes geleitet sind*, sollen Söhne Gottes genannt werden." (3) Wenn wir erkennen, dass unser Leben nicht „unser Eigentum" ist, sondern dass wir zu einem bestimmten Zweck hier sind, ist dies der Anfang des „Eintretens". Das wird uns veranlassen, jeglichen extremen Sinn für eine persönliche Verantwortung unseren Körpern und den Entscheidungen, die wir im Leben treffen müssen, gegenüber, aufzugeben. Wir werden das Lebensgefühl haben, ein Ausdruck des Einen Lebens zu sein, und wenn dann Entscheidungen getroffen werden müssen, werden wir eine Pause einlegen können, um nach Rat, Weisheit und Führung zu fragen... und wissen, dass wir dies alles bekommen werden. Wir werden nicht länger ein persönlicher Besitzer von vielen Dingen, sondern ein Verwalter all dieser Dinge sein. Wir werden nur die Natur Gottes besitzen, die alles beinhaltet. Im 44. Kapitel im Buch Hesekiel lesen wir: „*Ich bin* ihr Erbe und *Ich bin* ihr Besitz." Können Sie sich solche Worte aus dem Munde Gottes vorstellen? „*Ich bin* ihr Erbe und *Ich bin* ihr Besitz." Dass wir Gott gehören, ist unumstritten, aber zu wissen, dass das Leben Gottes mit all Seiner Güte, Großzügigkeit, Weisheit, Klarheit, Harmonie und Gesundheit *uns gehört*!

Das ist die Entwicklung des Christusbewusstseins. Es ist die Bedeutung von „in Christus sein". Dies vollständig zu umarmen als wer und was wir sind, braucht ein radikales Vertrauen in die Wahrheit... und eine absolute Ablehnung all dessen, was als deren Gegenteil erscheint. Um dies zu tun, müssen wir mit einem Herzen voll des Verlangens, einzig und allein die Wahrheit des Geistes und des Herzens Gottes zu kennen, in der Stille warten. Zu lange Zeit haben wir uns bereits am menschlichen „Wissen“ orientiert. Nun müssen wir anfangen, die verborgenen Dinge Gottes und die Wahrheit unserer Einheit in und als der Christus Gottes zu suchen. Dies geschieht durch Offenbarung, und Offenbarung kommt durch Verlangen. Und das ist frei verfügbar für alle Menschen.

Vierter Teil: Einführung

Es ist wohl sehr schwer verständlich, wie im folgenden Teil die von Menschen gemachten Doktrinen betreffs Quelle und Ursprung des Bösen aufgliedert werden, indem berichtet wird, wie und wo alles begonnen hat. Dieser Teil untersucht, was wir über das Böse als die wahre Natur aller Menschen gehört haben. Er deckt unsere gegenwärtigen Glaubensmuster über die Macht des Bösen auf und verweist uns dann auf deren Gegensatz, auf das, was wir über die Natur Gottes und speziell über Seine Omnipotenz (allgegenwärtige Macht) wissen.

Hier betrachten wir die Frage der Sünde, des Urteilens, sowie die *Unschuld* der menschlichen wahren und ursprünglichen Natur. Und wenn diese Natur unschuldig ist, dann bedeutet das, dass sie der Strafe unwürdig und nicht dem Einfluss des Bösen ausgeliefert ist.

Von alledem, was ich verstanden und gelehrt habe, haben die Antworten auf diese Fragen, mehr als alles andere, einige der stärksten Reaktionen traditioneller religiöser Theoretiker ausgelöst. Da ich selbst einmal an ihrer Stelle gestanden habe, kann ich ihr Unwohlsein sicherlich verstehen.

Trotz allem freue ich mich mit einem zuversichtlichen Herzen auf den Tag, an dem alle ehrlichen Sucher der Wahrheit dies gemeinsam umarmen werden. Denn wenn das Licht dieses Verstehens in den Herzen der Menschheit zum Ausbruch kommen wird, werden wir im „neuen Himmel und auf der neuen Erde“ leben, wie Johannes geschrieben hat. An einem Platz, der frei von dem Leiden ist, das wir jetzt überall um uns herum sehen. Dieser Ort ist uns immer schon zugänglich gewesen, aber wie alles, was sich als illusorisch und unmöglich erreichbar herausgestellt hat, merken wir, dass wir in die falsche Richtung geschaut haben, um ihn zu sehen. Nun vereinen wir uns glücklich mit all denen, deren Leidenschaft für die Wahrheit und deren Mut, wieder zu sehen, es ihnen ermöglicht hat, ihren Weg auf diese Ebene der Existenz zu finden.

Omnipotenz versus die Macht des Bösen – Die Wurzel des Bösen prüfen

Wenn wir die Wurzel des Bösen untersuchen, müssen wir nicht nur alle Aspekte der menschlichen und religiösen Gedanken betrachten, sondern auch die Göttliche Natur. Denn Gott ist der Schöpfer von allem und die einzige Macht und Quelle, die wirklich existiert.

Dies kann ein sehr verwirrendes Thema sein, da es viele gegensätzlichen Theorien über die Quelle des Bösen gegeben hat, die von der Menschheit weiter entwickelt worden sind. Da gibt es die Theoretiker, die behaupten, physische Gründe seien die Wurzel aller körperlichen Manifestationen. Für diese Leute hat Krankheit physische Ursachen. Diese Theorien bewirken, dass wir Angst vor unserer Umwelt, unseren genetischen Anlagen und unseren Körpern haben. Diese Art, das Leben zu sehen, hält uns im Gesetz des Zufalls gefangen und bewirkt, dass wir generell Angst vor dem Leben haben. Diese Geisteshaltung muss für jedes Niesen einen Grund finden! In diesem Paradigma wird das Konzept eines souveränen Gottes, Der über uns wacht, Der unsere Schritte ordnet, Der unser Beschützer und unser ganzes Leben ist, abgelehnt.

Um diese Verwirrung zu klären, müssen wir uns mit Religion befassen. Ja, es wird gesagt, Gott sei souverän und würde unsere Schritte ordnen, aber da wir eine sündige Natur und die Neigung haben, Gott anzugreifen, wird Er uns in „Versuchungen“ und Prüfungen führen. Dies soll zu unserem eigenen Besten sein, um uns zu korrigieren, zu bestrafen und zur Umkehr zu bewegen.

Dass uns diese „gottgewollten“ Versuchungen und Prüfungen manchmal umbringen, ist ein Geheimnis. Und dass sie trotz all unserer Tränen und Gebete der Reue manchmal erbarmungslos andauern, ist ebenfalls ein Geheimnis. Dass dieses „notwendige Leiden“ unschuldige Babys genauso trifft wie „sündige Erwachsene“, überfordert unseren Geist und zeigt auf einen Gott, Der herzlos ohne Ende ist... Der gefürchtet werden muss, und Dem man aus Angst dienen muss. Die Vorstellung eines Gottes, Der Liebe ist, ist mit diesem bestehenden religiösen Konzept eines Gottes, Der das Böse für seinen Endsieg benutzt, unvereinbar.

Wir alle haben gehört, dass Gott den Menschen nach Seinem Bilde und Sich selbst ähnlich, also vollkommen und ewig, erschaffen hat. Das wäre ein Mensch voller Weisheit, Verständnis, Wissen und Macht. Er würde dann natürlicherweise all die Güte und Intelligenz seines Schöpfers manifestieren. Er wäre kein Gegenstand von Veränderung, Zerstörung oder Schaden. Jedoch auf diese unwandelbare Tatsache ewiger Existenz hat die Religion einen Menschen gesetzt, der Gott ungehorsam und Versuchungen ausgesetzt ist, und der deshalb seine Göttliche Natur verliert. Dies berechtigt Gott, Übel in das Leben Seiner geliebten Menschen zu schicken.

Wenn wir weiter nach dem Ursprung des Bösen suchen, wird uns erzählt, dass es auch noch einen anderen Aspekt von Gottes Schöpfung gibt, der gegen Ihn rebellierte und zu Seinem Feind geworden ist. Diese Engel wollen Gottes gesamte Schöpfung zerstören, und infolgedessen gibt es auf der Erde einen ewigen Kampf zwischen guten und bösen Kräften.

Wenn wir noch tiefer in den Treibsand einer Doktrin einsinken, haben wir keine Erklärung dafür, warum Gott möglicherweise solche Kreaturen potentieller Rebellion und Zerstörung erschaffen haben soll. Wenn es wahr ist, dass „jeder Samen seine eigene Art reproduziert“, macht dies dann nicht Gott ebenfalls rebellisch und selbstzerstörerisch?

Dem ganzen Schlamassel haben wir auch noch die Doktrin des eigenen Willens beigefügt. Menschen und Engel haben ihren eigenen Willen. Aber wenn jeder Aspekt des Menschen einzig und allein der Ausdruck und die Manifestation des Göttlichen Geistes ist, wie könnte dieser Geist dann gegen sich selbst rebellieren?

An diesem Punkt hat die Religion nun Atheisten und Agnostiker hervorgebracht... und wer kann es ihnen verdenken? Entweder ist das ganze Konzept von Gott eine Farce, oder der Mensch hat alles falsch verstanden.

Eine Sache habe ich mit Sicherheit auf meiner Suche nach Klarheit herausgefunden, und das ist, dass uns kein Mensch die Wahrheit lehren kann. Sie ist etwas, was jeder für sich selbst herausfinden muss. Wenn wir es richtig verstehen wollen, tun wir gut daran, keine Menschen, Wissenschaft oder Religion um Rat zu fragen. Wir werden von dieser absoluten Wahrheit getröstet... „Ihr habt es nicht nötig, dass euch irgendein Mensch lehrt, denn der Geist der Wahrheit wird euch in aller Wahrheit leiten und führen." (1) Jeder von uns muss von Gott allein lernen. Nur der Göttliche Geist kann uns über Sich selbst unterweisen.

Wir waren alle wie „Schafe, die zur Schlachtbank geführt werden", aber wir selbst haben erlaubt, dass dies geschehen konnte. Es ist viel leichter, den menschlichen Doktrinen zu folgen, als selbst nach der Wahrheit zu suchen. Aber erinnern wir uns an die Worte unseres Schöpfers: „Dies ist Ewiges Leben, auf dass sie mich *kennen* und Jesus Christus, den ich gesandt habe." (2) „Kennen" bedeutet „Eins" zu werden mit etwas, mit jemandem intim bekannt zu sein. Dies kann nur durch eine persönliche Beziehung geschehen, welche Kommunikation und Zeit erfordert. Bisher wissen die meisten von uns etwas *über* Gott, aber es ist ein riesiger Unterschied, ob wir etwas über jemanden wissen, oder ob wir ihn persönlich kennen. Jemanden zu kennen und zu lieben bedeutet, sein Herz, seine Gedanken, die ihn motivierenden Absichten, das, was ihn bewegt und was er liebt, zu kennen. Es ist möglich und wünschenswert, Gott bis zu diesem Grad zu kennen. Jesus sagte, der Unterschied zwischen einem Diener und einem Sohn ist der, dass der Sohn weiß, was der Vater macht und ein lebendiger Teil dieses Vorhabens geworden ist. Das ist der einzige Weg, um sich von den kalten, harten Doktrinen der Menschen zu befreien, welche nur dazu dienen, die Menschheit voneinander zu trennen. Doktrinen, die verursachen, dass die Leute aus den Armen ihres

Schöpfers fliehen. Es ist dieser Platz in Ihrem Herzen, der Ihnen erlaubt, das Herz Gottes zu hören und die Wahrheit zu erkennen.

Was ist nun dieses Phänomen, genannt Übel? Kann das, was wir all die Jahrhunderte hindurch gehört haben, herausgefordert werden, und kann die Wahrheit letztlich hervortreten? Und wie wird sich diese reine Wahrheit auf die Menschheit auswirken in diesem endlosen Kampf zwischen Gut und Böse, Gesundheit und Krankheit, Frieden und Hass, gutem Wohlstand und starker Armut?

Wie viele Menschen verbrachte ich die meisten Jahre meines Lebens damit, das Übel zu bekämpfen, wann immer es aufgetreten ist. Krankheit war für mich das schlimmste Übel, und ich bekämpfte es auf allen Ebenen, mit allen mir zur Verfügung stehenden Mitteln. Ich begann mit all den aggressiven medizinischen Maßnahmen, und als dies zu eingreifend und destruktiv wurde, wechselte ich zu alternativen Therapien. Obwohl diese bezüglich der Einsichten und Ergebnisse wesentlich besser waren, konnten sie noch immer nicht das Bewusstsein von Verletzbarkeit durch Krankheit und Zerstörung verändern. Damit meine ich, sie konnten niemanden vor der Angst vor Krankheit fernhalten oder die generelle Erwartung der Möglichkeit, krank zu werden, entfernen. Wir waren immer noch Opfer von alledem, was auftreten würde.

Während all dieser Erfahrungen betete ich ständig um Klarheit und Führung, hauptsächlich, um die Bedeutung all der Qual und Sklaverei durch das Übel zu verstehen. Ich betete zu Gott, Den ich für eine Kraft, stärker als die Macht des Übels, hielt, welche eingreifen und besiegen konnte, was immer die Menschen überwältigt hatte. Allzu oft hatten die Gebete nicht den erwünschten Effekt. Was ging schief? Wo war mein Fehler?

Auch die wachsende Zahl von Menschen, die Befreiung von Krankheit brauchten, war erstaunlich, sie kamen und kamen! Es war physisch nicht möglich, den Bedürfnissen und der Nachfrage nachzukommen. Ich wunderte mich täglich darüber, wie Jesus es schaffte, die Massen zu erreichen, die jeden Tag zu ihm gekommen waren.

Dann kam die Idee der Omnipotenz. Gott ist gut, und Gott ist omnipotent. Das Wort bedeutet im wörtlichen Sinne „eine Kraft“. Eine Quelle der Kraft. Da das Gute und das Böse nicht gleichzeitig von ein und derselben Quelle kommen können und Gott gut und der einzige Schöpfer ist, woher kommt dann das Böse, und woher bezieht es seine Macht? „Fließt denn aus einer Quelle gleichzeitig frisches und ungenießbares Wasser? Kann man Oliven von Feigenbäumen pflücken? Ebenso wenig kann man aus einer salzigen Quelle frisches Wasser schöpfen.“ (3)

„Ich bin der Herr, Ich bin Er. Es gibt keinen anderen. Ich bin der Erste und der Letzte. Ich teile meine Kraft mit keinem.“ (4)

Wir haben dem Bösen genauso viel Macht gegeben wie dem Guten. Die meisten halten das Böse für mächtiger als das Gute. Dann gibt es zwei Mächte, die manchmal miteinander im Konflikt stehen, die aber andererseits zusammenarbeiten, um das gleiche Ziel zu erreichen. Einige sehen Gott und den Teufel (engl.: Teufel= devil; d-evil, das Böse) persönlich kämpfen, mit der Menschheit in deren Mitte gefangen. Einige sehen Gott und Teufel (d-evil) gemeinsam auf das gleiche Ziel hinarbeiten ... auf unser Wachstum oder unsere Korrektur. Nach dieser Doktrin benutzt Gott den Teufel zu Seinem Zweck. Einige sehen den Teufel als einen Feind Gottes, andere als einen Diener Gottes. Genug, um zu sagen, dass dies alles sehr verwirrend und widersprüchlich ist, da es sich überall um menschliche Doktrinen handelt.

Erinnern Sie sich, es wurde uns gesagt, dass wir uns an dem Tag dem Tod öffneten, an dem wir das Wissen von Gut und Böse bekommen (absorbieren, verinnerlichen) würden. Krankheit und Leiden ist Tod. Krieg und Armut ist Tod. Der Tod hat viele Gesichter. Er ist das Gegenteil von Leben. Genauso wie das Wort *live* (Leben) rückwärts gesprochen *evil* (das Übel) heißt, so ist jegliche Akzeptanz von Übel als eine Kraft oder Macht ein rückwärts führender Weg, das Leben zu betrachten, der den Tod zur Folge hat.

Würde Gott das Böse als eine Macht anerkennen, dann würde Er genau das tun, was Er uns angeordnet hat nicht zu tun. Er würde am Kennen zweier gegensätzlicher sich bekämpfender Mächte teilhaben.

Wenn das Böse eine Person oder ein Wesen ist, dann ist es von Gott erschaffen... und die Natur der Sache, die erschaffen wurde, muss den Schöpfer Selbst reflektieren. Dies macht Gott gleichzeitig gut und böse.

Lassen Sie uns nun einmal das Böse von einer vollkommen anderen Perspektive betrachten. Nicht als eine Person oder eine geschaffene Wesenheit... lassen Sie uns das Übel einfach als „Dunkelheit in unserem Verstehen“ bezeichnen und uns daran erinnern, *dass alles, was geschieht, mit einem Gedanken beginnt.* Da die sichtbare Welt das Ergebnis der unsichtbaren Welt der Gedanken und Vorstellungen ist... sind Erscheinungen von Übel das Ergebnis von Orten in unserem Geist, in denen wir noch nicht die Wahrheit und das Licht erfahren haben. Gleichzeitig erlauben wir der Dunkelheit, die unseren Geist regiert, alle Arten von eingebildetem Horror zu kreieren. (Als Kinder haben wir alle schon einmal einen dunklen Raum betreten und uns aus Angst vor Dunkelheit (unbewusst) eingebildet, dass es an jenem Platz alle möglichen bösen Dinge geben soll.)

Zurück zu den Ideen der Religion. Der wahre Ursprung des Bösen ist die Dunkelheit, die wir wahrnehmen, weil wir Bilder eines strafenden, zornigen Gottes in uns tragen und demzufolge meinen, wir würden es verdienen, solches Leid zu empfangen. Dieses Gottesbild kreiert das Übel, das wir fürchten!

Da die Bilder von Angst und Verlassenwerden durch Gott und von unserer Unwürdigkeit in Seinen Augen unsere Herzen und unseren Geist regieren, beginnen wir als kollektives menschliches Bewusstsein, eifrig das Gefühl der Verletzbarkeit durch Leiden zu erfahren.

Wir haben uns so sehr daran gewöhnt, die höchst störenden, schmerzhaften Erfahrungen in unserem Leben zu akzeptieren und sie der Liebe Gottes zuzuschreiben. Die Religion hat uns dies gelehrt. Zuerst akzeptieren wir die Folgen des Übels, dann erklären wir, Gott habe gewusst, dass wir diese Erfahrung gebraucht hätten, und dass Er sie uns deshalb in Liebe geschickt hat. Das praktizieren wir seit so langer Zeit, dass wir uns eingeprägt haben, schreckliche Situationen anzuschauen und „einen guten Grund für ihr Bestehen“ zu finden. Wir nennen das Böse einen Akt der Liebe. Müssen wir uns noch darüber wundern, dass wir keine Ahnung davon haben, was die Erfahrung wirklicher Göttlicher Liebe in unseren Leben bedeuten mag?

Ich habe eine ganz liebe Freundin, deren 3-jährige Tochter bei einem Autounfall ums Leben gekommen war. Vor seinem Tod lag das Kind ein Jahr im Koma. Diese Erfahrung brach das Mutterherz der Frau, wie nichts anderes es hätte brechen können. Sie zerriss auch das Herz des Vaters. Sie verletzte die Empfindsamkeit der Großeltern so stark, dass sie nicht mehr über das Kind sprechen konnten. Nun, vom ersten Mal an, als mir die Mutter die Geschichte erzählt hatte, sagte sie, dass Gott dies benutzen würde, um ihr Herz zu erweichen und um die sprichwörtliche Härte des menschlichen Herzens zu durchbrechen.

Hier also meine Frage: Wer erschuf ihr Herz hart, nur um zu einem späteren Zeitpunkt Schmerz schicken zu müssen, um es wiederherzustellen? Wer sagte, dass sie den Schmerz brauchen würde? Die Religion sagt das. Deshalb hatte sie dieses Übel jahrelang so angenommen, als hätte es einen „guten und notwendigen Grund“, und akzeptierte es damit als gut. Sie glaubte, dies sei die „Liebe Gottes“ ihr gegenüber ... und verwechselte starkes Leiden mit Liebe, so wie alle religiösen Anschauungen es tun. So lange, bis wir aufhören zu versuchen, für Tragödien einen „religiösen und sinnvollen Grund“ zu finden, und bevor wir sie nicht als das benennen, was sie wirklich sind, nämlich das Ergebnis des Glaubens an eine Macht des Bösen..., werden wir sie weiterhin erfahren. Diese Art, über das Übel, über das Leid und die Liebe Gottes zu argumentieren, höre ich nun seit vierzig Jahren, und es ist an der Zeit, dass jemand aufsteht, um die Liebe zu definieren und zu schützen. Solange wir das tun, werden wir das Übel akzeptieren und als gut bezeichnen.

Betrachten Sie das Wort Teufel (devil) einfach als *„ans Übel (evil)* *glauben"*, als den Glauben an zwei gegensätzliche Mächte, *und dass wir uns deshalb der Erfahrung dessen öffnen, was wir in unseren Gedanken festhalten.*

Ich benutze das Wort „wir", das sich auf das kollektive menschliche Bewusstsein bezieht ... Wir haben nicht nur den Gedanken an das Übel erlaubt, wir haben der Macht des Übels einen Altar gebaut und fürchten seine Auswirkungen in unserem Leben mehr als die Macht Gottes (des Guten).

Ist Dunkelheit eine Macht, oder ist sie einfach nur die Abwesenheit von Licht ... da Licht die Quelle von Kraft oder Energie ist?

Ist Kälte eine Macht oder ist sie einfach die Abwesenheit von Hitze ... da Hitze die Quelle von Kraft und Energie ist?

Sind Unfälle eine Macht oder sind sie einfach das Fehlen des ausschließlichen Blickens auf die Göttliche Ordnung und Harmonie, welche die Schöpfung regiert?

Ist Krankheit (dis-ease) eine Macht oder ist sie einfach der Glaube an die Abwesenheit von Ordnung und Intelligenz innerhalb des Körpers ... da Göttliche Ordnung und Unendliche Intelligenz die Kraft- oder Energiequelle ist?

Ist das Böse eine Macht oder einfach ein Glaube an die Abwesenheit des Guten ... da Gott die einzige Macht oder Energiequelle ist?

Wenn das Übel keine Macht ist, woher kommt dann seine zerstörerische Natur? Kommt sie nicht aus unserem Glauben in ihre vermeintliche Macht, aus unserer anerzogenen Furcht vor ihr? Können wir erkennen, dass das Übel, wenn es keine Macht darstellt und somit nicht aggressiv sein kann ... nicht verletzen oder Schaden zufügen kann?

Warum fühlen wir dann seine Auswirkungen?

Weil wir Gott nicht als die einzige Macht anerkennen.

Und weil wir Gott nicht als ausschließlich gut sehen.

Deshalb geben wir den Vorschlägen des Übels, wenn sie in unserem

Leben auftreten, den Platz und Raum, der nur Gott gehört.

Der Moment, in dem wir die Güte und Wohltätigkeit Gottes als größer als das in Erscheinung tretende Übel erachten, ist der Zeitpunkt, zu dem das Übel verschwinden wird.

Einfach so, wie die Dunkelheit verschwindet, sobald wir das Licht anzünden.

Wenn wir vom letzten Fall des Bösen auf die Erde sprechen, steht in Jesaja 14: „Zu Boden wurdest du geschmettert, der du die Nationen schwächtest. Denn du hast dir in deinem Herzen gesagt: „Ich will aufsteigen über die Wolken. Ich will dem Höchsten Gott gleich sein." Nun sollst du hinunter in die Hölle geworfen werden. Wer dich sieht, soll dich anstarren und sagen: „Ist es *dies*, was die Welt in eine Wildnis verwandelt und die Städte zerstreut hat?

An jenem Tag soll das Böse als das „Nichts" erscheinen, das es wirklich ist.

Das Übel ist ein Gedanke. Ein Gedanke, der die Form einer Substanz annimmt. Und genauso wie jeden anderen Gedanken, dessen Erfahrung wir nicht wünschen, können wir die Einfachheit erlernen, ihn aus unserem Geist abzuweisen. Könnten wir aufhören, uns so viele Sorgen zu machen, die „Erscheinung", die der Gedanke verursacht hat, loszuwerden, um direkt an die Wurzel zu gehen (die immer ein Gedanke ist) ... würden wir sehen, wie bereitwillig und gründlich wir das Übel und dessen Auswirkungen aus unserem Leben entfernen können.

Das Übel ist ein Tyrann, der wie eine Kakerlake davonlaufen und fliehen wird, wenn das Licht angemacht wird. Es ist ein Nichts. Der Tag wird kommen, an welchem wir über die Aufmerksamkeit staunen werden, die wir ihm gegeben hatten.

Aber solange wir die Allheit, die Güte und Gott nicht als die einzige Kraft sehen ... und einsehen, dass diese Kraft als Sein Ebenbild auf Erden deshalb auch die unsere ist ... werden wir noch vor der Erscheinung des Übels zittern und ihm die einzige Macht geben, die es möglicherweise haben kann.

Könnte es sein?

Könnte es sein, dass wir eigentlich.......

Gott als die einzige Macht gewürdigt haben?

Diese Macht als ausschließlich gut gewürdigt haben,
Die Trennung von Gut und Böse als legitime menschliche Erfahrung verneint haben?
Einen strafenden Gott verneint und eigentlich geglaubt haben, dass die „Güte Gottes alle Menschen zur Umkehr geleitet habe“ (zu einem anderen Verstehen und in eine andere Richtung)?

Gelernt haben, nur Gutes von Gott, von Anderen, vom Leben und von uns selbst zu erwarten;

Uns entschieden haben, unsere Herzen, Gedanken und Erwartungen nur mit Güte zu füllen;

Gelernt haben, dass das Übel nur *ein nach außen getretener Gedanke* ist, und dass wir es als solchen ständig von uns selbst und allen anderen fortschicken können („wegschicken“ ist die wahre Bedeutung von Vergebung)

Könnte es dann sein, dass das Übel aufhören würde zu existieren?

In der Bibel wird uns gesagt, dass das Übel eines Tages aufhören wird zu existieren. Wir alle freuen uns auf den „neuen Himmel und die neue Erde“ (1), wenn all dies tatsächlich geschehen wird. Dies wäre die Antwort auf das uns von Jesus gelehrte Gebet, als er sagte: „Dein Wille geschehe im Himmel wie auf Erden.“ Glauben wir stattdessen, das Übel würde endlich zur Ruhe kommen, wenn wir es durch Gewalt besiegten? Jesus hat uns gesagt: „Widerstehet nicht dem Übel“(2), und er lehrt uns damit: Je mehr wir dem Übel widerstehen, desto mehr Macht geben wir ihm, und umso öfter wird es in unserem Leben erscheinen.

Die größte Herausforderung, die wir in der Klinik täglich und stündlich haben, ist, die *Erwartung des Guten* im Geist und in den Herzen der Patienten „lebendig und aktiv“ zu halten. Wir haben herausgefunden, dass sie nicht gesund werden, wenn sie an der *Angst vor dem Übel* ... der Macht der Krankheit ... festhalten.

Wenn sie diese Angst und Furcht loslassen können und stattdessen Güte und Leben erwarten ... werden sie immer gesund.

Dies erreichen wir, indem wir das zuerst selbst glauben und dann die Omnipotenz und Güte Gottes lehren. Solange dies der bleibende Gedanke ist, geht alles gut. Aber der Himmel helfe uns, wenn es der Dunkelheit erlaubt wird, wieder in ihre Herzen einzudringen.

So lehren wir sie, „Wachen an der Mauer“ zu werden. Wir achten wachsam auf ihre Gedanken, auf die Menschen, mit denen sie zusammen sind, wohin sie gehen und was sie sich anhören, um ihre Gedanken und Erwartungen zu schützen. Wir befürchten, dass sie zurück zu ihren Ärzten gehen, um sich medizinische Berichte anzuhören, die sie, wie sich schon oft erwiesen hat, zurück in ihre Angst paralysieren, und den Symptomen sofort wieder erlauben, Fuß zu fassen. Erinnern Sie sich, alles beginnt als ein „Gedanke“.

Diese Geschichte ist eine von Tausenden ... aber ich erinnere mich heute daran, und deshalb will ich sie mit Ihnen teilen. Sie illustriert die Macht negativer Vorstellungen:

Karla war aus West-Texas und hatte einen Gehirntumor. Eigentlich hatte sie einen Tumor in der Lunge und mehrere im Gehirn. Als ich sie traf, torkelte sie den Flur entlang zu meinem Büro und lehnte an einem Laufstuhl, um sich abzustützen. Sie hatte vor kurzem eine Gehirnoperation unterlaufen, um den größten Tumor zu verkleinern, und trug eine Perücke auf dem Kopf, die eine Beule machte und schief saß. Sie hatte bereits mindestens zwei Craniotomien (Gehirnoperationen) hinter sich, um die Tumoren herauszuschaufeln, die sich selbstverständlich immer wieder nachbildeten. Karla war verwirrt, desorientiert und feindselig. Ihre Familie jedoch verehrte sie und versicherte mir, dass ihre Mutter niemals einen „schlechten Moment“ in ihrem Leben gehabt hätte.

Sie zog zusammen mit ihrer Schwester, die sich um sie kümmerte, nach San Antonio und begann mit dem Programm. Innerhalb einiger Wochen schmolzen die Tumore zusammen und erschienen als schwarze Substanz in ihrem Mund. Dies war ihr sehr unangenehm, aber es hörte schließlich auf. Obwohl wir normalerweise empfehlen, weitere Untersuchungen erst nach einer viermonatigen Behandlung vornehmen zu lassen, holte ihr Mann sie nach zwei Monaten ab, um einige Untersuchungen wiederholen zu lassen. Es war kein Tumor mehr sichtbar, weder im Gehirn, und nicht einmal mehr in der Lunge!

Karlas Geisteshaltung hatte sich total verändert. Sie war anziehend, zustimmend und liebenswert zu jedem von uns. Besonders ich liebte sie. Dies war die Zeit, während der meine Schwester krank war und ich fast wöchentlich nach Kalifornien reiste, bis sie schließlich starb. Jeden Morgen, als ich in die Klinik kam, fand ich eine Karte von Karla mit liebevollen Worten auf meinem Schreibtisch, die mich ermutigen sollten. Ich konnte gut verstehen, warum ihre Familie sie so sehr liebte.

Mehrere Monate lang blieb Karla gesund, und es ging ihr großartig. Sie zog wieder heim nach West-Texas und fuhr nur einmal wöchentlich zu uns, um ihre Untersuchungen vornehmen zu lassen. Eines Tages jedoch erhielt sie einen Anruf, entweder von ihrem Sohn oder über ihren Sohn, ich weiß es nicht mehr genau. Der Inhalt des Anrufes war zerstörerisch für sie. Er war offensichtlich in etwas verwickelt, was sie so traurig machte, dass sie kollabierte. Nicht einmal einen Monat später waren die Tumore zurückgekehrt und hatten sich auch bald verbreitet. Sie erholte sich nie mehr von dem Bild des Übels, das ihre Seele an jenem Tage überwältigt hatte.

Nun, ist das die Art und Weise, wie das Übel in Erscheinung tritt? Erlangt es so seine Macht?

So viele Tausende von Kranken haben bezeugt, dass ihre Krankheit kurz nach einer ernsthaften emotionalen Reaktion, einer katastrophalen Angst oder einer Enttäuschung, also nach einer Situation, die ihre normale Abwehr geschwächt hatte, begann.

Wir kennen die Zerstörung, die das endokrine System während eines emotionalen Geschehens durchmacht. Wir wissen, welche Verwüstung der Stoffwechsel erleidet. Viele Leute erzählen, dass sie während oder kurz nach solch einer tragischen Begebenheit in ihrem Leben unkontrolliert zugenommen haben.

Deshalb ist es so wichtig für uns, die Macht des Übels, wenn sie auftritt, schnell zu verneinen, und die Omnipotenz des einzigen Guten (Gott) zu bestätigen.

Es gibt einen Vers in den Psalmen, den ich oft zitiere. Er besagt: „Lieber wäre ich ein Türsteher im Hause des Herrn, als dass ich mit Verrückten an einem Esstisch sitze.“ (3) Das „Haus Gottes“ ist unser Bewusstsein ... unser Geist ... was wir wissen und glauben, und somit erfahren. Dies ist auch als unsere Seele bekannt. Ein „Türsteher“ ist einer, der beobachtet, welche Gedanken aufkommen, und der unerwünschte Gedanken und Vorschläge des Bösen draußen lässt. Ein „Verrückter“ ist hier einer, der den Erlebnissen, die geschehen, wahllos Eintritt gewährt und ihnen erlaubt zu bleiben, so als hätten sie ein legitimes Recht, unser Leben zu regieren!

Deshalb ist es für uns so wichtig, die wahre Natur Gottes zu verstehen und den menschlichen Doktrinen zu widerstehen. Wenn wir den Lügen und Verwirrungen, die wir über Gott gehört haben, glauben, wissen wir nicht, dass Erscheinungsformen, wie immer sie auch aussehen mögen, *kein Recht haben zu existieren*, und dass wir die Macht, das Recht und die Autorität besitzen, sie wegzuschicken! Wenn wir z. B. glauben, Gott würde „diese Erfahrung zu unserem Besten nutzen“ ... dann untergräbt dies unsere Fähigkeit, uns mit ihnen auseinanderzusetzen ... und wir erlauben ihnen zu bleiben, um „zu stehlen, zu töten und zu zerstören“. (4)

Vor einigen wenigen Jahren kam eine Dame in unsere wöchentlichen Treffen, als ich über diese Wahrheiten sprach. Ich lehrte speziell, dass Krankheit ein Eindringling ist. Sie ist nicht von Gott geschickt, besitzt keine Autorität und erfüllt keinen Zweck, um zu existieren.

Da wir nach dem Bilde Gottes erschaffen sind, haben wir die Autorität, ihre Existenz zu verneinen.

Eines Abends muss diese liebenswerte Dame dies wirklich gehört haben. Seit 11 Jahren litt sie unter einem Zustand, der Interstitielle Zystitis genannt wird. Einfach erklärt, sie hatte eine chronisch entzündete Harnblase, die Tag und Nacht ununterbrochen wie Feuer brannte, und wegen der sie ständig Wasser lassen musste. Die einzige medizinische Behandlung, die es für diese Krankheit gibt, ist die vollständige chirurgische Entfernung der Harnblase und das lebenslange Tragen von Beuteln, die den Urinfluss auffangen. Sie können verstehen, warum sie so lange Zeit unter den Schmerzen gelitten hat. Nicht viele Leute würden dem bereitwillig zustimmen.

In jener bestimmten Nacht, während der Schübe einer ernsthaft schmerzhaften Attacke, entschied sie sich, Meisterin der Situation zu werden und nicht länger Sklavin ihres eigenen Körpers zu sein. So spielte sie ein Spiel. „Klopf, klopf." „Wer ist da?" „Der Schmerz und ich sind gekommen, um dir das Leben mies zu machen." „Wer hat dich eingeladen?", fragte sie. „Ich habe dich niemals eingeladen. Verschwinde! Du bist nicht willkommen! Ich habe dir nicht erlaubt zu bleiben!"

Zu ihrem großen Erstaunen verschwand der Schmerz. Sie erzählte uns, dass sie dieses Szenario viermal wiederholen musste, bevor der Schmerz zu ihrem Wohle verschwand. Ich fragte sie, ob er jemals wieder gekommen sei, und sie sagte: „Viermal. Jedes Mal nach einem stressigen Tag. Aber jedes Mal schickte ich ihn weg, und am Ende kam er nicht mehr zurück."

Nach 11 Jahren solch intensiven Leidens war sie schließlich frei, nur dadurch, dass sie verstanden hatte, wer sie war und woher sie gekommen war. Nur dadurch, dass sie ihre wahre Identität und die wahre Natur Gottes kennen gelernt ... und somit die Unrechtmäßigkeit der Erscheinungsform des Übels gefunden hatte.

Es ist wahr, um in dieses Verstehen zu kommen, müssen wir das allgemeine menschliche Denken hinter uns lassen. Manchmal fühlt es sich an, als würden wir gegen den Strom schwimmen, während alle anderen mit dem Strom des beliebten menschlichen Glaubens fließen. Aber der Preis, mit dem Strom zu schwimmen, ist zu hoch gewesen. Und die Belohnung für unser Mühen ist zu reich, um sie zu verneinen.

Dieses Verstehen macht klar, dass alle Intelligenz, Stärke, Form, Schönheit, Harmonie, unveränderliche Ordnung, Funktion, Zeugung, Bewegung, Wegweisung und jeglicher Lebenssinn ihren Ursprung und ihre bleibende Präsenz im Geist des einzigen Schöpfers, Gott, dem Ewigen Guten, haben.

Einfach gesagt, *das Leben kommt nur vom Schöpfer, und nicht von dem, was erschaffen wurde.* Unsere Körper können uns kein Leben geben, und wenn wir es nicht unbewusst erlauben, können sie auch kein Leben wegnehmen. Andere Menschen können uns kein Glück geben, und wenn wir es nicht erlauben, können sie uns auch keines wegnehmen. Berufliche Möglichkeiten können uns keinen Wohlstand geben, und wenn wir es nicht erlauben, können sie uns auch nichts wegnehmen.

Gott ist souverän. Gott ist omnipotent. Und Gott ist gut. Das ist mit Sicherheit das, was wir alle brauchen.

Was ist Sünde?

Sünde ist keine Gesetzesübertretung. Das wird Verstoß genannt. Im Alten Testament gab es ein Opfer für die Sünden und ein Opfer für die Verstöße, was erkennen lässt, dass es hier um zwei verschiedene Dinge geht.

Sünde ist, wenn wir ein „Gefühl der Trennung von Gott" unterhalten.
Sie ist ein Bewusstsein, eine Natur ... keine Handlung. Das Sündenbewusstsein ist das, was der wahren Natur Gottes und des Menschen gegenüber, so wie der Mensch erschaffen wurde, blind ist. Es ist die Wurzel und der Anfang des Übels.

Es begann mit dem „Wissen von Gut und Böse", der alten Dichotomie von Gedanken, die verursachten, dass wir etwas anderes als das Leben wahrnehmen. Das Wissen, das verursachte, dass wir vergaßen, wer wir waren und warum wir hierher gesandt wurden. Das Wissen, das verursachte, dass wir vergaßen, wer uns geformt hat, und in welcher Natur wir erschaffen wurden.

All dies verursachte ein Gefühl, von Gott, vom Leben, von der Gnade, von der Güte, von der Erkenntnis, dass wir ewige Wesen sind, getrennt zu sein ... ohne Anfang und ohne Ende.

Deshalb wird das gesamte menschliche Denken, das gesamte menschliche Bewusstsein, Sünde genannt. Sünde ist eine Natur, ein Bewusstsein ... keine Gesetzesübertretung. *Übertretungen geschehen, weil wir in dieser sündigen Natur wohnen.* Kollektiv haben wir uns selbst bisher aus der Sichtweise dieses Sündenbewusstsein gesehen, da uns beigebracht wurde, auf diese Art und Weise zu schauen.

Die bewusste Wahrnehmung einer sündigen Natur muss durch eine andere, höhere Wahrnehmung *ersetzt* werden. *Wahre* Vergebung verdeckt keine bestimmte Verletzung oder befreit niemanden von einem Unrecht, das er einem anderen zugefügt hat, sondern *ersetzt den*

Gedanken (Glauben), der die Verletzung verursacht hat, durch einen anderen, höheren Gedanken. Und der kann nur durch die Ankunft eines neuen Verständnisses kommen.

Das sündige Bewusstsein ist ein Bewusstsein von Minderwertigkeit und Wertlosigkeit aus der Sicht Gottes. Es kommt aus einem Gefühl des Getrenntseins von der Natur und dem Geist Gottes. In das Christusbewusstsein einzutreten, diese Natur als unsere Natur zu akzeptieren und aus diesem Verstehen heraus mit zuversichtlichem Jubel zu leben ... ist der einzige Weg zu entkommen.

Uns nur mit individuellen Verletzungen zu beschäftigen ist, als würden wir kranke Äste abschneiden und die Ursache der Krankheit weiterhin unversehrt im Baum lassen, sodass sie zu einem späteren Zeitpunkt wieder ausbrechen kann. Wenn wir uns mit einzelnen Krankheiten auseinandersetzen, ist das nicht anders, wir lassen, wenn auch unbewusst, das Bewusstsein, welches die Erfahrung als gültig akzeptiert hat, unversehrt, und erlauben der Krankheit, in Erscheinung zu treten.

Können Sie sehen, wie das harte menschliche Urteil, insbesondere die Religion, uns davon überzeugt, dass wir weniger sein sollen, als wir wirklich sind? Sehen Sie, dass wir nur durch die Enthüllung der Wahrheit unserer ewigen, heilen, gegenwärtigen und permanenten Vollkommenheit, durch den Geist des Lebens als unserem Leben, jemals wieder fähig sein werden, nur auf das Leben zu blicken und es zu erkennen ... um Dunkelheit und Übel nie wieder Macht zu geben?

Gottes Urteil ist Gnade

„Die Gnade Gottes aber bleibt für immer und ewig... sie versagt niemals." (1)

Wenn es ein Thema gibt, das sich durch alle Schriften zieht, dann ist es das der Gnade.

Die Israeliten im Alten Testament wussten wenig über das Konzept der Gnade. Ihr Gottesverständnis war ängstlich und hart. Seine Urteile waren harsch und erpresserisch.

Dies war ihre Vorstellung von Gott, mit einer Ausnahme ... Gott lebte an einem Ort, Thron der Gnade genannt. Er befand sich im innersten Raum des Tabernakels, das Moses errichtet hatte, bekannt als das Tabernakel in der Wildnis. Der Gnadenstuhl *bedeckte* den Bogen der Bundeslade, welche unter anderem die Zehn Gebote enthielt. Dadurch, dass er *über den Gesetzen und Statuten stand, sagte Gott ihnen, dass die Gnade einen höheren Stellenwert hatte als die Anforderungen des Gesetzes.* Aber damals verstanden sie das nicht, und selbst wir heute verstehen es kaum.

König David beschrieb sehr ausführlich, dass das Herz Gottes Gnade ist. Er schien die Natur Gottes zu verstehen und den restlichen Menschen weit voraus zu sein. Mitten in der Ära der der Blutopfer, die erbracht wurden, um Gesetzesübertretungen zu sühnen, machte er diese überraschende Entdeckung, als er sagte: „Opfer und Gaben für Sünden sind nicht notwendig. Du hast mein Ohr geöffnet." (2) David erkannte, dass sich Gott vielmehr für eine persönliche Beziehung mit Seiner Schöpfung interessierte, mit einer, die Seine Stimme hörte und Ihm freudig antwortete, die nicht immer wieder für Sünden sühnt.

David schrieb ebenfalls, dass Gott *Gnade fordert* ... dass wir Gnade *akzeptieren* und Gnade *zeigen* sollten ... anstatt das Leben höchst ergeben und opferbereit zu leben.

Viel später brachte Jesus das Konzept der Gnade einem sehr blinden und verwirrten Volk. Als eine Frau beim Ehebruch erwischt wurde, einem Verbrechen, auf welchem die Todesstrafe stand, stichelte Jesus in ihrem Bewusstsein mit den Worten: „Wer von euch ohne Sünde ist, werfe den ersten Stein!“ Er demonstrierte ihnen das Herz Gottes, indem er ihr mit Gnade begegnete und auf das vom Gesetz vorgeschriebene Urteil verzichtete.

Anstatt ein solch warmes und schönes Konzept zu umarmen, statt voller Dankbarkeit von solch einem befreienden Verständnis der wahren Natur Gottes überwältigt zu sein ... wurden die religiösen Lehrer wütend auf diesen Mann. Wer dachte er, dass er sei, als er kam und alles änderte, was sie als die Wahrheit kannten? Was war mit ihren Gesetzen? Was war mit der Notwendigkeit zu leiden, um die Schuld der Sünde zu sühnen?

Noch schlimmer, was würde aus der Menschheit werden, wenn sie niemals Gottes Gericht gegenübertreten müsste? Wäre das keine „Lizenz, um weiter zu sündigen“?

Und was wäre mit all diesen erforderlichen „Blutopfern“? Wozu dienen diese dann?

Sie hassten Jesus wegen des Aufruhrs und der Verwirrung, die er auslöste. Er rüttelte an ihren heiß geliebten Grundfesten und bedrohte alles, was sie wussten. Einige wenige der religiösen Lehrer wie Nikodemus verstanden es tatsächlich ... aber die meisten begriffen es nicht.

Eines Tages, als sie ihn wieder einmal über diese „neue Doktrin“ ausquetschten, wiederholte er mutig die uralten Worte Davids und erklärte: *„Ich will Gnade haben und kein Opfer, gehet und lernet, was das bedeutet!“* (3)

Noch etwas später schrieb Jakobus folgende tiefgründige Worte: *„Die Gnade triumphiert gegen das Urteil“* (4) Gnade kommt aus einer höheren Ebene des Denkens. Die Gnade steht über dem Urteil. Sie sollte stärker begehrt werden als das Urteil. Gnade *ist* das Urteil Gottes! (5)

Nun, was ist das, was wir Gnade nennen? Gnade ist nicht Mitleid. Mitleid ist Mitleid. Gnade ist nicht Vergebung. Vergebung ist Vergebung.

Gnade ist die Fähigkeit, durch und hinter die Erscheinungsformen zu sehen, auf das, was ewig und unveränderlich ist.

Gnade ist die Art, wie Gott Seine Schöpfung immer sieht. Wenn Gnade unser Herz berührt ... verändert uns das für immer. Wir sind nicht mehr dieselben. Wir sind geheilt. Unser Leben ist korrigiert. Alles wird neu. Wir können dann sehen, wer wir wirklich sind, und warum wir „Neue Geschöpfe in Christus" genannt werden. Einfach deshalb, weil wir als solche erschaffen wurden!

Jedes Mal, wenn wir, statt an dem festzuhalten, was wir optisch sehen, wählen, jemanden so zu sehen, wie er erschaffen worden ist, in der Schönheit und Perfektion seines Schöpfers ... haben wir diesen Menschen gerade geheilt. Der Christus seines Wesens ist aufgerüttelt und steigt auf, „mit Heilung in Seinen Flügeln".

Gott sieht uns immer so, wie wir wirklich sind, und *wenn wir das wahrnehmen können,* sind wir geheilt. Unsere Heiligkeit und Vollkommenheit wurde uns bewusst gemacht. Eine völlig neue Sichtweise über uns selbst geht in unseren Herzen auf, und alle Impulse zu sündigen sind entfernt. Gnade bedeutet, dass „eine bewusste Wahrnehmung" durch eine andere ersetzt wurde..., das menschliche Bewusstsein von Sünde und Leid wurde ersetzt durch das Göttliche Bewusstsein von Heiligkeit und Unschuld.

Urteil kann dies niemals erreichen! Urteil ist eine ständige Erinnerung an unsere Sünden und Fehler. Urteil kann uns für eine gewisse Zeit in Schach halten, kann uns jedoch niemals verändern. Es kann uns niemals heilen. Es kann niemals bewirken, dass uns unsere wahre Natur offenbart wird.

Urteil regiert mit Angst. Gnade regiert mit Wahrheit und Liebe!

Wir sind aus dem Geist Gottes gekommen, um den Menschen Seine wahre Natur zu enthüllen, so wie Jesus gekommen ist, um uns unsere wahre Natur zu offenbaren. „Wie mich mein Vater gesandt hat, so sende ich euch.“(6)Dies ist die Botschaft Christi. Es gibt nur einen Weg, und es kann auch nur auf diesem einen Weg geschehen. Gott macht es für uns, und wir müssen es für andere tun. Dies ist die Bedeutung von ‚der Menschheit mit Gnade begegnen’.

Wir müssen lernen, hinter die sichtbaren Verletzungen zu blicken. Wir müssen lernen, hinter die kranken Glaubensmuster und Erfahrungen zu blicken. Wir müssen lernen, hinter die Begrenzungen zu blicken, die der Mensch sich selbst auferlegt. Wir müssen lernen, das zu sehen, was unveränderlich ist.

Dies ist eine Voraussetzung für wahre Vergebung. Vergeben bedeutet „wegschicken“. Wahre Vergebung bedeutet, durch die Augen der Gnade auf den wahren Menschen, in Gott und als Gottes Ebenbild erschaffen, zu blicken. Wir sollten aufhören, die menschlichen Verletzungen zu sehen, und sollten diese von der Person wegschicken. *Wir trennen das Unrecht vom Täter* und schicken es weg ... indem wir ihm die Verfehlung nicht „auferlegen“. Indem wir den Fehler „seinem Konto nicht anrechnen.“

Diese Art der Vergebung ist uns nicht bekannt. Wir glauben, wir müssten die Verletzung zuerst *zur Kenntnis nehmen*, um dann aus einem liebevollen Herzen heraus der Person zu vergeben, die uns Schmerzen zugefügt hat. Dies ist nett, um die Harmonie in unseren menschlichen Beziehungen zu erhalten, aber es heilt den Menschen nicht.

Es ermöglicht ihm nicht, von dem Glauben frei zu werden, der sein Angreifen verursacht. Nur indem wir den Angriff NICHT als Teil seiner Natur ansehen und ihn von der Person trennen, können wir die Verletzung wegschicken und den Menschen heilen.

David sagte: „ Gesegnet sei der Mensch, dem der Herr kein Unrecht auferlegt.“ (7)

In anderen Worten, gesegnet ist derjenige, der erkennt, dass Gott hinter das Unrecht in den wahren Menschen hinein sieht. Gesegnet ist derjenige, der weiß, dass Gott den Menschen vom Unrecht trennt, es seinem Konto nicht anrechnet und die Verletzung wegschickt!

Dies ist weit entfernt von dem Gott, „der alles sieht und in sein Buch schreibt, um eine Rechnung zu erstellen, die uns in eine ewige Hölle bringen soll".

Genau so werden wir geheilt. Genau so sollen wir andere von ihren Verletzungen, der Geisteshaltung ihrer Herzen, von Krankheit und Begrenzung ... von allem, was die Menschheit plagt, heilen.

Wenn wir versuchen, dies aus unserem eigenen Bemühen heraus zu schaffen, indem wir Worte und Sätze wiederholen, die denen, die Gnade benötigen, schal vorkommen ... werden wir nicht die Heilungen erleben, die wir wünschen. *Sondern wenn wir uns selbst dem Herzen der Gnade übergeben.* Die Gnade wird das *für uns* sehen, was wir selbst durch unsere eigene Fähigkeit nicht sehen können.

Eine große Kraft wird befreit, wenn die Gnade wirklich mitten in uns ist. All die Macht des ewigen, endlosen Lebens.

Von all den Lehren hier, die mit den heutigen religiösen Doktrinen in Konflikt stehen, hat diese mehr Ärger und Wut auslöst als alle restlichen. Pfarrer und Lehrer der Schrift beantworten meine Worte der Gnade mit der „notwendigen Gerechtigkeit Gottes". Sie glauben, die menschliche Gerechtigkeit und die Göttliche Gerechtigkeit seien ein und dasselbe. Menschen strafen Menschen für Vergehen, dies ist das Gesetz vom Säen und Ernten. Aber Gottes Definition von Gerechtigkeit ist Gnade, nicht Urteil!

Zu viele religiöse Führer halten an der Doktrin ewiger Strafe fest, für alle, die sich nicht für den Himmel qualifizieren. Sie missverstehen die Natur Gottes und haben die gesamte Botschaft der Gnade nicht verstanden, die uns Jesus enthüllt hat. Ich erinnere mich an eine Frau, die einmal gepredigt hat: „Wenn Gott San Francisco nicht bestraft und zerstört, dann muss er sich bei Sodom und Gomorra entschuldigen!" Dies ist eine Einstellung grenzenloser Selbstgerechtigkeit! Kein Wunder, dass diejenigen, die an dieser Art Doktrin festhalten, unter denselben Krankheiten, Scheidungen und Zerstörungen wie der Rest der „heidnischen" Welt leiden. Kein Wunder, dass ihnen die

Gnade, wenn sie diese brauchen und suchen, genauso entwischt.

An alle, die hier verwirrt sind, ich verschließe meine Augen nicht vor dem Bösen, den Schrecken der sündigen Natur oder des Sündenbewusstseins. Ich verfechte keine „trallala, leben und leben lassen, alles ist möglich, es fühlt sich gut an, es zu tun“ - Philosophie. Wir wurden geschickt um zu heilen, wann immer das Böse sein hässliches Gesicht zeigt. Wir wurden nicht geschickt, um Einzelpersonen nach dem, was wir sehen oder hören, zu beurteilen, sondern um „rechtschaffen zu urteilen“. Um der wahren Natur des Individuums entsprechend zu richten. Das ist Gnade und wird Heilung bringen.

Ungerechtes Urteilen ist Übel. Die Augen vor Dingen zu verschließen, um politisch korrekt zu sein und niemanden zu verurteilen, ist ebenso Übel. Wir wurden geschickt um zu heilen, und dies ist der Weg, es zu tun.

Gnade ist das Göttliche Leben, das erklärt: „Ich bin hier und verändere mich nicht. *Ich bin kein reaktiver Gott.* Ich reagiere nicht auf menschlichen Glauben, menschliche Ängste, menschliche Begrenzungen, menschliche Gedankenschöpfungen und menschliche Fehler. Ich bin beständig in dem, was Ich weiß und was Ich sehe. Ich blicke gerade durch alles hindurch. Ich sehe *Mich Selbst* in allem, was ich geformt habe.“ So hat Jesus geheilt, so sind wir geheilt worden, so sollten wir andere heilen.

Im 2. Buch von Samuel steht geschrieben: „Den Barmherzigen werde ich mit Gnade begegnen.“

Jesus sagte: „Gesegnet seien die Barmherzigen, sie sollen Gnade erfahren.“ (8)

Wir werden durch die Gnade transformiert, aber es wird uns nichts helfen, bevor wir nicht die Göttliche Bestimmung als unsere Existenz ansehen und lernen, durch das Herz der Gnade zu sehen, um andere zu transformieren.

Wenn wir urteilen und die gegenwärtige Vollkommenheit nicht in Gottes gesamter Schöpfung sehen, werden wir auch nicht in der La-

ge sein, diese für uns selbst zu sehen, wenn wir sie brauchen... und sie auch nicht empfangen können.

Zurück zur Unschuld

Unschuld bedeutet nicht Ignoranz, sondern eher „nicht mit Übel und Schuld befleckt". Es bedeutet, ein Bewusstsein zu haben, das vollkommen frei von der Verschmutzung durch das Gefühl der Trennung von der totalen Akzeptanz Gottes ist.

Egal, wo Sie sind, was Ihre Geschichte auch sei, Gott ist niemals gegen Sie. Denn die Dunkelheit, die Sie beeinflussen mag ... die Sie zu zerstören sucht ... *kommt nicht aus Ihnen selbst!* Es mag so aussehen. Es mag sich so anfühlen. Sie mögen danach handeln. Aber kein Übel kann aus Ihrem Inneren heraus entstehen. Sie sind nach dem Bilde Gottes erschaffen! Und sobald Sie das wissen, *werden Sie aufhören, aus den Suggestionen des Bösen heraus zu handeln.*

So lange, bis Sie Ihre wahre Natur erkennen, können Sie durch die bösen Gedanken des menschlichen Bewusstseins beeinflusst werden, die frei vom Geist Gottes sind. Aber diese Gedanken kommen nicht aus Ihnen selbst. Sie selbst sind „mit dem Christus in Gott verknüpft". *Sie existieren als die Manifestation des Ewigen Lebens selbst.*

Bevor Sie die volle Realität dessen nicht verstanden haben, werden Sie weiterhin Gott um Hilfe anbetteln und bitten, denn Ihre Vorstellung von Gott wird *aus Ihrem eigenen Gefühl von Versagen* und der ängstlichen Erwartung von Gottes Strafe und Groll kommen. Aber Sie müssen nicht danach trachten, Gottes *Abneigung* gegen ein Eingreifen zu besiegen, indem Sie betteln und bitten. Denn *es gibt keine solche Abneigung*! Es kann keine Abneigung geben, sonst wäre Gott nicht gut. Gott wäre nicht Liebe. Gott wäre nicht unveränderlich.

Würden Sie Ihren Kindern die Hilfe verweigern, wenn diese sich, vielleicht sogar aus eigenem Verschulden heraus, in Gefahr gebracht hätten, wenn Ihre Kinder Sie um Hilfe bitten würden, und wenn Sie absolut in der Lage wären, ihnen zu helfen? Vielleicht würden es einige tun. Aber dies wäre nur deshalb so, weil einige Leute weit davon entfernt sind, das Herz der Gnade zu kennen. Die meisten würden diese Frage mit „Nein!“ beantworten.

Sie sollten wissen ... dass Ihre Demonstration der Liebe Ihren Kindern gegenüber aus der Liebe Gottes kommt, die in Ihrem Herzen wohnt. So liebt Sie Gott! Somit, wenn es eine Verzögerung in der erscheinenden Hilfe zu geben scheint, kommt diese Verzögerung nicht von Gott, sondern von unserer Unfähigkeit zu *empfangen*. Das menschliche Gefühl von Schuld, gepaart mit einer verzerrten Vorstellung von einem zornigen Gott, ist die Ursache des Mangels an Empfänglichkeit.

Sie müssen sich unschuldig *fühlen*, Sie müssen sich geliebt *fühlen*, bevor Sie von Gott eine Heilung oder irgendetwas anderes empfangen können. Das ist so, weil es *Ihr eigenes Gefühl von Schuld und Unwürdigkeit* ist, welches das Problem anfänglich verursacht hat. Um etwas aus der Ebene der absoluten Güte zu erfahren, müssen Sie in den Geist und das Herz Gottes eintreten. Sie müssen alles hinter sich lassen, was das menschliche Bewusstsein über Gott erklärt und weiß. Deshalb ist es für uns so wichtig, die Wahrheit zu kennen. Wir sind nicht die Quelle von Übel oder Krankheit, obwohl es so erscheinen mag. Wir müssen die Wahrheit über die wahre menschliche Natur, ungeachtet der Erscheinung, kennen ... und uns dann von dieser merkwürdigen Erscheinung von Leiden oder Übel distanzieren.

Wir sind nicht das, was erscheint. Wir sind in jedem Fall Gottes Ebenbild und die Spiegelung Seiner selbst. Es ehrt Gott, wenn wir Seine Wahrheit kennen und in Ihr bleiben. Es entehrt Gott, wenn wir Seine Wahrheit verleugnen. Das ist falsche Bescheidenheit.

Dies zu wissen, ist der Anfang unserer Rückkehr zur Unschuld in unserem Geist und unserem Herzen.

Es reicht nicht aus, wenn wir nur die Worte sprechen. Wir müssen die Worte *beten*. Wir müssen den Wunsch verspüren, dass Gott uns Seine Wahrheit in unseren Herzen offenbart. Dies ist ein Gebet, das schnell beantwortet wird, immer, wenn es geäußert wird.

Eine meiner Lieblingsgeschichten in der Bibel ist die vom Propheten Daniel. Zu jener Zeit befand sich Daniel, gemeinsam mit all den Israeliten, in babylonischer Gefangenschaft. Dies ist sehr bedeutsam für uns, wenn wir uns daran erinnern, dass das Wort Babylon „die Verwirrung vieler Stimmen" bedeutet. Das ist der Zustand unserer heutigen Zeit. Wir sind auch Gefangene so vieler Stimmen, die alle behaupten, sie seien diejenigen, auf welche wir hören und nach deren speziellen Glaubenssystem wir leben sollten.

Wir haben das ‚religiöse Babylon', das behauptet, es wäre unsere Bestimmung zu leiden, arm, unglücklich und allesamt sündig zu sein, und dass wir es nötig hätten zu leiden, um uns von unseren vielen Fehltritten zu reinigen. Diese Verzerrung der Wahrheit erklärt auch, dass wir einem Gott gehören, der uns beobachtet, um uns in Sein Buch einzutragen, wenn wir die sprichwörtlichen Schulnoten nicht erreicht haben und durchgefallen sind! Wenn wir aus dieser babylonischen Ideologie heraus leben, können wir nichts anderes tun als durchfallen! Die Noten ändern sich ständig!

Wir haben den Gott der Wissenschaft, der behauptet, dass wir nicht mehr sind als Materie und aus einem DNS-Molekül entstanden. Dies liefert uns einem Leben unter dem Gesetz von Zufall und Wahrscheinlichkeiten aus, das entsprechend besteht, je nachdem, welche Karten wir gezogen haben. Die Angst und Unsicherheit dieses Babylonischen Unsinns ist genug, um unseren Körper und unseren Geist, wie vorbestimmt, in Krankheit enden zu lassen! Unser Geist und unser Körper wurden nicht erschaffen, um unter solch einer Verwirrung und Unsicherheit zu leben. So kreiert die Angst das Objekt, wovor sie sich fürchtet!

Von diesen Gedanken „gefangen genommen" zu sein, verursacht, dass wir in einen Zustand von Benommenheit eingelullt sind, in eine nicht denkende Existenz, die akzeptieren wird, was immer auch kommt, entweder als „die Karten, die wir gezogen haben" oder als „Gottes Wille". Es wird nicht erkannt, dass eine Veränderung im bewussten Verstehen alles korrigieren würde, egal welch momentane

Umstände auch herrschen mögen.

Dies war auch die Situation Daniels, ein Gefangener der Verwirrung durch viele Stimmen. Als er sich weigerte, den Anforderungen „jener Götter“ nachzukommen, wurde er in die Löwengrube geworfen. Für uns könnte diese Löwengrube irgendetwas sein, dem wir momentan gegenüberstehen, eine Krankheit, eine Zerstörung, welcher Art auch immer ... etwas, das als weniger als die Güte, Fülle und Herrlichkeit Gottes in unserem Leben erscheinen mag.

Das Interessante hier ist, dass der König, als er am nächsten Tag zum Eingang der Löwengrube kam, um zu sehen, wie es Daniel erginge, mit folgenden Worten eines lebendigen Daniel begrüßt wurde ... „Gott sandte Seine Engel, um die Mäuler der Löwen zu schließen, sodass ich nicht verletzt werden konnte, *in der Unschuld, die in mir war!*“ (1)

Darum geht es! Da Daniel wusste, dass Gott Unschuld in ihm sah, wurde er von der fürchterlichen Tortur verschont. Daniel wusste dies, *da er beides kannte, die Natur Gottes und die Wahrheit des Menschen, nach Seinem Ebenbild erschaffen.* Er erlaubte es der Erscheinung nicht, egal wie überzeugend sie auch gewesen sein mag, ihn von der absoluten Wahrheit abzulenken. Er behielt seine Unschuld. *Nicht weil er glaubte, es zu verdienen.* Nicht weil es irgendetwas mit ihm zu tun hatte. Sondern weil er wusste, was wahr und was falsch war. Er urteilte nicht nach den Erscheinungsformen, sondern der Wahrheit gemäß. Es überrascht nicht, wenn wir lernen, dass der Name Daniel „das rechtschaffene Urteil Gottes“ bedeutete!

Um sich wirklich unschuldig zu sehen, müssen Sie die *gesamte* Schöpfung Gottes ebenso unschuldig sehen. Erinnern Sie sich, alles, was geschaffen wurde, kam aus demselben Einen Leben, mit all den Eigenschaften und der Natur des Einen Lebens.

Es gibt viele, welche die „wir – sie“ Doktrin lehren. „Wir sind rechtschaffen, sie nicht. Wir sind errettet, sie nicht. Wir sind gottgefällig und geliebt, sie nicht. Wir haben Gott gewählt, sie nicht.“ Menschen, die dieser Doktrin anhängen, sind in die menschlichen Lehren gefallen und verwechseln sie mit den Lehren Gottes.

Die Wahrheit ist, dass Jesus gesagt hat: „Ihr habt nicht mich erwählt, ich habe euch erwählt.“ (2) Wir, jeder von uns, wurden geschickt, damit ein bestimmter Zweck erfüllt werde. Es ist dieser bestimmte Zweck, der *uns findet*!

Wenn wir nicht die gesamte Schöpfung unter der absoluten Unschuld der Natur Gottes umarmen ... werden wir niemals in der Lage sein, diese Unschuld für uns selbst zu umarmen. Denn Gott sagte: „Ihr seid das wahre Licht, das in die Welt gekommen ist.“ Er sagte, dass Er das Licht *aller Menschen* sei. Er sagte, *dass alle Menschen die Fülle Gottes empfangen haben. (3)*

Ich erinnere mich an einen Mann, der in mein Büro kam und im Endstadium einer Krebserkrankung mit dadurch bedingten mehrfachen Knochenbrüchen war. Er hatte bereits über 70 Pfund verloren und sah aus wir der herumlaufende Tod.

Er hatte sein Leben auf eine sehr selbstsüchtige Weise gelebt. Er war ein rücksichtsloser Geschäftsmann, der auf Kosten aller anderen nur sein eigenes Bestes im Leben suchte. Er hatte fünf Frauen und mehrere Kinder, von denen er keines aufgezogen hatte. Auch war er Alkoholiker.

Der Tag war gekommen, als ich glaubte, er sei bereit, die Wahrheit darüber zu hören, wer er wirklich war, und über die Natur der Güte Gottes. Ich war mir nicht sicher, ob er nicht einfach gehen würde, wenn ich anfing zu sprechen. Doch ich konnte mir ausrechnen, dass nichts zu sagen sein sicherer Tod sein würde.

Ich war erstaunt und erfreut darüber, dass er die Worte mit Tränen umarmte und dass er ein Verlangen danach hatte, alles zu tun, was er tun müsse. Ich sagte ihm, er müsse dazu alle anderen in seinem Leben und auf der Welt durch die gleichen Augen sehen, wie Gott ihn sehe. Somit machte er eine Liste von allen, die er früher gehasst hatte, und die Liste war mehrere Seiten lang. Auch machte er eine Liste von all denen, die er verletzt hatte, und auch diese war mehrere Seiten lang. Er nahm sich vor, mit allen Kontakt aufzunehmen.

Er entschuldigte sich bei jedem von ihnen. Er sprach freundliche Worte zu denen, die er falsch beurteilt hatte, und das waren alle! Im Allgemeinen versuchte er, die Gräben zu überbrücken und den Schaden zu beheben, den er während seines ganzen Lebens verursacht hatte. Es dauerte Monate, aber er machte weiter. Einmal sagte er, dass dies das größte Glück sei, das er im Leben gefühlt habe. Er sagte, es wäre okay, wenn er sterben müsse, da er schließlich verstanden hatte, warum er hier sei und wie er leben sollte. Aber er starb nicht. Vier Monate später war der gesamte Krebs verschwunden, und alle Knochen waren geheilt. Man konnte nicht einmal sagen, welche Knochen vorher gebrochen waren!

Was war geschehen? *Als er die Güte und Unschuld anderer erklärt hatte, begann er, sie für sich selbst zu erkennen.* Alle Schuld und Verdammung war verschwunden. Zum ersten Mal seit er in diese sterbliche Existenz gekommen war, fühlte er, wie seine Göttliche Natur hervortrat. Er wurde auf eine Ebene der Gedanken erhoben, die nur Gesundheit, Freude und Gutes in Fülle kannte. An diesem Platz konnte Krankheit (dis-ease) einfach nicht existieren.

Einfach gesagt, wenn Sie sich selbst nicht vergeben können, ist das so, weil Sie anderen nicht vergeben können. Wenn Sie keine Güte in sich selbst sehen können, dann weil Sie diese in anderen nicht sehen können. Wenn Sie keine Unschuld in sich selbst erkennen können, dann deshalb, weil Sie die anderen nicht als rein, unschuldig und vollkommen gut ansehen können.

Deshalb werden diejenigen, die sich zu einer Religion bekennen, genauso krank werden wie diejenigen, die das nicht tun. Die Religion ist keine Versicherungspolice gegen Krankheit und Verwirrung in unserem Leben, aber *die Wahrheit* über Gott und die Menschen *zu kennen, ist es.*

Fünfter Teil:

Der Rhythmus des Lebens

Es gibt einen „Rhythmus des Lebens“, der durch die ganze Schöpfung, eigentlich durch alle Unendlichkeit, fließt. Es ist ein konstantes Pulsieren des Lebens, Dem alle geformten Dinge antworten, von den Sternen bis zum kleinsten Insekt. Sie fühlen diesen Rhythmus mit jedem Schlag ihres Herzens. Die ganze Schöpfung fühlt Ihn und lebt durch Ihn.

Sie können diesen Rhythmus nicht sehen, so wie Sie die Luft auch nicht sehen können. Sie können den Wind nicht sehen, aber Sie können die Auswirkungen seiner Präsenz spüren. Wir hängen mit unserem gesamten Wesen davon ab, genau wie von der Luft. Dieser Rhythmus ist die Präsenz, Die alles geformt hat, was wir sehen und sind. Und Er ist die Präsenz, Die alles in perfekter Ordnung zusammen hält.

Dieser unaufhörliche Rhythmus fließt, ob wir Ihn erkennen oder nicht. Er bleibt konstant, egal was sonst noch vor sich geht. Er ist nicht Subjekt der Meinungen und Glaubenssätze der Menschheit, so veränderbar und so wenig fundiert wie diese sind. Er ist konstant, immerwährend, unveränderbar (unveränderlich). *Er antwortet nur auf Seine eigene intelligente Ordnung*. Und wo auch immer Er ist, herrschen Leben, Schönheit, Perfektion, Güte und absolute Ordnung vor.

Wir erkennen diesen Rhythmus, wenn wir nach den Sternen in unserer Galaxie schauen, wenn wir die Ordnung der Planeten und der Orbits sehen, die Ihm ohne Anstrengung folgen. Wir sehen die Jahreszeiten, wie sie kommen und gehen und uns die Notwendigkeit von Zeitperioden enthüllen, in denen alles schlummert (Winter), um sich in aller Ruhe und Stille zurückzuziehen, um unser Denken wieder aufzufüllen und unsere Herzen von der Torheit und dem Lärm des menschlichen Bewusstseins zu klären, nur damit wir uns wieder an der Neuheit des Lebens (Frühling) erfreuen, wenn sie aus diesen Zeiten der Reflektion wieder erscheint. Das sind die Wege, durch welche die unendliche Intelligenz, Die wir Gott nennen, zu uns spricht, um uns Weisheit und Intelligenz zukommen zu lassen, die uns eventuell dazu führen, zu wissen Wer und Was Er ist und was unsere Beziehung zu diesem Wesen ist.

Wenn Sie weiter über diesen Lauf des Lebens oder „Rhythmus" reflektieren, berücksichtigen Sie auch die Tiere, von denen jedes einzelne einem bestimmten Aktivitätsmuster folgt, das von seiner Spezies abhängt. Wer leitet das Eichhörnchen, Nüsse für den kommenden Winter zu sammeln? Wer setzt die verschiedenen Geburtszeiten fest und gibt der Mutter die Weisheit, wie sie sich um ihre Jungen kümmern soll? Welcher unsichtbare aber definitive Einfluss führt, erhält und stützt all die geschaffenen Dinge, angefangen von den Kreaturen bis zu den Pflanzen und Bäumen? „Er öffnet Seine Hand und befriedigt den Wunsch eines jeden Lebewesens." (1)

Es gibt einen Rhythmus des Lebens, einen Lauf der „Energie", intelligent und weise, konstant und immerwährend, Der alles geformt hat, was sichtbar ist, Der alle Dinge füllt, Der die Existenz von allem regelt und die Aktivität von allem leitet. *Er ist das Leben und der Atem von allem, was Er geformt hat.* Man bezeichnet Ihn auch als den ‚Geist des Lebens aller Dinge'.

Interessanterweise ist die Wurzel des Wortes „Atem" dieselbe wie für die Worte „Geist" und „Luft" … alle stammen von der Wurzel „pneumo" ab. Wie die Luft den ganzen Raum füllt, so füllt auch der Geist des Lebens allen Raum und jeden Platz. Er kennt kein Vakuum. Wo immer Raum zur Verfügung gestellt wird, füllt er sich sofort mit diesem Geist. So lesen wir: „Wir leben und bewegen uns und haben unser Sein in diesem Rhythmus / Geist des Lebens." Das trifft auf die gesamte Schöpfung zu.

Gott ist nicht getrennt von dem, was Er geschaffen hat!

Wie wir schon früher gesagt haben, kommen wir zum Verständnis der Natur dieses Lebensflusses (Gott) durch das, was Er gemacht hat. Die Schöpfung erklärt ihren Schöpfer!

Überall in dieser riesigen Ausdehnung der sichtbaren Schöpfung fangen wir an, die konstante Präsenz des Rhythmus allen Lebens zu kennen, zu fühlen und zu begreifen. In Momenten der Stille und Ruhe können wir fühlen, dass wir mitten in Ihm sind und von Seinem Fluss getragen werden. Bald wird dies mehr Realität für uns als das, was wir sehen. Wir wissen, dass wir wahrlich lebendig sind, dass der Fluss lebendig ist, wenn Er durch uns hindurch fließt. Wenn Er jeder Zelle, jedem Organ, jedem System, jedem Winkel, jedem Riss und jeder Spalte unseres Körpers, sowie unserem Geist, unseren Gedanken und Gefühlen Leben bringt und unser ganzes Leben hindurch Ordnung herstellt und erhält.

Wir blicken nicht länger auf unseren physischen Körper, damit er uns Leben und Gesundheit bringe, weil wir verstehen, dass unser Körper nur auf die Präsenz des Rhythmus des ewigen, unendlichen Lebens *antwortet.*

Wir machen nicht länger den Fehler zu denken, dass etwas Geschaffenes die Fähigkeit hat, aus sich selbst heraus zu leben, getrennt und unabhängig vom Geist des Lebens, Der es geformt hat.

Wir machen uns nicht länger abhängig von unserem Körper, was unsere Stärke, unsere Gesundheit und unser Wohlergehen betrifft.

Jetzt schauen wir auf das Leben aller Dinge, auf *unser* Leben. Jetzt schauen wir auf den *Rhythmus*, auf die Präsenz des Lebens selbst, und *das wird zur Quelle unseres Lebens und zu der erwünschten Güte in Ihr.*

Warum ist das so wichtig? Wie ändert es in und aus sich heraus alles? Wie schützt es uns mehr in unserer Gesundheit, in unserer Sicherheit und in unserem Leben?

Alles, was ich über das Leben und den Tod wusste oder zu wissen dachte, war der Glaube, dass wir für all das verantwortlich seien. Ich wurde als Krankenschwester auf einer Intensivstation ausgebildet, ich verbrachte den größten Teil meines Lebens damit, hektisch herumzurennen und zu versuchen, das, was gebrochen war, zu fixieren, das zu richten, was falsch war. Im Allgemeinen fühlte ich mich dabei für das Resultat all dessen verantwortlich. In meiner Welt war das Leben des Körpers sehr zerbrechlich, immer geneigt, in jedem Moment kaputt zu gehen, meistens ohne jegliche Vorwarnung. Klingt das nicht bekannt?

Jedes Organ, jedes System und jede Zelle war verantwortlich dafür, seine eigene Ordnung aufrecht zu erhalten und das zu tun, was richtig war. Wenn es das nicht tat…, und wir dachten niemals, dass es das tun würde oder könnte…, dann waren wir diejenigen, die das reparieren mussten. Das am meisten verbreitete „medizinische Denken“ heute ist, entweder hektisch herum zu rennen, gefesselt von der Illusion, sich sehr verantwortlich zu fühlen…, oder in einem Nebel der Apathie zu schwimmen, da wir schon vor langer Zeit erkannt haben, dass wir nicht ein Ding reparieren können.

Das wird menschliches Eingreifen genannt, und die gesamte medizinische Welt existiert und funktioniert innerhalb dieses Denkens. Eigentlich ist das gesamte „Weltdenken“ ein Ausdruck dieses Glaubens. Innerhalb dieser Ebene des Denkens haben wir kein Vertrauen, kein Selbstbewusstsein und kein Verständnis von dem, was das Leben überhaupt ist.

Ich habe jahrelang in diesem verdrehten und gestörten Denken gelebt. Sollten wir nicht das reparieren, was fehlerhaft war? Sollten wir nicht Angst vor dem haben, was schmerzhaft sein könnte? War das Leben nicht voller Gefahren, mit denen wir uns auseinandersetzen mussten, um sie wenn möglich zu verhindern? Wie konnte man dem Leben trauen, wenn man ihm offensichtlich überhaupt nicht vertrauen konnte?

Es war für mich lange Zeit sehr frustrierend. Ich konnte es nicht erfassen, und ich konnte es nicht loslassen. Ich fand mich weinend aufgrund der Frustration und der Verwirrung meiner Gedanken.

Es war dieser Zustand im Denken, der mich zur Erfahrung des Wissens, und noch wichtiger, zu *dem Gefühl des Lebens* brachte. Das war eine *ewige Wahrheit*, die darauf brannte, sich mir zu enthüllen.

Eines Nachts, während ich durch die Erschöpfung der Ereignisse des vergangenen Tages fest schlief, brach das Leben durch den Nebel und das Labyrinth meiner Verwirrung hindurch. *Leben* … mit all seiner Herrlichkeit und Brillanz, mit all seiner Klarheit und Reinheit … mit all seiner Güte und Perfektion, so brach es mit diesen Worten hervor:

„Es gibt nur EIN LEBEN. ICH BIN dieses Leben. Alles existiert als eine Manifestation dieses Lebens. Jeder existiert als eine Manifestation dieses Lebens."

Die ganze Erfahrung war elektrisierend. Ich saß kerzengerade in meinem Bett.

Plötzlich war ich in der Lage, das Leben von allem zu *sehen*. Nicht einfach nur das sichtbare, sondern das Leben in allem. Ich sah, dass dieses Leben die regierende Präsenz war, wie es alle Formen füllte und allem Schönheit und Ordnung gab. Ich sah, dass Gott nicht von irgendetwas getrennt war, dass Er nicht im Gebet angerufen werden musste, um etwas zu reparieren, sondern dass Er wirklich schon das Leben von allem war!

Dieses Bewusstsein hielt sich bei mir monatelang. Es war mühelos und „realer" für mich als alles, was ich bis dahin geglaubt hatte. Gott war das Leben von Allem, und alles war die Manifestation dieses einen Lebens.

Es ist nicht nötig zu sagen, dass mein gesamtes Gedankensystem, mein gesamtes Glaubenssystem, einen sofortigen und radikalen Wandel machte. Teile des sprichwörtlichen Puzzles fielen an ihren Platz. Ich begann, Dinge zu verstehen, die ich in meiner Bibel gelesen hatte, die bis dahin für mich überhaupt keinen Sinn ergeben hatten.

Das, was für mich am wichtigsten war, war, dass ich verstand, wie es kam, dass Jesus all die Kranken und Leidenden heilte. Er sah immer das Leben und nicht die Bilder von kranken und jämmerlichen Menschen, die zu ihm kamen, um sich von ihm helfen zu lassen. Er sah das, was sich niemals änderte…, was Gott, das Leben aller Dinge, gemacht hatte und erhielt. Er wählte, hinter das zu sehen, was geglaubt wurde, was im Herzen war und nicht verändert werden konnte. Er sah Leben … überall und in allem. Er reiste durch diese menschliche Erfahrung und wusste, was zur damaligen Zeit noch niemand wusste. Er kam, um uns das zu lehren. *Sehen Sie, es musste nichts repariert werden..., es musste nur korrekt gesehen werden.* Was wir eine Heilung nennen, war das, was Jesus als immer präsente Realität sah.

Natürlich sah Jesus mit seinen Augen das, was jedermann sah, aber mit Sicherheit sah er das nicht mit seinem Herzen. Mit anderen Worten, *er war niemals damit einverstanden, er gab niemals seine Einwilligung dazu.* Warum? Weil er etwas wusste, was unendlich realer war als Unvollkommenheit und Elend. Er wusste, dass das Leben die Realität war und nicht das, was wir sahen, erfuhren oder glaubten. Das bringt uns zu der Frage: „Erfahren wir diese Dinge, weil wir zuerst glauben, dass unser Leben zerbrechlich und solchem Elend ausgesetzt ist? Sind es genau diese Glaubenssätze, die solche Dinge zulassen? Und wenn das so ist, wie können solche Glaubenssätze korrigiert werden? Mit welchen Augen sind wir in der Lage, unser Leben als ganz, perfekt, schön und ewig zu sehen?“

Heilungen sind keine Wunder sondern die *natürliche Konsequenz* des Wissens, wie das Leben wirklich ist. Heilungen sind keine Korrekturen, die erscheinen, sondern einfach die Entfernung eines Gedankens und dessen Ersatz durch einen anderen. Obwohl wir nicht immer das Vollkommene sehen, ist es doch immer präsent. Es ist nur die falsche Vorstellung im Denken, die durch die Wahrheit ersetzt werden muss.

Wir müssen erkennen, dass das Leben nicht das ist, was wir *tun*, sondern die Präsenz eines nicht zu unterbrechenden Rhythmus, einer unsichtbaren Spirituellen Präsenz, die sich uns in und durch alles enthüllt, was sie geschaffen hat. Dann können wir Ihr erlauben, sich uns zu enthüllen … und schließlich als uns selbst. Dann wird sich wahrhaftig die Einheit Gottes und der Menschen enthüllen, und das Gebet von Jesus wird sich erfüllen: „Alle sollen eins sein: Wie du, Vater, in mir bist und ich in dir bin, sollen auch sie in uns sein." (2) Eins! Vollkommener Gott, vollkommenes Leben, das in perfektem Rhythmus fließt, das überall da eine perfekte Ordnung erschafft und erhält, wo es *gesehen und bestätigt wird.*

Als Bibelschülerin erinnerte ich mich an die Geschichten und Ereignisse, an die Worte und Wahrheiten hier und da, die letztendlich nun einen Sinn für mich ergaben. Einige will ich jetzt mit Ihnen teilen.

Im zweiten Buch der Könige treffen wir den dynamischen Propheten Elia. In seiner Zeit als Pastor betreute er einen jungen strebsamen Propheten namens Elisa. Niemals zuvor wurden solche Wunder dokumentiert, wie die, die Elia vollbrachte. Als es für ihn Zeit wurde, zu dem Geist, Der ihn gesandt hatte, zurückzukehren, fragte Elia seinen jungen Freund, was er für ihn tun könnte, bevor er ging. Elisa antwortete: „Ich hätte gerne eine doppelte Portion deines Geistes auf meinen Schultern." Er wollte dieselbe Arbeit fortführen, die sein Meister getan hatte. Er wollte wirklich in dessen Fußstapfen treten. Nach einem Moment des Nachdenkens antwortete ihm Elia: „Wenn du mich siehst, nachdem ich von dir weggenommen wurde, wird es dir zuteil werden." (3)

Um in der Lage zu sein, Elia zu sehen, nachdem er gegangen war, musste er in der Lage sein, mit den Augen seines Herzen zu *sehen.* Er musste hinter das *sehen*, was sichtbar war … in die ewige Wahrheit Gottes. Genau gesagt, dass *Gott das Leben der Menschen ist und dass das Leben niemals aufhört zu existieren. Wenn dieses Leben bekannt und erkannt ist, dann wird die ewig präsente Vollkommenheit und Schönheit den Menschen erscheinen.* Zweifellos war Elisa in der Lage, das zu sehen, was Elia sah, als er hier war, weil er die Arbeit seines Meisters fortsetzte und dieselben Wunder vollbrachte, die dieser getan hatte.

Später sagte Jesus zu seinen Jüngern im Bericht des Evangeliums von Johannes: „*Ihr* werdet noch größere Dinge tun, nachdem ich zu meinem Vater gegangen bin.“ (4) Und genau vorher hat er ihnen gesagt, dass seine Zeit hier zu Ende ist, aber obwohl sie ihn nicht *sehen* könnten, würden sie doch bald *in der Lage sein, ihn zu sehen.* Das kann schon sehr verwirrend sein, wenn Sie nicht anfangen zu verstehen, dass er von einem Sehen spricht, das durch ein erleuchtetes Verständnis mit dem Herzen geschieht. Und was ist dieses Verständnis? Dass Er, der Christus, das Leben aller Menschen ist … faktisch das Leben aller Schöpfung. Und sobald Sie in der Lage sind, dies klar zu sehen, wenn Sie nicht länger so sehen, wie der Mensch die Dinge sieht…, der das Leben nur aus der Perspektive der Blindheit des menschlichen Verstandes und des menschlichen Verständnisses heraus erblickt…, dann werden auch Sie in der Lage sein, die Arbeit der Meister zu tun und das zu erfüllen, wozu *Sie* hierher gesandt wurden.

Heilung findet nicht durch das statt, was wir *tun.* Heilung findet nicht durch das statt, was wir *sagen.* Heilung findet nicht durch das statt, was wir beten. *Sie findet durch das statt, was wir sehen.*

Das war für mich eine schwierig zu fassende Wahrheit, so verwurzelt wie ich in all dem Tun, Tun, Tun war. Also warum tat und tat und tat ich? War all das, was ich für die Leute inmitten ihres Leidens getan hatte, nichts wert? Sollte ich weitermachen? Konnte oder sollte ich fortfahren, ihnen weiterhin auf diesem materiellen Weg zu helfen, während ich ihnen dieses neue Verständnis beibrachte und mit ihnen in diesem neuen Verständnis weiter nach vorne ging? Die Antworten auf meine vielen Gebete durch die Jahre hindurch bestätigen mir, dass es mein Weg, meine Bestimmung, war, den Leuten auf ihrer gegenwärtigen Bewusstseinsebene zu helfen und gleichzeitig mit ihnen daran zu arbeiten, den Schleier zu entfernen, der uns alle blind gemacht hat. Also werde ich weiterhin auf diesem Weg fortschreiten.

Im Angesicht von offensichtlicher Deformierung, Degeneration, Zerstörung, Krankheit und Tod … hinter dem Schleier der menschlichen Glaubenssätze und Ängste … gibt es den Fakt der Ewigen Existenz, die sich niemals ändert. *Wir Sind Sein Christus.* Genauso wie es nur Ein Leben gibt, so gibt es nur Einen Sohn…, Eine Manifestation dieses Einen Lebens.

Deshalb stehe ich unter keinem Menschen, unter keinem menschlichen Glaubenssatz oder unter keiner menschlichen Erfahrung. Niemand hat die göttliche Autorität, mich in Knechtschaft zu halten.

Wie die Israeliten im Altertum habe ich gedient und war versklavt unter harten Zuchtmeistern, den Pharaonen der Angst, der Krankheit, der Schmerzen und des Todes. Aber jetzt werde ich ihnen nicht mehr dienen. Es ist das letzte Mal, dass ich am Altar der Krankheit gebetet, ihre Macht und Auswirkungen auf unser Leben gefürchtet habe. Ich habe dem medizinischen Wahnsinn gedient, mich vor seiner Autorität verneigt und ihm all das erlaubt, was er für richtig hielt. Aber jetzt nicht mehr.

Jetzt sehe ich. Und jetzt weiß ich.

Dieses eine Leben zu sehen, jenseits und hinter all die Erscheinungen des Bösen zu blicken, ist wirklich das, was uns das Leben, die Ganzheit und die Gesundheit sichert. Dieses ewige Sein, das sich niemals ändert, kann niemals verändert werden und wird sich definitiv nicht durch etwas, was wir gewählt haben zu glauben oder zu fürchten, bewegen! Das ist der Anker unserer Hoffnung. Das ist das Gesetz des Lebens, das uns in der Herrlichkeit des Ewigen Lebens hält, jetzt und für immer.

Es ist dieses Verständnis, was alle Krankheiten und alles Böse zu einer unrechtmäßigen Erfahrung macht. Zu einer Erfahrung, für die wir anfällig waren, und von der wir schikaniert wurden. Aber jetzt nicht mehr!

Auf dieselbe Art erkennen wir, dass Krankheit ein Eindringling des

Denkens ist, ein unerwünschter Besucher, den wir nicht länger unterhalten müssen. Wir würden ja auch keinen Dieb, keinen Mörder oder keinen Vergewaltiger in unser Haus einlassen. Die Tür ist versiegelt; Verständnis und Wahrheit stehen an der Tür unseres Verstandes und erlauben nur der Wahrheit einzutreten.

Still genug zu werden, um den ewigen Rhythmus allen Lebens zu „fühlen", heißt, in die Gegenwärtige Perfektion einzutreten und unsere Heilung empfangen.

Das Prinzip der Auferstehung

Solange die Erde besteht, sollen nicht aufhören Aussaat und Ernte, Kälte und Hitze, Sommer und Winter, Tag und Nacht. Wenn diese aufhören können, dann kann mein Friedensversprechen versagen." (1)

Vor vielen Jahren begann ich, ein Muster wahrzunehmen, einen Zyklus, der in der Natur vorkommt. Ich sah es als das Leben, das nach dem Tod immer wiederkehrt. Oder genauer gesagt ... aus dem, was der Tod *zu sein scheint*, erscheint immer Leben. Das Verständnis dieses „Lebensprinzips" hat großen Trost und Zuversicht in mein Leben gebracht. Aus der Entfaltung und Enthüllung dieses Verständnisses resultierten Tausende von Heilungen und Korrekturen menschlicher Zwietracht und Krankheit.

Ich beobachtete, wie die Winter dem neuen Leben im Frühling Platz machten. Der Winter erschien als eine Art Tod. Nichts wuchs ... alle Blätter starben und fielen von den Bäumen. Die Erdenergie schien zurückzugehen und zu warten. Aber egal wie lang oder düster der Winter, egal wie hart und heftig die Zeit war, der Frühling kam stets mit Leben, Wachstum und dem Versprechen von Gutem überall.

Das trifft auch auf die Nacht zu. Es ist dunkel. Die Blumen klappen zusammen, die Vögel hören auf zu singen. Sie können ihre Hand nicht vor den Augen sehen, nur den Mond. Überall erscheinen Schatten und nehmen jedes erdenkliche Bild an.

Die Leute fürchten sich in der Nacht. Die meisten der verzweifelten Anrufe von meinen Patienten erhalte ich nachts. In der Nacht sind die Symptome übertrieben und verschlimmert. Sie kommt wie eine Drohung des Todes, wenn man sich bereits einsam und verwundbar fühlt. Aber egal wie dunkel und unheimlich die Nacht erscheint, das Morgengrauen kommt immer. Die Nacht macht dem Licht ohne Kampf oder einem Zeichen des Widerstandes Platz. *Licht ist ver-*

standene Wahrheit. Wenn einmal die wahre Vorstellung der Güte, der Perfektion und der Ordnung erscheint, dann verschwinden die Vorstellungen, die das Dunkel produziert hat, so leicht wie die Nacht dem Tage weicht.

Mein Liebling ist der Samen. Er fasziniert mich mehr als Worte ausdrücken. Nehmen wir zum Beispiel einen schwarzen Walnusssamen. Das ist die härteste Schale, die auseinander brechen muss. Wir haben zwei wunderschöne riesige Walnussbäume in der Nähe unseres Hauses. Am Ende jedes Sommers fallen die Samen auf die Erde. Ich habe sogar schon einen Hammer genommen um diese Samen zu öffnen, und es gelang mir nur mit viel Kraftaufwand.

Jetzt betrachten Sie diesen Samen als Beispiel für jeden anderen Samen in der Erde. Stellen Sie sich vor, wie dunkel, nass und kalt es für den Samen sein muss, wenn er tief in der Erde versinkt oder bewusst eingepflanzt wird. Es gibt keine sichtbare Aktivität…, und mit dem Verstand des Samens betrachtet, keinen sichtbaren Weg aus dieser Dunkelheit heraus. „Wenn ich wackle und mich in eine Richtung krümme … dann könnte es nicht nach oben gehen, und stattdessen könnte ich noch tiefer hinein wackeln … oder zur Seite, und ich würde für immer wackeln!" Wie wird dieser kleine Samen jemals seinen Weg ins Tageslicht finden?

Schlussendlich hört er mit all seiner Arbeit und mit all seinem Ärger auf. *Er erinnert sich daran, dass er innerlich eine Lebenskraft hat, die keine Ruhe geben wird, bis er in Erscheinung getreten ist.* Diese Lebenskraft ist und kommt nicht aus ihm selbst. Aber so sicher wie er existiert, so gibt es eine Lebensenergie im Innern. Wenn wir uns diesen Samen anschauen … ist es einfach eine harte, leblose Schale, die für immer in der feuchten Erde begraben ist. Aber im Innern ist das Leben der Ewigkeit!

So hört er auf zu kämpfen, überlässt sich dem Pulsschlag des Rhythmus des ewigen Lebens, der durch ihn hindurch fließt, und wartet mit großer Zuversicht." Werft also eure Zuversicht nicht weg, die großen Lohn mit sich bringt, denn wenn ihr den Willen Gottes erfüllt habt (was immer heißt, sich diesem Leben im Innern auszuliefern), sollt ihr das verheißene Gut empfangen!"(2)

Abraham brauchte 99 Jahre, um mit seinen Anstrengungen aufzuhören, den Sohn zu bekommen, den Gott ihm versprochen hatte. Sobald er damit aufgehört hatte zu kämpfen und zu versuchen, „etwas stattfinden zu lassen", wurde Isaak geboren.

Moses verbrachte 40 Jahre in der Wüste des Zweifels und der „Dunkelheit im Verstehen", bevor es schließlich zu der Enthüllung des wahren Gottes am brennenden Busch kam… (dieser brennende Busch war das brennende Verlangen seiner eigenen Seele, Gott zu kennen … das, was niemals Ruhe gab, bis ihm Gott erschien.) Er musste schließlich an einen Platz des Vertrauens und der friedlichen Hingabe kommen, bevor dies in seiner Seele erscheinen konnte.

Jesus wartete 30 Jahre im Geschäft des Zimmermanns, bis er genügend vom Vertrauen in sich selbst, von jeglichem Vertrauen in seine eigenen Anstrengungen und Fähigkeiten, gereinigt war, bevor er hervortrat, um das Gesicht der gesamten Welt für immer zu verändern. Schließlich war er fähig zu sagen: „Ich kann nichts aus mir selbst heraus tun. Was ich höre, was ich spreche, was ich sehe, das tue ich."

Paulus verbrachte nach seiner Bekehrung 3 Jahre in Isolation, ließ all seine vorher geltenden Glaubenssätze los und lernte, auf die Stimme Gottes zu hören, wie sie Dinge enthüllte, die noch nie ein Mensch zuvor verstanden hatte.

Johannes verbrachte Jahre auf der weit entfernten Insel Patmos, um die Reste seiner „Selbstsucht" zu verlieren, bevor er die Vision der „Offenbarung Jesus Christus" in, an und durch die Schöpfung erhielt.

König David lebte in Isolation und hütete die Schafe, bis er gelernt hatte, dass er in jedem Lebensumstand der Macht und Kraft des lebendigen Gottes trauen konnte. Nur dann konnte er eines Tages hervortreten und über Goliath triumphieren. Später rannte er dann vor Saulus weg, bis er Demut und Gehorsam vor der Stimme Gottes gelernt hatte, die er brauchte, um die Nation als König von Israel zu führen.

Also zurück zu dem kleinen schwarzen Walnusssamen. Wenn er mit seinem Kampf aufhört, wenn es so aussieht, als gäbe es kein weiteres Leben für ihn … gibt es plötzlich eine Bewegung, ein innerliches Umdrehen. Das göttliche Leben gewinnt an Stoßkraft … und von innerhalb dieses Samens, dessen Aufbrechen so unmöglich zu sein schien, entsteht ein Riss in der Schale. Dieser Riss macht einem kleinen Spross mit einem in Demut und Hingabe nach unten hängenden Kopf Platz. Immer weiter nach oben durch den schweren Boden. Durch das Gewicht des Bodens hindurch, der das Tausendfache an Gewicht des eigenen molekularen Gewichtes hat. Höher, vorbei an schweren Erdklumpen und Steinen, und manchmal auch vorbei an von Menschen über die Erde gelegtem Zement!

Aber dieser kleine Spross ist nicht durch seine eigene Stärke motiviert. Er hat keine eigene Stärke, mit der prahlen kann. Es ist die Stärke des ewigen Lebens, die ihn aufwärts treibt, vorbei an jeglichem Hindernis auf seinem Weg. Es ist dasselbe ewige Leben, welches *unser* Leben, unser Atem und unser Lebenszweck ist. Es kennt den Weg und ist *unbarmherzig in seinem Entschluss, ins Licht enthüllt zu werden.*

Schließlich bricht der kleine Spross durch die Erdoberfläche und bewegt sich weiter, höher ins Licht. Bald hebt er seinen Kopf und blickt ins Licht. Er öffnet sich und enthüllt die Stärke des ewigen Lebens, das als der Beginn eines neuen Walnussbaumes hervorkommt!

Und das Leben beweist einmal wieder für alle Welt sichtbar, dass der Tod keine Macht hat. Es beweist, dass das Leben nicht in seinem Ausdruck verneint wird. Es beweist dies in jeder Situation und in jedem Umstand!

Das zeigt uns den Weg zur Auferstehung aus jeglicher menschlicher Bedingung. Er ist die stille Hingabe an die Macht, die im Innern lebt … an die Präsenz der ewigen, unveränderlichen Weisheit von Gott. Wir ergeben uns niemals der Bedingung, der Krankheit und dem

Übel, das auftritt. Niemals!

Wir ergeben uns dem Leben, das, wie wir wissen und glauben, die Substanz von all dem ist, was geschaffen wurde, einschließlich von uns selbst. Das ist das Prinzip der Auferstehung … aus dem, was auf irgendeine Art wie der Tod erscheint … kommt immer das Leben.

Einmal reisten mein Mann und ich nach Alaska und flogen mit dem Hubschrauber über die schwarzen wie Granit erscheinenden Berge. Man erzählte uns, dass diese speziellen Berge vor Jahrhunderten durch die Lava der Vulkane geformt wurden. Mir erschienen sie kahl und leblos. Bald kamen wir dennoch durch einen Landstrich, der reich an hellgrüner Vegetation war. Es war ein weiterer Berg, aber dieser hatte sich davon erholt, Jahrhunderte lang untätig unter der Last der Granitsteine zu liegen. Letztendlich war das Leben erschienen!

Nichts kann das Leben zurückhalten, absolut nichts! Sein einziger Zweck ist, sich selbst in seiner Schönheit und Herrlichkeit zu enthüllen … und das tut es immer. Als ich aus dem Fenster des Hubschraubers schaute, dachte ich: „Das Leben kann einfach nicht verneint werden!"

Und ich fühlte die Präsenz Gottes, die tief in meiner Seele lachte.

Als ich in meiner Jugend durch verschiedene konfessionelle Kirchen reiste, hörte ich immer wieder diese Worte: „der Tod des Selbst"… was sich auf die Idee der Selbstverneinung bezieht. Die Bibelschule, die ich besuchte, benutzte diese Doktrin, um uns davon zu überzeugen, dass wir nichts für uns persönlich haben sollten. Eine Kirche, die ich später kurz besuchte, benutzte diese Doktrin dazu, die Frauen weiterhin davon abzuhalten, Hosen zu tragen, ihre Haare schneiden zu lassen oder Make-up zu tragen. Viele Kirchen interpretieren das so, dass wir schreckliche Dinge in unserem Leben zu akzeptieren hätten, egal welche Konsequenzen das hat, weil es Gottes Wille sei, dass wir das tun.

Lassen Sie uns betrachten, was das wirklich heißt.

Deshalb ist es so wichtig, dass wir das Auferstehungsprinzip verstehen. Es muss einen „Tod“ geben in den alten Denkweisen, den alten Ansichten, den alten menschlichen Meinungen und Urteilen. Das ist die Selbst-Verneinung, die uns von Jesus gelehrt wurde.

Es muss einen „Tod“ geben für alle unsere Verrückten, die wild herum rennen und versuchen, unsere Probleme zu lösen oder jemand anderen zu finden, der sie lösen kann. Es muss einen „Tod“ geben in der alten Art der Interpretation von Gottes Natur, damit ein jegliches neues Verständnis erscheinen kann.

Aus diesen „Todes“ - Erfahrungen heraus, was „den Tod unserer alten selbst initiierten Ideen und Verhaltensmuster“ bedeutet, ...erscheint die neue Enthüllung unserer wahren Natur. Ganzheit erscheint, Güte erscheint, Harmonie erscheint, Fülle erscheint … das Göttliche Leben Gottes erscheint.

Erinnern Sie sich daran, dass es immer Gottes Ziel ist, dass Sein Leben in jeder menschlichen Situation erscheint. Immer!

Wenn es da in Ihrem Herzen etwas gibt, was immer noch glaubt, dass Gott Sie als Versager sieht, als jemanden, der Zeiten des Leidens zur Strafe braucht, um Sie zu korrigieren oder zu führen, werden Sie niemals in der Lage sein, das nötige Selbstvertrauen zu haben, um sich aus Ihren Lebensumständen zu erheben. Sie werden bewusst oder unbewusst das Problem bei sich behalten.

Das ist es, was „sterben“ muss, damit Ihnen das Leben erscheinen kann.

Es ist wahr, dass die menschliche „Selbst“ - Sucht die Barriere zum Erscheinen des Göttlichen Lebens ist. Egoismus, Selbsterhaltung, Selbstzentriertheit, Eigennutz usw. Diese erobern unsere Herzen, wenn wir immer noch denken, dass das Leben nur uns gehört…, dass unser Leben statt eine Manifestation und Deklaration dieses Einen Lebens zu sein ... unsere persönliche Verantwortung ist, um herauszufinden, dass wir getrennt sind vom Leben, welches Gott ist.

Darwin erzählt uns, dass das erste Gesetz der Menschheit die Selbsterhaltung ist. Das ist das erste Gesetz der Menschen, die mit den Augen der totalen Dunkelheit und Verwirrung und nur durch das menschliche Bewusstsein, wie es heute erscheint, sehen.

Aber der erleuchtete Mensch, der den Geist, das Herz, die Präsenz und das Ziel Gottes kennt, wird sich niemals davor fürchten, seine Angelegenheiten durch das Gesetz der Selbstopferung der Liebe regieren zu lassen. Er fürchtet sich niemals davor, etwas zu verlieren, wenn er das tut. Er weiß, dass „ihm alle Dinge gegeben sind zu seinem Nutzen und zu seinem Besten", und dass „alles, was der Vater hat, sein ist." (4) Er weiß, dass es ihm an nichts mangelt … und niemals wird … weil er weiß, wer er wirklich ist. Deshalb fürchtet er sich niemals davor, all das zu geben, was er hat. Je mehr man mit Freude und Verständnis gibt … desto mehr fließt es wieder zu einem zurück.

Es gibt eine Geschichte im Neuen Testament, im Johannesevangelium, wo zwei Griechen an den Ort kamen, an dem Jesus sich aufhielt, und verlangten, ihn zu sehen. (5)

Jetzt wusste Jesus aber, dass den Menschen Jesus zu sehen nicht das war, was sie wirklich wollten…, er wusste, dass sie wissen wollten, was ihn so von allen anderen unterschied, die sie bisher gesehen hatten. Welcher Geist leitete ihn? Könnten sie jemals dasselbe Leben erfahren, was er erfahren hatte?

Da er das wahre Verlangen ihrer Herzen kannte, lehnte er es ab, sie persönlich zu treffen und sagte stattdessen einem seiner Jünger: „Geh und sage ihnen, dass ein Weizenkorn so lange alleine bleibt, wie es nicht auf die Erde fällt und stirbt. Wenn es stirbt, bringt es viele Früchte hervor. Solange ein Mensch nicht bereit ist, sein Leben zu verlieren, kann er nicht das Leben erlangen, das ich lebe. Das ist es, was das „Kreuz" bedeutet … und es ist dieses Kreuz, das sie auf sich nehmen müssen, um das Leben zu finden, das ich lebe."

Jesus beschrieb „den Tod des Selbst" oder die Selbstverneinung … aber von einer höheren und heiligeren Sicht aus … aus der Vision der Ewigen Weisheit.

Noch einmal, die wortwörtliche und eigentliche menschliche Sicht der spirituellen Wahrheiten verursacht dem Menschen große Schmerzen und Verwirrung. Nicht zu vergessen, dass er damit verursacht, die Herrlichkeit des Lebens zu verfehlen, die er hier während dieser wirklich menschlichen Erfahrung leben soll.

Das „kleine“ Selbst mit seinen Meinungen muss sterben, damit das Eine große und glorreiche Ewige Selbst erscheinen kann. Weil wir alle eine Reflektion, ein Teil und eine Manifestation dieses Ewigen Einen sind. Das ist es, was wir sehen und verstehen müssen. „Denn wie Er ist im Himmel, so sind wir auf Erden.“ (6)

Vor Jahren ging ich zu einem Vortrag von einem ehemaligen katholischen Priester. Er erzählte seine Geschichte …

Er bekam die Diagnose Leberkrebs und war im Endstadium dieser Krankheit. Deshalb wurde er ins Krankenhaus eingeliefert und war manchmal bei Bewusstsein und manchmal bewusstlos. Er war an zwei Infusionen angeschlossen, die eine enthielt Flüssigkeit und die andere Blut. Des Weiteren hatte er einen Herzmonitor, einen Urinalkatheter, bekam Sauerstoff und alles, was sonst zu diesem Szenario dazu gehörte. Sein Körper war so gelb wie ein Kürbis, seine Augen waren eingefallen, seine Arme und Beine waren so dünn wie Bohnenstangen, während sein Magen angeschwollen und hart war.

In diesem Zustand hörte er den Geist Gottes zu ihm sprechen. „Ist es das, was du willst?“ Als er antwortete: „Nein.“, hörte er:

„Dann wähle noch einmal.“

Er sagte, dass er in diesem Moment verstanden hatte, dass Gott so etwas niemals für die Menschen gewählt hat, aus keinem Grund. Er verstand, dass wir durch die Ideologie, die wir bezüglich Gott für wahr halten, unabsichtlich unser Leiden wählen … speziell, dass Gott belohnt und bestraft und dass wir alle Strafe verdient haben“

Er schaffte es, sich selbst aus dem Bett zu schleppen, zog seine Infusionen, seine Katheter und den Schlauch für die Sauerstoffzufuhr heraus. Als der Alarm des Herzmonitors losging, kamen die Schwestern angerannt und dachten, sie würden ihn tot vorfinden. Aber stattdessen sahen sie, wie er sich mit all seiner Kraft seine Hose anzog. Sie können sich vorstellen, welchen Wirbel er an diesem Tag verursachte. Sie dachten, er sei aufgrund seiner Krankheit und seiner Medikation wahnsinnig geworden. Aber er bestand darauf, dass sie ihn gehen ließen. Die Ärzte wurden herein gerufen, ebenso wie die Krankenhausverwaltung. Letztendlich gaben sie ihm ein Entlassungsformular zum Unterschreiben und riefen ein Taxi für ihn.

Er sagte, dies sei alles gewesen, was er tun konnte, um in seine Wohnung zu kommen, um die unmittelbare Pflege für sich selbst zu übernehmen. Aber er sagte ständig: „Ich wähle noch einmal! Ich wähle das Leben und erlaube dem Tod nicht länger, mein Leben zu regieren. Ich wähle einen Gott der Güte und der Liebe, nicht einen urteilenden und strafenden Gott. Ich wähle zu wissen, dass das Ziel Gottes manifestiert wird und dass Sein Leben in dieser Situation, wie auch unter jedem anderen menschlichen Umstand, erscheinen wird.“

Es brauchte 6 Monate schrecklicher Kämpfe und „Nahtod“ - Zeiten, aber letztendlich hatte er die Stärke, um zurückzukommen, und schließlich kam er am Ende der Tortur an. Jetzt stand er vor uns und bezeugte die wahre Natur Gottes und die Abwesenheit der Notwendigkeit für Leiden.

Das ist die wahre Bedeutung des Wortes ‚Reue’…, noch einmal wählen.

Sechster Teil: Einführung

Wenn wir über traditionelle Religion kontra die neue Enthüllung sprechen, die am menschlichen Horizont der Suche nach ganzheitlichem Verstehen aufgeht....

Gibt es da einen Punkt, an dem sich das alte und das neue Denken treffen können? Ist dies möglich, ohne die etablierten und bewährten Wahrheiten zu verlieren? Können wir an der Wahrheit festhalten und dennoch ein neues Verständnis mit einem höheren Sinn von Klarheit umarmen..., eines, das uns ein gesünderes Leben in Fülle verspricht, als wir es besitzen, in einem Frieden, der die ganze Menschheit umarmt, mit einem stärkeren Sinn für unsere Lebensaufgabe, mit mehr Respekt der Erde gegenüber? Gibt es einen Ort, an dem wir Gott klarer sehen können? Wo wir die Wahrheit mit einem größeren Sinn von Integrität verstehen können, ohne dabei von unserem Weg abzukommen? Können wir ehrlich behaupten, dass wir alles verstanden und gewonnen haben, was uns zur Verfügung steht?

Die Religion hat sich genauso polarisiert wie unsere Politik. Eine Seite, die Konservativen, hält an ihren festgefahrenen Doktrinen fest, ignoriert die sichtbaren Widersprüchlichkeiten und fühlt sich bedroht von denen, die etwas Neues auf den Tisch bringen. Die andere Seite hingegen betrachtet das Alte mit Verachtung, in dem Glauben, es würde deren Anhänger in Abhängigkeit halten, während sie sich wundert, warum Leute noch immer so blind sein können und Angst davor haben, ihr Blickfeld zu erweitern. Beide Seiten beobachten sich gegenseitig, achten auf jedes Wort, was die andere spricht, und haben Angst, die eine könnte zufälligerweise anfangen, genauso zu klingen wie die andere.
Selbstverständlich haben beide Seiten klare Grundsätze, und beide Seiten haben unvollständige Grundsätze, so wie es immer der Fall ist, wenn Leute eine extreme Haltung mit einem verbohrten Geist in absoluter Missachtung der Ideen anderer einnehmen.

Dies ist eine Zeit großer Erhebung religiöser Gedanken. Es ist keine menschliche Errungenschaft, auch wenn viele dies gerne den Menschen zuschreiben möchten. Dadurch missachten sie deren Wichtigkeit und machen diese Wichtigkeit zunichte, um alles zusammen heruntersetzen zu können. Es ist Gott, Der eine Wahrheit enthüllt, die dem Menschen seit seiner Entstehung ein Mysterium gewesen ist. Paulus schrieb darüber in seinem Buch an die Epheser, aber keiner hatte es damals verstanden.

Er nannte es das „Mysterium, das in Gott verborgen war, wodurch Er in Christus *Alle in Einem* vereinen würde, im Himmel, sowie auf Erden, auf dass wir mit der Fülle Gottes erfüllt würden.“ (1)

Das Neue, das aus altem Denken entsteht, verstehen wir nicht immer auf den ersten Anhieb richtig. Wir versuchen, das Neue dem Alten anzupassen, da dies alles ist, was wir zur Verfügung haben und wonach wir uns richten können. Oder wir werden so enttäuscht vom Alten, dass wir nicht sehen, welche Rolle es möglicherweise spielt, und wir werfen das Alte vollkommen weg und verlieren somit die Grundfesten, auf die das Neue aufgebaut werden kann. Dies nennt man „das Kind mit dem Bade ausschütten“.

Eine weitere mögliche Reaktion auf das aus dem Alten entstehende Neue könnte sein, dass wir einer Art „Kaffeehaus- Theologie“ beitreten, wo wir uns das heraussuchen und das auswählen, was wir glauben. Und das ist abhängig von dem, was wir hören wollen, was sich für uns sicher anfühlt oder davon, was uns eine „Autorität“ erzählt hat.

All denen, die in die letztere Kategorie fallen, möchte ich folgende Worte aus Jesaja zitieren: „Diese Leute ehren mich mit ihren Lippen, aber sie haben ihre Herzen weit von mir abgewandt. Ihr Verständnis von mir wird durch menschliche Gebote gelehrt.“ (2)

Ich selbst würde lieber der kämpfenden Verwirrung eines ehrlichen Gottessuchers lauschen als jemandem, der nur seinen Mund öffnet und das nachquasselt, was er gehört hat.

Wenn wir einmal unseren Geist für das geöffnet haben, was wir glauben werden, und unsere Herzen allen anderen Dingen gegenüber verschlossen haben, gibt es nichts mehr zu sagen und nichts mehr auszuprobieren. Wir teilen unser Wissen mit *ehrlichen Suchern* und wenden uns gemeinsam mit ihnen neuem Verstehen und neuen Wahrheiten zu, die uns befreien und uns in die Erfahrung eines „neuen Himmels und einer neuen Erde“ erhöhen.

Wenn wir Gott einmal als die reine Gnade kennen und aufhören, so ungeheure Angst vor Ihm zu haben, wenn wir einmal erkannt haben, dass Er uns mehr liebt, als wir es jemals in unserem Leben gefühlt haben, dann werden wir Ihm vertrauen, dass Er uns in ein größeres Verständnis führen wird als wir es momentan kennen. Wir werden keine Angst davor haben, wohin uns das führen wird. Wir werden mit dem Geist der Wahrheit als unserem Führer und Beschützer vorangehen und darauf vertrauen, dass das Ende der Strasse ein Ort sein wird, an dem Gott und der Mensch *eins* sind im Denken, *eins* in der Bestimmung und *eins* im Sein.

Aber es ist die Angst vor dem „merkwürdigen Gott“, der bestraft und grollt, der über jede unserer Aktionen urteilt und uns erpresst, der uns als Sklaven im Alten festhält und uns paralysiert, damit wir aus dem Käfig herausschauen können, in den wir Ihn gesperrt haben..., um Ihn wirklich zu finden. Könnte dies nicht einer der „fremden Götter“ sein, vor denen wir gewarnt werden, wenn wir lesen: „Ihr sollt keine fremden Götter unter euch haben“?

Statt auf die befreienden Worte Gottes zu hören „Siehe da, Ich will meinen Engel senden, der vor dir geht und dich auf den Pfaden leiten wird, die Ich gewählt habe. Und hinter dir sollst du ein Wort hören, wenn du dich zur Rechten oder zur Linken wendest, das da heißt: ‚Dies ist der Weg, gehe ihn!'.“ (3)

Nun, nehmen Sie zur Kenntnis, dass Sie ein Wort hören werden, das Sie leitet, *wenn Sie sich diesem oder jenem Weg* zuwenden ... aber wenn Sie Angst haben, sich überhaupt zu bewegen, wenn Sie Angst haben, in etwas Falsches hineinzugeraten, dann können Sie das Wort nicht hören, das Sie beschützt und führt. Sie werden es nur dann hören, wenn Sie genügend Vertrauen haben, um sich überhaupt zu bewegen.

Ich liebe das, was Gott mich in den vielen vergangenen Jahren gelehrt hat. Ich liebe es, in der Göttlichen Liebe zu verweilen und mich so sehr geliebt und geführt zu fühlen. Ich habe meine Angst vor Gott verloren..., meine Angst, für irgendetwas verurteilt oder verdammt zu werden. Ich wandle nun mit Liebe und Leben, ohne Angst, voller Ehrfurcht vor der Heiligkeit, die ich wahrnehme, und mit der Hoffnung für die Menschheit, die ich gewonnen habe. Ich warte nicht mehr darauf, „mir einen anderen Schuh anzuziehen“. Es gibt keinen anderen Schuh. Ich weiß, dass mir oder all denen, die Gott so verstehen, wie es uns jetzt enthüllt wird, keine Verletzung widerfahren wird. Herausforderungen mögen erscheinen, aber sie werden niemals Angst oder Niederlagen auslösen. Die Wahrheit ist für uns zu wahr geworden, als dass uns jemals so etwas dominieren könnte. Ich habe nach dem Ort gesucht, an dem Leben ohne Qual und Tragödien erfahren werden kann, und hierhin hat mich meine Suche geführt.

Das neue Einleiten

Wie gewinnt man solch einen Platz im Bewusstsein, einen Platz angstfreien Vertrauens und überwältigender Zuversicht in die Güte Gottes, Der uns auf der lebenslangen Suche nach der sich entfaltenden Wahrheit führt und leitet? Ist das mentale Verstehen der Worte genug? Wird uns ein beständiges Wiederholen dieser Worte letztendlich befähigen, sie zu glauben? Wird dies bewirken, dass die Güte Gottes kommt, wenn wir einer schrecklichen Situation oder einem schrecklichen Umstand gegenüberstehen, der unsere gegenwärtige Ganzheit verneint? Müssen wir irgendetwas zu diesem wunderbaren Bewusstsein beitragen?

Wir werden herausfinden, dass es nichts „zu tun“ aber viel „zu wissen“ gibt.

Für mich sind die Antworten im Leben und in den Lehren von Jesus, dem Christus, zu finden. Erinnern Sie sich daran, die Definition für das Wort „Christus“ ist „sichtbarer Ausdruck des unsichtbaren Gottes“. Kein anderer hat jemals das Christusleben so klar demonstriert wie Jesus. Wenn wir diese Lehren verpassen, geht uns der Weg, der für uns bestimmt ist, verloren.

Jesus hat uns durch seine Worte und sein Beispiel klar gezeigt, wie wir das Leben der Vollkommenheit und Herrlichkeit leicht annehmen können, hier und jetzt. Er kam, um den Menschen die wahre Natur Gottes zu enthüllen. Er war der erste, der wirklich gezeigt hat, dass *das Herz Gottes Gnade ist* und nicht Urteil. Er war derjenige, der uns Menschen offenbarte, wer wir jenseits des Schleiers der Doktrinen, der Dunkelheit und der Verwirrung wirklich sind. (1) Er war der erste, der offenbarte, dass Gott und der Mensch eins sind, und er betete, dass wir dies erkennen, akzeptieren und in dessen Herrlichkeit leben würden. (2)

Er sagte, „der Diener sei nicht größer als sein Herr, und dass es genug sei, dem Herrn *gleich* zu sein". (3) Dies war eine überraschende Aussage, die ihn selbst, sowie auch uns, mit Gott eins machte. Kein Wunder, dass die religiösen Führer ihn umbringen wollten!

Wir sprachen über den neuen und den alten Vertrag. Es war Jesus, der uns gelehrt hat, dass all diese Dinge allein durch den Geist Gottes manifestiert werden würden. Er leitete das Zeitalter der Gnade ein, indem er sagte, dass die Natur Gottes durch uns vom Geist Gottes enthüllt werden würde. Er brachte ein vollkommen neues Gottesverständnis und eine neue Art, den Menschen zu sehen, mit. Er bewies durch die Leichtigkeit, mit der er heilte, dass nur der vollkommene Gott einen vollkommenen Menschen hervorbringen kann. Er zeigte uns, dass dies der Zustand unseres wahren Seins ist. (Erinnern Sie sich, wir sind menschliches *Wesen*, nicht menschliches ‚Tun')

Er heilte, um uns zu zeigen, dass Gott möchte, dass wir frei von der Sklaverei und der Angst vor Krankheit leben. Seine Heilungen waren nicht dazu da, um ihn über andere Menschen zu stellen, sondern um der Menschheit zu zeigen, was *sie* tun sollte und wozu sie vollkommen in der Lage ist. Er sandte sie aus, damit sie dasselbe tun wie er selbst. Er sagte: „So wie mein Vater mich gesandt hat, so sende ich euch." (4) Bis dahin hatte der Mensch unter dem Gesetz von Richtig und Falsch, Lob und Strafe, Angst und Schuld gelebt. Es war Jesus, der den Menschen *mit* dem Gesetz des Ewigen, Vollkommenen Lebens bekannt gemacht hat.

Es war Jesus, der den Menschen auf seinen rechtmäßigen Platz als Sohn Gottes emporgehoben hat. Genauso wie die Sonnenstrahlen vom Herzen der Sonne abstrahlen und dasselbe Licht und dieselbe Kraft und Strahlkraft enthalten wie die Sonne selbst, sind wir in der Herrlichkeit Gottes.

Wir lieben und verehren Jesus für alles, was er uns gelehrt hat ... für das Opfer, das er gelebt hat, damit wir die Wahrheit kennen lernen. Es muss für ihn sehr schwer gewesen sein, allein dazustehen und solch ein scheinbar gegensätzliches Denken von der weit verbreiteten Religion der Ältesten zu bezeugen. Aber die Göttliche Liebe, die ihn motivierte, war so groß, dass er das Opfer gerne vollbrachte.

Er fühlte das Herz Gottes, als er auf die Welt voller Schmerzen und Leiden blickte und wusste, dass es unnütz war. Solch eine Existenz brachte keinerlei Gewinn. Es gab keinen Gott, der dies verlangte. Können Sie sich den Widerstand vorstellen, der ihm entgegengebracht wurde, als er den Menschen diese Wahrheiten erklärte, und die Liebe, die notwendig war, um ihren Widerstand zu ertragen?

Warum wohl wehrt sich der Mensch so stark gegen eine Befreiung vom Leid? Warum konnten die Menschen dies nicht offenherzig annehmen? Warum wählten sie, dem Übel mehr Macht zu geben als dem Guten? Warum umarmten sie nicht einen Gott der Liebe, der Güte und des Lebens? Besonders damals, als der Beweis direkt vor ihnen stand? Niemals zuvor hatte ein Mensch die Fähigkeit, die Dinge zu tun, die Jesus tat, um zu beweisen, dass er die Wahrheit verkündete.

Dies sind ernsthafte Fragen, und die alarmierende Wahrheit ist, dass *wir uns dem heute immer noch widersetzen.*

Könnte es sein, dass der Geist der Gnade noch nicht in den Herzen derer, die immer noch einem Gott des Urteils, Grolls und der Strafe anhängen, enthüllt wurde?

Vor vielen, vielen Jahren, als ich in der Bibelschule war, befand ich mich einmal an einem Ort extremer Dunkelheit. Ich wusste, ich sollte vor der gesamten Situation davonrennen, und gleichzeitig fühlte ich mich genötigt, der Versuchung zu weichen. Ich fühlte mich nicht nur schrecklich, sondern lebte in einem Gefühl von Bedrohung, als ob ich auf Gottes Strafe wartete, von der ich mir sicher war, dass sie kommen würde, und dass ich sie verdiente. Stattdessen erfuhr ich Gnade, zum ersten Mal in meinem Leben, wie ich glaubte. Ich erinnere mich daran, wie ich eines Nachts in meinem Bett lag und weinte, mein Herz war voller Verdammung, keinen Ort der Erlösung findend, als ich zwei Augen sah, die voller Liebe und Gnade auf mich blickten. Ich fühlte eine Zärtlichkeit, die ich auf dieser Erde noch nie gefühlt hatte. Insbesondere war ich von anderen gewohnt, dass sie richten und verdammen, und ich glaubte, sie würden durch dieses Handeln das Herz Gottes reflektieren.

Es war eine Erfahrung, die meine Art Gott zu kennen für immer veränderte. Sie brachte es mit sich, dass ich aus der verstrickten Situation mit Leichtigkeit weggehen konnte und mich sauber und unschuldig fühlte. Dies ist die „Güte Gottes, die den Menschen zur Umkehr bewegt"! (5) Von dem Zeitpunkt an wusste ich, dass die Menschen nicht durch Strafe sondern durch Gnade aus ihrer Dunkelheit und Verwirrung herausgeholt werden.

Warum beteuern wir unsere Liebe zu Jesus und verleugnen trotzdem die Wahrheit, die er uns über Gott und über uns gelehrt hat? Warum singen wir ihm Loblieder und weigern uns trotzdem, die Werke zu tun, die er uns aufgetragen hat? Warum verneinen wir die Macht dessen, wer wir wirklich sind ... und leiden noch immer unter dieser Verleugnung? Warum glauben wir nicht alles, was er gesagt hat, und erheben jetzt den Anspruch, ihm nachzufolgen?

Das ist Kaffeehaus- Theologie. Wir haben wieder einmal die Wahrheit weggewaschen. Wir haben wieder einmal die Wahrheit Gottes verändert, um sie unseren gegenwärtigen Lebensumständen anzupassen ... statt unsere Lebensumstände zu heilen und die Wahrheit Gottes zu vollenden. Mit Sicherheit ist der höchste Lobpreis und die höchste Dankbarkeit, welche wir diesem Einen, der gekommen ist, der uns so viel lehrte, dem, der uneingeschränkt Opfer auf sich genommen hat, darbieten können, dass wir endlich die Wahrheit akzeptieren und lernen, danach zu leben. Um das zu sein, wozu wir erschaffen wurden.

Jesus als die Wahrheit

Jesus erklärte, er sei der Weg, die Wahrheit und das Leben. Mit dieser Aussage lud er uns ein, ihm zu folgen, als er die neue Offenbarung Gottes entdeckte, lebte und lehrte ... und der Mensch ist nach Seinem Bilde geschaffen. Es war seine Absicht, dass wir wissen sollten, was uns für unsere Erfahrung auf dieser Erde zur Verfügung steht. Er hat das nicht nur gelehrt und gelebt, er *wurde* zum Weg, zur Wahrheit und zum Leben, damit wir ... *in Einheit mit ihm und in ihm* ... das Leben in Fülle genießen würden, das Er uns versprochen hat.

Dieses Konzept von Eins mit jemandem und tatsächlich ein Teil dieses Individuums zu sein, ist, zugegeben, schwer zu begreifen. Es ist dieses Konzept, das wir nun erforschen müssen, damit die Fülle dieser Wahrheit zu dem Leben werden kann, das wir leben.

Die Wahrheit, die Jesus dem Menschen zeigte, war die, dass wir alle Gottes Kinder sind. Wir kommen aus der Göttlichkeit und tragen alle Eigenschaften und Charakteristika des Vaters in uns. Wir müssen diesen Platz in Gott weder verdienen, noch müssen wir uns für diese Position qualifizieren. Jesus lehrte uns, dass wir Gott *kennen lernen* und nicht nur etwas über Gott wissen müssen. Wir müssen Gott kennen, um uns selbst kennen zu können.

Wenn wir z. B. Gott als angreifendes Übel voller Gewalt und Rache sehen, wird uns das berechtigen, dasselbe zu tun. Aber wenn uns gesagt wird, dass Gott barmherzig ist ... das bedeutet, dass Gott hinter den Angriff des Angreifers sieht und *von dort aus die Güte, die unser Erbe ist,* nach vorne *zieht,* und damit den Angreifer heilt statt ihn zu zertreten..., dann werden wir genauso handeln.

So wird uns gesagt, wir sollen „dem Bösen nicht widerstehen“, sondern „unsere Feinde lieben“. Der höchste Ausdruck der Liebe ist es, den Angreifer zu heilen, statt seine Strafe zu verfolgen. Dicse Eigenschaft des Herzens, so wie sie von Jesus gelehrt wurde, ist ein Spiegel des Herzens Gottes, und dadurch zeigt sich, dass dies die Natur Gottes Selbst ist.

Es wird uns gelehrt, für jene zu beten, die uns „achtungslos ausnutzen und uns verfolgen“. Auf Übel gib Gutes zurück. Mach den ersten Schritt. Halte ihm die andere Backe hin. All dies ist so, dass „...du der Sohn, das Bildnis deines Himmlischen Vaters seiest, *denn Er lässt es gleichermaßen regnen über die Gerechten und über die Ungerechten und gibt Seine Güte den Undankbaren und den Bösen.“ (1)* Auch dies ist eine Beschreibung der Natur Gottes und wie Gott mit Seiner Schöpfung umgeht. Indem Er uns sagt, dass dies der Weg ist, wie wir den Christus Gottes *leben* und dieser *sein* sollten, verkündet Er uns auch Seine Natur.

Da Er nicht lobt und straft (Seine Natur ist gleich bleibend, reagiert nicht auf uns und ist gut zu allen), sollen wir, da wir Sein Bild widerspiegeln, ebenfalls nicht loben und strafen. Klingt das nicht, als würden wir das Böse beherbergen? Als würden wir es ohne Einschränkung existieren lassen?

Aber darum geht es überhaupt nicht. Es ist das Heilen einer Verletzung ... nicht dadurch, dass wir sie ignorieren, wie es so viele heute verfechten ... sondern indem wir die Ewige Güte sehen, die jenseits dessen liegt, was wir sehen.

Und das ist schwer!

Es ist einfach, wütend zu werden, zu bestrafen, zurückzuschlagen, um einen Ausgleich zu schaffen. Es ist einfach, unsere Augen verurteilend auf den anderen zu richten. Es ist einfach, ignorant zu sein und zu behaupten: “Das geht uns sowieso nichts an!“ Wie wohl es uns etwas angeht! Nicht, um den Angreifer zu richten oder zu verdammen, sondern *um ihn zu heilen.* Damit seine wahre Natur zum Vorschein kommen kann. Damit das Leben erscheinen kann! (Robert Browning nannte dies: „Die Befreiung der verborgenen Pracht“.

Auf dass ihr den Grund erfüllt habt, warum dies *an die erste Stelle eurer Aufmerksamkeit getreten ist!*

Ja, das ist wahr. Alles, was in Ihr Leben tritt, ist da, um von Ihnen geheilt zu werden. Nicht, um Sie zu verletzen. Nicht, um Sie zu prüfen. Nicht, um Sie etwas zu lehren (Obwohl wir aus jeder Situation etwas lernen). Nicht, um zu urteilen und zu verdammen. Nicht, um es zu ignorieren, um politisch korrekt zu sein. *Sondern, damit Sie es heilen.*

Jesus sagte: „Ihr seid das Licht der Welt." Aber wenn dieses Licht versteckt ist, wozu ist es dann gut? Welchen Zweck erfüllt das Licht, wenn nicht den, in der Dunkelheit zu scheinen? (2)

Er kam und heilte, um uns zu zeigen, dass wir gekommen sind um zu heilen. Jeder Mensch, der auf diese Erde gekommen ist, ist gekommen um zu heilen. Dies geschieht nicht durch Urteilen. Es geschieht auch nicht, wenn wir das Übel ignorieren, wenn es erscheint. Alles, was Verwirrung beinhaltet, was die Göttliche Ordnung und das ewige Regieren der Aufrichtigkeit verneint, ist ein Übel und muss geheilt werden.

Sie sind gekommen, um das zu enthüllen, was bereits wahr und festgelegt ist. „Indem wir nicht auf die Dinge sehen, die in Erscheinung treten, sondern auf das blicken, was sich hinter der Erscheinung verbirgt." (3)

Hören Sie auf, politisch korrekt zu sein. Es ist eine Ausrede, faul und nicht gewillt zu sein, das Opfer an Zeit und Liebe zu bringen, um etwas zu heilen. Es ist eine Ausrede, damit Verwirrung und Unordnung weiterhin die Angelegenheiten der Menschen dirigieren können ... und dadurch ihre Göttlichkeit, ihre Ewige Natur und Ganzheit mit all ihrer Heiligkeit und Güte vor ihnen verbergen.

Sobald sie es aufnehmen können, lehren wir die Patienten in der Klinik, dass sie nicht nur gekommen sind, um geheilt zu werden, sondern auch um zu lernen, wie man heilt (was sie selbst ebenfalls heilen wird). Wir erzählen ihnen, dass diese Situation nicht in ihr Leben getreten ist, um sie zu verletzen, sondern damit die Natur Gottes *durch sie* offenbart werde. (Jesus erlaubte Gott, sich jedes Mal durch ihn zu offenbaren, wenn er heilte, und wenn er die Worte des Lebens sprach.)

Wir erlauben in der Klinik die Haltung, „eine große glückliche Familie“ zu sein, nicht damit die Leute über ihre Symptome sprechen und ihre Krankheit beschönigen, sondern damit jeder Patient auf die anderen mit Mitgefühl und bewusster Heilung zugeht.

Vor kurzem wurde ein Kind mit Fehldiagnose Leukämie, dem Chemotherapie verabreicht worden war, zu uns gebracht. Die Geschichte war, dass der Junge nach seinen ersten Impfungen als Kleinkind ein Fieber entwickelt hatte und Krampfanfälle bekam. Statt einfach nur das Fieber zu senken und die Anfälle dadurch zu kontrollieren, wurde er auf krampflösende Medikamente gesetzt. Er muss wohl „dem System verloren gegangen sein“, da er die Medizin lange Zeit einnahm. Bald entwickelte er Blutstörungen auf die Droge, und es wurde ein Vorstadium von Leukämie diagnostiziert. Inzwischen entwickelte er eine schwere Anämie und bekam einen Blutaustausch. Schließlich, als ein Arzt der Familie mitteilte, dass der Junge weitere Chemotherapie benötigen würde, damit der Krebs nicht zurückkommt (obwohl er niemals einen hatte), erkannte sie, dass niemand wirklich wusste, wie das Kind behandelt werden sollte, und sie verließen das Krankenhaus.

Dem Kind ging es in unserer Klinik schnell besser, und es konnte zum ersten Mal in seinem kleinen Leben schmerzfrei rennen und spielen. Es lächelte und begann auch zu sprechen, statt in der Ecke des Sofas zu kauern. Die Anämie jedoch blieb.

So bat ich die Mutter, sich zweimal täglich in Stille und Frieden hinzusetzen. Sie sollte ihm die Hände auflegen oder ihn im Arm halten und nur die Liebe fühlen, die sie für ihn spürte. Es wurde ihr gesagt, dass sie die Fähigkeit besäße, ihn und jedermann, der in ihr Leben trat, zu heilen.

Wir alle können das. Es geschieht durch Liebe und durch die Absicht, die Lebenskraft, die in uns lebt, zu teilen. Wir müssen auch die Wahrheit kennen, dass jeder Mensch eine Manifestation des Göttlichen Lebens ist und deshalb nicht unter der Erscheinung von Unordnung leiden kann. Nur um dies zu tun, wurden wir hierher gesandt!

Sie verstand das, und handelte genau wie besprochen. Innerhalb von einigen Tagen erhöhte sich sein Hämoglobin, und nach einigen Wochen waren seine Blutwerte normal. Und sie war zu einer Tatsache im Leben erwacht ... im Leben von jedermann ... dass wir die Gegenwart und Macht in uns tragen, dieses Leben mit allen zu teilen. Es wird heilen, und wir erfüllen den Grund unseres Seins. Wir verdienen es nicht, wir beten nicht, damit es geschieht. Wir *sind es* einfach und müssen es nur nutzen!

Eine andere Geschichte, die mir einfällt, war mir vor vielen Jahren begegnet, als ich noch eine allein erziehende Mutter war und meine beiden Töchter aufzog.

Ich erhielt einen Brief vom Finanzamt, der besagte, ich hätte bei meinem Lohnsteuerausgleich einen Fehler gemacht und würde ihnen noch $ 700 schulden. Für die meisten Leute sind $ 700 nicht viel Geld, aber mir erschien es wie 7 Millionen! Ich rief an und versuchte es zu regeln, aber sie ließen es mich nicht regeln. Sie wollten nur, dass ich zahlte, oder ich würde „mein Zuhause verlieren".

Ich reagierte aus paralysierender Angst, was sicherlich deren Absicht war. Ich lag Nächte lang wach, machte mir Sorgen und betete ... bis schließlich mein Termin mit dem Finanzbeamten kam. Ich saß einer sehr netten Frau gegenüber, die viel Heilung und Liebe brauchen konnte. Wir sprachen über alles, über die Krankheit ihres Mannes, über ihre Frustration im Leben, bis hin zum Sinn des Zehntenzahlens. Sie verstand, was auf meinem Konto passiert war, und ich war sicher, sie würde ihr Bestes tun, um es zu regeln. Sie empfahl zu warten und zu sehen, was im nächsten Brief stehen würde.

Damals war ich Mitglied einer ziemlich radikalen Kirche, die dem Übel und der Korruption der Regierung, besonders des Finanzamtes, gegenüber ziemlich militant geworden war. Ich erinnere mich nicht, dass wir jemals wegen des Problems gebetet hatten ... wir hatten nur daran gearbeitet. Bald überzeugten sie mich davon, dass es meine „moralische Pflicht" sei, dies zu bekämpfen! Sie zeigten mir, wo sich das Finanzamt absichtlich auf allein erziehende Eltern, Familienoberhäupter, konzentriert, um Fehler in deren Lohnsteuerausgleich zu finden. Sie ließen mich alles, was über das Thema verfügbar war, lesen, und bald nahm ich an Streikbewegungen gegen die Steuern in der Stadt teil. Anwälte begannen, aus allen Ecken auf mich zuzukommen und mich davon zu überzeugen, dass ich einen guten Grund hatte, gegen das Finanzamt zu sein, und dass ich vor Gericht gehen sollte.

Es erübrigt sich zu erzählen, dass ich von der Energie des Schlamassels überschwemmt wurde und alle anklagte, von der Beamtin, die ich wirklich mochte, bis hin zum Präsidenten der Vereinigten Staaten!

Aus Monaten wurden Jahre, und ich gab mindestens die $ 700 aus, die ich dem Finanzamt schuldete, und wahrscheinlich sogar mehr. Die Begeisterung ließ nach, und ich begann mich zu wundern, was in der Welt ich nur in der Streikbewegung gegen die Steuern machte!

Eines Tages ging ich zu meinem Briefkasten ... ich lebte auf dem Land, und er war ziemlich weit entfernt. Ich begann zu beten und Gott zu fragen, was ich tun sollte (endlich). Ich begann zu erkennen, dass ich nicht in die Richtung gegangen war, in die Er mich anfangs geleitet hatte. Ich sah, wo ich dem „Herdentrieb“ gefolgt war, der so gegen meine eigentliche Natur war, dass ich wirklich begann, mich vor mir selbst zu ekeln. Während ich betete, hörte ich: „Ich möchte, dass du für sie betest, denn ich liebe sie.“

Ich konnte kaum glauben, was ich gehört hatte. Wie könnte Gott so etwas Niederträchtiges und Korruptes lieben? War nicht *ich* die Benachteiligte hier? Was war das mit der Gerechtigkeit und alledem?

Gut, Gott liebte nicht die Korruption, aber Er liebte sie. So betete ich. Ich hatte gelernt, sie alle als verabscheuungswürdig zu betrachten, deshalb war das Beten anfangs schwierig. Schließlich hatte ich den Durchbruch, als ich begann, für mich selbst zu beten...

Ich habe den Fehler gemacht, auf den Rat der Menschen zu hören. Ich hätte um den Rat und die Weisheit des Geistes allein bitten und auf Seine Führung warten sollen.

Ich habe den Fehler gemacht, solch ein Übel in mein Herz einzulassen und habe nicht hinter das Unrecht gesehen, das mir angetan wurde.

Ich habe den Fehler gemacht, so selbstsüchtig zu sein, statt das Treffen an jenem Tage als eine Möglichkeit zu sehen, jemanden zu heilen.

Ich habe den Fehler gemacht, nicht darauf zu vertrauen, dass die Göttliche Liebe mich in der Situation umfangen und für mich sorgen würde.

Und ich habe den Fehler gemacht zu denken, ich müsse „es selbst in die Hand nehmen".

Als ich damit fertig war, all das zu bekennen, wo ich den Geist in der Situation „überhört" hatte, fühlte ich mich von all dem Unsinn befreit, der den Fluss des Geistes behindert hatte. Schließlich war ich in der Lage, für sie zu beten.

Den Rest des Weges über betete ich für jeden, der mir begegnet war, und generell für die gesamte Organisation. Aller Ärger und alles Urteil waren vergangen, und Vertrauen und Stille waren auf ihren richtigen Platz zurückgekehrt.

Ich war verblüfft, als ich einen Brief vom Finanzamt in meinem Briefkasten fand! Seit langem hatten wir nur über Anwälte korrespondiert. Der Brief besagte, sie wollten diese Angelegenheit nicht weiter verfolgen und sie einfach beenden. Ich würde auch nichts mehr von ihnen bezüglich dieser Angelegenheit hören … und ich habe nie wieder etwas von ihnen gehört.

Was habe ich daraus gelernt?

Ich lernte, dass jede Situation eine Möglichkeit war, um zu heilen, dass ich niemals irgendetwas begegnen würde, was mich verletzen könnte, solange ich dies beachtete. Ich lernte, dass ich geschickt wurde, um zu heilen, und dass dies meine einzige Absicht sei, unabhängig von allen Geschehnissen.

Ich lernte, dass ich das Licht war ... und was ist der Sinn des Lichtes, wenn nicht der, in die Dunkelheit geschickt zu werden ... das Licht zu sein, das die Dunkelheit in Licht verwandeln würde.

Ich lernte, dass es in mir angelegt war zu heilen ... da Gott in mir war, und da Er fürwahr mein Leben war.

Jesus als der Weg

Viele Leute erkennen die *ewige Bestimmung* nicht, um deren willen wir die Wahrheit kennen sollten, und folgen dem Verständnis des „Neuen Denkens", wo dies als ein Weg zum „Bekommen" angesehen wird. Sie scheinen zu glauben, dass sie diese Offenbarungen zum Segen für ihr persönliches Leben erhalten haben.

Sie denken fälschlicherweise, das „Leben im Überfluss", von dem Jesus gesprochen hat, bedeute, dass sie alles, was zu haben ist, für sich selbst in Anspruch nehmen könnten. Dies hat oft zu Eigennutz und Selbstsucht geführt.

Aber ist dies das Leben, das Jesus gelebt hat? Hat er die Wahrheit, die er war, jemals dazu „benutzt", um etwas für sich selbst zu gewinnen? Ist dies das Beispiel eines Lebens in Christus? Ging es darum, so viel wie möglich für sich selbst zu „bekommen" und anzusammeln?

Es gibt eine ewige Bestimmung, für die der Mensch in diese menschliche Erfahrung geschickt wurde, und es gibt eine ewige Bestimmung, wegen der ihm die Wahrheit seiner Identität enthüllt wird. *Es geht darum, der Natur Gottes einen sichtbaren Ausdruck zu verleihen*, sodass Gott in und durch alles, was erschaffen ist, offenbar werde. Es geht darum, dass Göttliche Harmonie und Unendliche Ordnung in der gesamten Schöpfung erscheinen sollen.

Nichts von alledem wird aus einer Geisteshaltung des Eigennutzes, der Selbstsucht und der Selbstbeweihräucherung heraus entstehen. Dies bedeutet, „den Namen (die Natur) Gottes, des Herrn zu missbrauchen". (1) Es bedeutet, die Eigenschaften Gottes, die wir besitzen, für unseren eigenen persönlichen Gewinn einzusetzen. Das Wort „vain" (eitel, umsonst) kommt von dem Wort „vanity" (Eitelkeit, Nichtigkeit). Diese Wahrheit wurde uns nicht enthüllt, damit wir mehr und mehr für uns selbst anhäufen, sondern um das Missverständnis, warum wir hierher gekommen sind, aufzuklären.

Wenn wir Erscheinungsformen und falsche Glaubensmuster heilen, wo immer diese auftreten, heilen wir sie ebenfalls in uns selbst. Dies bringt uns eine gewisse Freiheit für uns selbst und bewirkt immer, dass wir das Leben Gottes in uns erfahren. Während wir dies tun, werden wir merken, dass das Leben, das wir leben, Fülle ist ... *weil es nicht unser Leben ist, das es lebt...*, sondern die Macht und Präsenz des Einen Ewigen Lebens. Es bringt ein Gefühl von Freude, Frieden und Erfüllung mit sich, die man nicht abstreiten kann. Es bringt uns ein unbeschreibliches Gefühl der Unschuld und Freiheit von dem Gewicht der Sterblichkeit.

Jesus sprach und lehrte für alle Menschen. Er kam, um uns zu zeigen, *wie* wir in die Bestimmung unseres Hier seins eintreten können, für das wir geschickt wurden, und wie dies das erfüllte Leben bringen würde, von dem er erzählte und das er uns vorgeführt hat. Er sagte, dass der Weg nach oben nach unten führt, dass der Weg zu gewinnen über das Verlieren geht, dass die ersten die letzten und die letzten die ersten sein werden ... derjenige, der sein Leben zu retten versucht, wird es gewiss verlieren, aber derjenige, der gewillt ist, es zu verlieren, wird sein Leben gewinnen. (2)

Nun, worum geht es hier?

Wir sprechen hier von zwei Identitäten. Es sind nicht wirklich zwei Naturen, es gibt nur eine, und das ist Gott „Alles in Allem“. Aber wir haben eine andere Natur in unserem Geiste kreiert, die Natur der Trennung von dem, was wir sind, die Trennung von unserer Einheit mit unserem Schöpfer, unserer Quelle. Die Bibel bezeichnet das als „sündige Natur“. Sie existiert nur in den Köpfen der Menschen, denn nur der Mensch ist erblindet und dem gegenüber verwirrt. Gott geht nicht mit uns in diese Verwirrung. Er weiß, wer wir sind!

Aber leider hat sich der Mensch als Teil dieser sündigen Natur identifiziert. Während wir das tun, verpassen wir die Fähigkeit, das zu manifestieren, was wir wirklich sind und warum wir hierher gekommen sind. Auch ziehen wir durch dieses Handeln Leid an, da wir glauben, dieses wegen unserer sündigen Natur zu verdienen.

Dies muss verloren werden, um zu gewinnen. Wir müssen dieses Lebensgefühl verlieren, damit der wahre Lebenssinn unsere Seelen durchdringen kann. Wir müssen ‚sterben', um die neue Identität zu leben. Hierauf bezieht sich Paulus, wenn er von „täglich sterben" spricht. (3) Das ist es, worauf sich Jesus bezieht, als er sagte: „das Kreuz täglich auf sich zu nehmen und dem Weg zu folgen, den ich gegangen bin." Das Kreuz ist der Ort, an dem ein Leben gegen das andere ausgetauscht wird ... oder besser gesagt, wo ein Lebens*gefühl* aufgegeben wird, damit der wahre Lebenssinn ausgedrückt werden kann.

Es gibt keinen anderen Weg. „Nicht mein, sondern Dein Wille geschehe." (4) Nicht durch meine Methoden und Mittel, nicht durch meine Intelligenz, nicht durch meine Manipulationen, nicht durch meine Milliarden religiöser Übungen, die von menschlichen Grundsätzen gelehrt werden, nicht durch irgend etwas, was der Mensch je erfunden hat. Sondern durch eine vertrauensvolle, friedliche Hingabe an den Höchsten Ausdruck des Christus in unserem Leben.

Dann passiert das Wundervollste, wir beginnen zu erkennen, dass Sein Weg und unser Weg ein und derselbe sind. Wir teilen dasselbe Wissen, da es nur ein Wissen gibt. Wir teilen dieselben Wünsche, da es nur ein Herz, eine Seele und eine Bestimmung gibt.

Es gibt eine Vermischung von Geist, Herz und Absicht..., da es derselbe Geist ist, der *enthüllt* wie auch der, der *empfängt*!

Dies ist der Weg, das Leben ohne Krankheit und Leid zu erfahren. Lassen Sie den Geist der Weisheit Sein Leben leben. Lassen Sie das Herz der Gnade frei fließen. Erlauben Sie der Ewigen Bestimmung des Göttlichen Lebens, Sich voll auszudrücken. Und Sie werden wie Jesus herausfinden, dass es keine Macht in der Welt der Formen gibt ... nichts, was über Sie bestimmen kann, wenn das Ewige Leben regiert.

Die Blutopfer

Vor kurzem kam ein Film heraus mit dem Namen „Die Passion Christi“. Er führte unter anderem dazu, dass die Leute folgende Frage stellten: „Warum musste Jesus all dies erleiden? Warum befreit mich das von irgendetwas? Und falls dem so ist, warum leiden wir noch immer?“

Seit unserer Kindheit haben wir gehört, dass Jesus „für unsere Sünden gestorben ist“. Ich erinnere mich an meine Kindheit, als ich in der Kirche saß, auf ein Kreuz blickte, an dem Jesus hing, und als ich Jesus fragte, warum er den Leuten erlaubt habe, ihm dies anzutun. Und was hatte das mit mir zu tun? Wie konnte das in irgendeiner Weise mein Leben betreffen?

Später, als Jugendliche, wurde mir gesagt, Gott verlangte Jesu Tod, da die „Gerechtigkeit Gottes erfüllt werden müsse“, was bedeutet, wenn jemand sündigt, muss jemand bestraft werden. Wie bringe ich das nun zusammen mit meiner neuen Erkenntnis, dass Gott nicht lobt und nicht straft?

Weiterhin wurde mir gesagt, dass Jesus willens war für mich zu sterben, damit ich nicht für meine Sünden bestraft werde. Dies verwirrte mich von Anfang an. Wenn das wahr wäre, warum leiden wir alle noch und sterben? Gab es da noch etwas mehr zu tun? Etwas, was ich tun sollte? Einige erzählten mir, dass Jesus alles erledigt habe und ich nichts mehr tun müsse. Andere sagten mir, dass ich „des Opfers würdig sein“, also so „gut“ wie möglich leben müsse.

Eine andere Quelle der Verwirrung kam viel später. Als Gott begann, mir zu zeigen, wer ich wirklich war, dass ich eigentlich nach Seinem Bilde erschaffen war, und dass Er nur das als meine wahre Identität ansah ... warum war dann dieses Opfer notwendig, wenn Gott mich in Gnade nur so sieht, wie Er mich erschaffen hat und „mir meine Sünden nicht zuschreibt“?

Um diese Fragen richtig zu beantworten, müssen wir zurückreisen in eine Zeit, als Blutopfer die Methode waren, um Gott zu erreichen. Je leidenschaftlicher der Wunsch war, Gott zu erreichen, desto mehr Tiere wurden geopfert.

Erst einmal müssen wir den Satz verstehen: „Das Leben ist im Blut." (1) Das bedeutet, dass *die Natur aller Lebewesen, einschließlich des Menschen, als „im Blut" bezeichnet wird.*

Die Israeliten im Alten Testament sollten kein Tierblut essen. In anderen Worten, sie sollten nicht Teil der „Natur" irgendeines Tieres werden. Wenn wir die spirituelle Bedeutung dessen betrachten, müssen wir verstehen, dass jedes Tier eine spezifische Natur hatte, die mit der Natur des „natürlichen Menschen" korrespondierte.

Beispielsweise war der Bulle das Symbol des sturen, eigenwilligen Aspektes des natürlichen Menschen. Opferte man also einen Bullen, hieß dies, dass der Mensch seinen Eigenwillen opferte, um eine Verbindung zu Gott zu bekommen. So war das „Opfern des Bullen" als Opfer für Gott jeden Morgen erforderlich, vor jedem Gebet, vor jeder Veranstaltung, jedes Mal, wenn der Mensch mit Gott kommunizieren wollte. Dies nannte sich Brandopfer.

Bei Brandopfern war wichtig, dass es das einzige Opfer war, bei dem das gesamte Tier zu Asche verbrannt wurde. (2)

Spirituell gesehen ist dies sehr wichtig für uns, denn wir müssen auch den ganzen menschlichen Willen übergeben, um die Präsenz Gottes zu erkennen, obwohl Gott immer präsent ist. Es ist der einzige sehr wichtige Schritt, die Stimme Gottes zu hören oder „den Impuls des Geistes zu erkennen". Ohne diesen Schritt kollidiert unser Wille mit dem Willen Gottes, und wir können Göttliche Führung, Weisheit und Göttlichen Rat nicht wahrnehmen.

Hier ist nun die Frage, welche die alten religiösen Doktrinen von dem neuen Verständnis trennt. Dies ist sozusagen die Achillessehne der Religion.

Wer benötigte in Wirklichkeit dieses Opfer?

Gott oder der Mensch? Wenn Gott, wie es uns so oft erzählt wurde, erklärte, dass dies notwendig sei, war dies wichtig, um Seine Gerechtigkeit und Seinen Ärger auf den Menschen zu beschwichtigen? Oder wurde ihnen dieses Ritual gegeben, um ihnen die Kommunikation mit Gott zu ermöglichen und symbolisch den starken, sturen Willen des „natürlichen" Menschen zu entfernen?

Wir sehen, dass diese Opfer dem Wohle der Menschen dienten, nicht um einen ärgerlichen Gott zu beschwichtigen, wie uns beigebracht wurde zu glauben.

Auch nicht weil Gott verlangte, dass „etwas für unsere Sünden sterben muss".

Ein anderes Tier, das geopfert wurde, war die Ziege. Das wichtigste Merkmal einer Ziege ist, dass sie alles frisst! Einmal, als ich eine Ziegenfarm besuchte, um Ziegenmilch für einen Patienten zu holen, schlüpfte ich in einen Stall, um die kleinen Zicklein anzuschauen. Als ich nach 20 Minuten zurück zu meinem Auto kam, hatten die Ziegen die vordere Chromstoßstange meines Autos angefressen!

Wenn wir auf die menschlichen Doktrinen und Vorstellungen hören, auf all das, was sie ständig in die Luft pusten, ohne den Rat Gottes allein zu fragen, „fressen" wir alles, was da ist. Normalerweise essen wir eher das, was andere essen, als uns Zeit zu nehmen, uns die Mühe zu machen und uns der Wahrheit hinzugeben, die wir brauchen, um die Göttliche Weisheit in einer Angelegenheit zu befragen und dann auf deren Antwort zu warten. Es ist einfacher, aber meistens falsch.

König David hat oft gesagt, er „würde lieber allein im Hause Gottes (Göttliches Bewusstsein) verweilen, als am Esstisch mit Wahnsinnigen sitzen". Und das meinte er damit.

Als ich noch in der Bibelschule war, fand ich etwas anderes über Ziegen heraus. Wir wohnten auf einer Farm mit 80 Morgen Land, und eine meiner Aufgaben auf der Farm war, mich um die Ziegen zu kümmern. Jeden Samstagvormittag lief ich mit meinen Mädchen dorthin, wo die Tiere gehalten wurden, und wir badeten die Ziegen, säuberten ihre Hufe und sorgten für alles, was notwendig für sie war.

Eines Tages konnte ich die Ziegen aus einer Meile Entfernung schreien und meckern hören. Als ich in die Nähe des Stalles kam, konnte ich sehen, wie eine der Ziegen sich mit ihrem Kopf in Stacheldraht verfangen hatte, der frei am Zaun hing. Die anderen Ziegen kamen von hinten, griffen sie an und rammten sie an den Seiten. Sie blutete und schrie. Ich rannte so schnell ich konnte, um sie zu retten, und jagte die anderen Ziegen weg. Es dauerte Stunden, das Tier wiederherzustellen.

Als ich meine Arbeit beendet hatte, fragte ich die Jungs, die auf der Farm arbeiteten, warum dies passiert sei. Sie erklärten mir, dass Tiere ihre eigenen Artgenossen töten, wenn sie sich verfangen oder verwundet haben, wenn sie schwach oder gebrechlich sind. Nur die Starken überleben und vermehren ihre Art. „Oje!“, dachte ich, „hätte ich so gefühlt, wäre Lara (meine jüngste Tochter) heute nicht hier!“

Aber dann wurde mir bewusst, wie wir ebenfalls unsere Schwachen und Gebrechlichen zerstören. Jedes Mal, wenn wir über jemanden urteilen, der aus einem gestörten Selbstbild heraus agiert, jedes Mal, wenn wir über die Verletzungen und Schwächen eines anderen reden, jedes Mal, wenn wir Vergebung vorenthalten, jedes Mal, wenn wir auf den Angriff eines anderen reagieren oder daran teilhaben, geben wir dem Energie, was unseren Mitmenschen zerstören wird.

Erinnern Sie sich, wir wurden hierher gesandt, um zu heilen, niemals um dem Fehler zuzustimmen, wenn er geschieht. Jedes Mal, wenn wir jemandem unsere Zustimmung geben, der glaubt, dass er schwach, krank, arm, verloren etc. sei, ermutigen wir seine Zerstörung ... und heilen ihn nicht dadurch, dass wir hinter die Erscheinungsform auf seine wahre und unveränderliche Natur sehen.

Wenn wir aufhören, diese Dinge zu tun, opfern wir die „Ziegennatur“. Auch wenn wir aufhören, der Masse zu folgen und lernen, in Liebe und Wahrheit zu wandeln, wenn wir allein die Weisheit und den Rat des Geistes suchen, opfern wir die „Ziegennatur“.

Die Turteltaube, ein anderes Tier, das normalerweise geopfert wurde, repräsentiert die Liebe. Turteltauben verbringen ihr ganzes Leben mit ein und demselben Partner. Sie stehen für Hingabe und Bindung. Wenn sie geopfert wurden, war dies eine Widmung an die Erfüllung der Göttlichen Bestimmung, egal worum es sich handelte.

Sie haben es wahrscheinlich bereits verstanden, aber lassen Sie uns noch einige andere Tiere anschauen.

Was wissen wir über Schafe? Sie sollen, wie kein anderes Tier, die Christusnatur repräsentieren. Sie sind folgsam, indem sie ihrem Hirten überallhin folgen, wo er sie hinführt. Sie kämpfen nicht. Sie besitzen keinen Verteidigungsmechanismus, um sich selbst zu schützen. Sie sind so sehr auf ihren Hirten fixiert, dass sie keinen Grund für Verteidigung sehen. Sie sind das Bild von Unschuld, Unterwerfung und Freundlichkeit. Wenn wir diesen Gedanken als die Wahrheit unseres Lebens wählen, bringen wir ein Opfer für die *Göttliche Bestimmung* auf der Erde. Dies ist unser Opfer des Lammes. Deshalb wird Jesus als das Lamm Gottes bezeichnet.

Jahre später *lebte Jesus und wurde zu all diesen Opfern*. Er tat das, um uns zu zeigen, dass dies der Weg sei, dem wir folgen sollen. *Dies war das Herz der ganzen Botschaft.* Wir sollten das alte menschliche Bild opfern, seine Macht und Substanz verneinen und uns weigern, uns davon weiterhin beeinflussen zu lassen. Wir sollten uns weigern, uns seiner Macht über uns zu beugen. Dies ist das Kreuz ... der Ort, an welchem ein Leben gegen das andere ausgetauscht wird. Wir sollten dies täglich tun ... das Alte opfern, damit das Neue in Erscheinung treten kann.

Wir tun dies jedes Mal, wenn wir uns entscheiden zu heilen anstatt zu richten.

Wir tun dies jedes Mal, wenn wir wählen, hinter das Sichtbare ins Herz des Unsichtbaren zu blicken.

Wir tun dies jedes Mal, wenn wir unseren Willen und unseren Weg aufgeben, um der Weisheit Gottes zu folgen. Wir tun dies immer dann, wenn wir uns weigern, der Herdenmentalität der weltlichen Gedanken zu folgen, und wenn wir uns entscheiden, auf die Göttliche Führung zu warten.

Wir tun dies jedes Mal, wenn wir bei einer Konfrontation mit dem Übel darauf verzichten, unser „Schwert zu erheben“ und zu reagieren, wenn wir stattdessen eine Pause machen und die Situation heilen.

Dies ist die Bedeutung der „Opfer“ für uns heute. So werden sie in jedem Leben erfüllt. Dies ist weit entfernt von den heutigen religiösen Doktrinen, die erklären, dass Gottes Gerechtigkeit verlangt, dass etwas „für die Sünden der Menschheit sterben muss!“ Wenn Sünde bedeutet, ein „Gefühl der Trennung von unserer wahren Natur“ zu haben, wird das Sterben lassen dieses Gedankens oder dieser Natur in Wahrheit die Erfüllung des „Sterbens für die Sünden“ sein.

Jesus erfüllte diese Opfer täglich, und wir sollen es ihm gleichtun, **denn wir sind alle ein Teil des Einen Lebens, das er gelebt hat.** Sein „Kreuz“ wurde täglich und stündlich getragen. Die Erfahrung am Kreuz war ein Beweis, dass uns nicht einmal der Tod halten kann, wenn wir diesem Göttlichen Leben erlauben zu erscheinen, wenn wir uns dem verpflichten! Dies ist die Macht, die sogar den Tod überwindet.

Obwohl religiöse Doktrinen über Jahrhunderte hinweg erklärt haben, dass es Gott war, Der dieses Opfer wegen der Sünde der Welt verlangt hat, können wir klar sehen, dass *wir* es waren, die dies brauchten und nicht Gott. Wir mussten ein menschliches Bild loslassen, damit das wahre Bild in Erscheinung treten kann.

Wie wir bereits in einem früheren Kapitel erwähnt hatten, erklärte König David bereits mitten in der Ära der Tieropfer: „Opfer und Gaben wegen der Sünden sind unnötig. Aber offene Ohren hast du mir gegeben.“ (3) Wiederum die Erkenntnis, dass ein Leben in der Beziehung und Kommunikation mit Gott, ein Leben voller Vertrauen und Zuversicht auf die Göttliche Bestimmung, alles war, was wir wirklich brauchten.

Später sagte Paulus: „Opfer und Gaben wegen der Sünden sind unnötig, aber ihr habt einen Körper für mich vorbereitet. Oh, ich bin gekommen, um Deinen Willen zu tun, oh Gott." (4) Hier besagt Paulus, dass ein Verständnis des manifestierten Einen Lebens (Jesus) als ein Körper (spiritueller Körper Christi... wir), der sich dem Geist und der Bestimmung Gottes übergeben hat, alles ist, was zur Erfüllung gebraucht wird.

Die Frage ist hier, wer würde vom Opfer profitieren..., wer war es, der „den Tod eines Bewusstseins" braucht, „damit ein reineres Bewusstsein entstehen kann". (5)

Jesus als das Leben

So wie es nur ein ewiges, reines und vollkommenes Leben gibt, gibt es nur eine Vertretung dieses Lebens auf der Erde..., und das wird „SOHN“ genannt. Es wird auch als Christus bezeichnet.

Wir beziehen uns auf Jesus als den „einzigen eingeborenen Sohn“, doch wissen wir jetzt, dass auch wir der Christus Gottes oder die Söhne Gottes sind. Wie kann diese scheinbare Verwirrung gelöst werden? Indem wir wissen ... wir sind in Ihm, in Jesus, als der Christus ... der sichtbare Ausdruck des Einen Lebens. (1)

Das bedeutet, da es nur einen Sohn gibt, sind wir alle Teile dieses einen Sohnes. Wir sind jetzt und waren schon immer dieser eine Sohn. Es ist ein „Sohn mit vielen Mitgliedern“. (2)

So wie Sie einen Körper besitzen, der viele verschiedene Teile hat, die den einen Körper vervollständigen ... so ist auch Christus.

Gott ist Alles in Allem. Ein Leben, gesehen und ausgedrückt als ein Sohn.

Als Jesus willentlich das bewusste Bild der sündigen Natur opferte ... *wurde das ganze Sündenbewusstsein aus uns Allen gelöscht.* Wie? **Dadurch, dass wir alle in ihm sind ... ein Sohn, ein Christus.**

Was ich damit sagen will, ist schwierig zu verstehen, wenn wir nicht erkennen, dass die Ewigkeit keine Zeit kennt. Die Zeit ist etwas, was wir erfunden haben, um unserer menschlichen Existenz eine Orientierung zu geben. Die Zeit existiert nicht in der Ewigkeit.

Wenn wir das Verstehen des Einen Lebens, des Einen Sohnes vollständig annehmen...

Waren wir in ihm, als er im Stall geboren wurde.

Waren wir in ihm, als er in der Schreinerei aufwuchs.

Waren wir in ihm, als er im Jordan getauft wurde.

(„mit ihm begraben in der Taufe ... worin ihr auch mit ihm auferstanden seid“) (3)

Wir waren in ihm, als er lehrte, als er heilte, als er betete.

Wir waren in ihm im Palast des Pilatus.

Wir waren jedes Mal in ihm, als er den menschlichen Willen aufgab, um die Göttliche Bestimmung zu erfüllen.

Wir waren beim letzten Abendmahl in ihm, im Garten Gethsemane, und auf dem Kalvarienberg.

Wir waren in ihm, als er ein für allemal ... als uns Alle ... den letzten Rest des menschlichen Bewusstseins aufgab, um den Ewigen Geist Gottes anzunehmen.

Und das Wichtigste, was wir wissen sollten, wir waren in ihm, als er von den Toten auferstand und damit die Nichtigkeit des Todes erklärte, und dass keine Sünde, keine Krankheit, keine Dunkelheit jemals wieder von uns Besitz ergreifen kann.

Deshalb nennen wir ihn den Erlöser.

Deshalb können wir sagen, wir besitzen nun den Geist Gottes, den Geist der Wahrheit, und wandeln als der Christus Gottes ... der sichtbare Ausdruck des unsichtbaren Gottes. Deshalb lesen wir: „wir sitzen *jetzt* zur Rechten Gottes (Macht) ... all die scheinbare Macht der Erde liegt uns *nun* zu Füßen.“ (4)

Deshalb können wir uns in Einheit mit dem Vater als der *Eine* Sohn auf der Erde erklären. (5)

Deshalb kann uns kein Übel die Macht rauben.

Deshalb kann uns keine Krankheit gefangen halten.

Deshalb können wir über den Doktrinen der Sünde und des Leides leben.

Deshalb kann nichts auf dieser Welt jemals über uns Macht ergreifen ... oder uns in irgendeiner Form schwächen ... um uns zu versklaven.

Es ist vollbracht. Es ist wirklich beendet.

Quellenangaben

Einführung

1 Genesis 3, 10-11

Teil 1

Ein unerreichbares Ziel:
1 Matthäus 9, 17

Die Daseinsberechtigung der Krankheit anfechten:
1 Hosea 6, 6
2 Jeremia 9, 24
3 Matthäus 5, 8
4 Titus 1, 15
5 Zweites Buch Samuel 22, 26

Der Paradigmenwechsel:
1 Genesis (1. Moses) 1, 31
2 Genesis (1. Moses) 1, 11
3 Psalm 100, 3
4 Lukas 17, 21
5 Jesaja 11, 9
6 Römer 8, 19-22
7 Jesaja 11, 6-8
8 Jesaja 65, 17-25
9 Zweiter Brief des Timotius 2, 13

Du sollst die Wahrheit kennen, und die Wahrheit soll dich befreien:
1 Matthäus 9, 29

Der Schleier, der uns blind macht:
1 Psalm 100, 3
2 Genesis 1, 27
3 Deuteronomium (5. Moses) 30, 20
4 Jesaja 43, 7
5 Erster Korinther 6, 19
6 Hiob 1, 1
7 Hiob 42, 5

8 Psalm 139, 14

Johannes 9:
1 Johannes 9, 39-41

Vollkommen ganz:
1 Johannes 13, 3-10

Der kreative Einfluss des Denkens:
1 Lukas 6, 6
2 Apostelgeschichte 3, 14
3 Sprüche 23, 7
4 Erster Korinther 2, 16
5 Genesis (1. Moses) 30, 31-43
6 Genesis (1. Moses) 33, 10

Die Energie des Lebens … der Geist des Lebens:
1 Johannes 1, 16

Was ist das für ein Ding, das Krankheit genannt wird?
1 Hesekiel 47, 8-9
2 Hesekiel 47, 3-5
3 Offenbarung 21, 5

Krankheit analysieren:
1 Guidepost Magazin
2 Kolosser 3, 4

Teil 2

Alte Konzepte überdenken:
1 Matthäus 13, 11
2 Johannes 17, 3
3 Erster Johannes 2, 27
4 Johannes 16, 13
5 Johannes 7, 24
6 Psalm 103, 10

Mein persönlicher Wandel:
1 Galatter 13, 24
2 Exodus (2. Moses) 13, 21-22
3 Johannes 10, 4-5

Belohnt und bestraft Gott?:
1 Galatter 6, 7
2 Lukas 6, 35
3 Psalm 32, 2

Gott als das eine Leben aller Schöpfung:
1Römer 11, 36
2 Genesis (1. Moses) 2, 16
3 Samuel 16, 7
4 Genesis (1. Moses) 3
5 Jesaja 33, 24

Gott als unveränderliche Güte:
1 Maleachi 3, 6
2 Jakobus 4, 17
KAPITEL 7
1 Epheser 3, 3-20
2 Erster Johannes 4, 17
3 Lukas 12, 32
4 Erster Johannes 2, 2

Der Schlüssel zum Königreich ... wie man die Wahrheit erkennt:
1 Johannes 12, 24
2 Philipper 1, 21
3 Erster Korinther 15, 31

Menschliches Bewusstsein kontra Göttliches Bewusstsein:
1 Lukas 6, 27-38
2 Römer 9, 16
3 Matthäus 19, 30
4 Matthäus 6, 28
5 Johannes 5, 30

Gott ist omnipräsent:
1 Psalm 139, 8
2 Offenbarung 21, 3

Gott ist Heilige Ordnung:
1 Genesis (1. Moses) 8, 22
2 Exodus (2. Moses) 20, 4

3 Matthäus 5, 14
4 Apostelgeschichte 1, 4,5,7
5 Jesaja 11, 3
6 Römer 8, 19-22

Teil 3

Einführung
1 Zweiter Korinther 3, 6

Die zwei Abkommen:
1 Galatter 3, 24-25
2 Römer 13, 8
3 Jeremia 31, 31-34
4 Epheser 2, 8
5 Hebräer 8, 13
6 Erster Johannes 4, 17
7 Epheser 4, 6
8 Johannes 1, 9
9 Johannes 1, 16
10 Kolosser 1, 13
11 Jakobus 1, 17
12 Johannes 7, 24
KAPITEL 2
1 Jesaja 30
2 Jesaja 30, 7,15
3 Epheser 1, 23
4 Johannes 16, 13
5 Jesaja 30, 21
6 Jesaja 30, 26
7 Erster Korinther 2, 9
8 Matthäus 26, 39

Die spirituelle Bedeutung des Sabbats:
1 Hebräer 4, 3
2 Johannes 16, 13
3 Markus 2, 27
4 Psalm 119, 165
5 Erster Korinther 6, 19
6 Kolosser 3, 4

Das Gesetz des Säens und Erntens:

1 Epheser 3, 20
2 Zweiter Korinther 5, 17
3 Epheser 1, 4
4 Römer 11, 36
5 Römer 8, 30-32

Das Gesetz des Geistes des Lebens:
1 Römer 8, 2
2 Genesis (1. Moses) 1, 11
3 Psalm 100, 3
4 Hiob 33, 4
5 Hiob 38, 7
6 Römer 1, 20
7 Psalm 19, 1
8 Hiob 12, 7
9 Kolosser 1, 15
10 Hebräer 8, 9-10
11 Genesis 11, 4
12 Genesis 4

Neue Geschöpfe in Christus:
1 Kolosser 3, 3

Was ist Christus?:
1 Kolosser 1, 15
2 Hebräer 9, 14
3 Römer 8, 14

Teil 4

Omnipotenz versus die Macht des Bösen:
1 Erster Johannes 2, 27
2 Johannes 17, 3
3 Jakobus 3, 11-12
4 Jesaja 45, 5,6

Könnte es sein?:
1 Offenbarung 21, 1
2 Matthäus 5, 39
3 Psalm 84, 10
4 Johannes 10, 10

Was ist Sünde?:
1 Psalm 103, 17
2 Psalm 40, 6-8
3 Matthäus 9, 13
4 Jakobus 2, 13
5 Jesaja 30, 18
6 Johannes 21, 21
7 Römer 4, 6-8
8 Matthäus 5, 7

Gottes Urteil ist Gnade:
1Daniel 6, 22
2 Johannes 15, 16
3 Johannes 1

Teil 5

Der Rhythmus des Lebens:
1 Psalm 145, 16
2 Johannes 17, 21
3 Zweiter Könige 2, 9
4 Johannes 14, 12

Das Prinzip der Auferstehung:
1 Genesis (1. Moses) 8, 22
2 Hebräer 10, 35
3 Johannes 5, 30
4 Lukas 15, 31
5 Johannes 12, 21
6 Erster Johannes 4, 17

Teil 6

Einführung:
1 Epheser 1, 9-10
2 Jesaja 29, 13
3 Jesaja 63, 9

Das neue Einleiten:
1 Johannes 9
2 Johannes 17
3 Lukas 6, 40

4 Johannes 20, 21
5 Römer 2, 4

Jesus als die Wahrheit:
1 Matthäus 5, 38-48
2 Matthäus 5, 14
3 Zweiter Korinther 4, 18

Jesus als der Weg:
1 Exodus (2. Moses) 20, 7
2 Johannes 12, 24-25
3 Erster Korinther 15, 31
4 Lukas 22, 42

Die Blutopfer:
1 Leviticus (3. Moses) 17, 11
2 Deuteronomium (5. Moses) 12, 13
3 Leviticus (3. Moses) 6
4 Psalm 40, 6
5 Hebräer 10, 8
6 Hebräer 9, 9 / 10,2

Jesus als das Leben:
1 Kolosser 2, 9; 10-13
2 Erster Korinther 12, 14;20
3 Kolosser 3, 12
4 Kolosser 3, 1-4
5 Epheser 1, 20-23
6 Johannes 19, 30
7 Offenbarung 21, 6

Michele Longo O'Donnell ist Gesundheitsberaterin, Pfarrerin und Seelsorgerin. 1965 machte Michele ihren Abschluss als Examinierte Krankenschwester und arbeitete an der Universitätsklinik Case Western Reserve in Cleveland, Ohio. Dort widmete sie sich einige Jahre lang der Arbeit auf pädiatrischen Intensivstationen, in der Notaufnahme und auf Stationen für Koronarerkrankungen.

Nach der ungewöhnlichen Heilung ihrer zweiten Tochter von einer schweren geistigen Behinderung verließ sie die Medizin, um die Bibelschule einer Freikirche zu besuchen.

1973 zog Michele nach San Antonio, Texas und machte einen radikalen Wandel von der westlichen Medizin zum alternativen Heilen. Eine Kombination aus Lebenserfahrung, dem ständig wachsenden Verständnis spirituellen Heilens und einem totalen Mangel an Vertrauen in die Schulmedizin ließen Michele 1975 die erste holistische Klinik für Stoffwechselerkrankungen eröffnen. Diese Klinik kombiniert heute spirituelles Heilen mit der physischen Heilung und der Heilung des Stoffwechsels.

Während der letzten 30 Jahre, in denen sie Tausende von Patienten behandelt hatte, fand Michele heraus, dass es Lebensprinzipien gab, die zur Heilung führten, wenn man sie verstand und an ihnen festhielt ... und dies völlig unabhängig von der Art der Krankheit und der Stärke der Symptome. 1999 schrieb sie ihr erstes Buch „Von Affen und Drachen, Befreiung aus der Tyrannei der Krankheit", welches diese Prinzipien erklärt. Sie teilte ihre Erfahrungen in der Hoffnung, dass Leser von überall die Möglichkeit und die Einfachheit eines Lebens ohne die verheerende Wirkung der Krankheit zu verstehen beginnen.

Wegen des überwältigenden Feedbacks auf ihr erstes Buch und wegen des Wunsches, diese Wahrheiten noch tiefgründiger erklärt zu bekommen und zu verstehen, schrieb sie ihr zweites Buch „Der Gott, den wir geschaffen haben: die Grundursache aller Krankheiten". Dieses Buch beruht auf ihrem Glauben, dass unser Schöpfer nie wollte, dass wir Schmerzen, Qualen und Trauer erleiden. Des Weiteren enthüllt uns dieses Buch, dass Krankheit und alles Leiden erlernte Erfahrungen sind, die deshalb auch wieder verlernt werden können.

Heute reist Michele O'Donnell als Autorin und Sprecherin weit durch die USA und durch Kanada, um diese Wahrheiten zu lehren. In Texas und Florida ist Michele Moderatorin verschiedener wöchentlicher Radioshows mit dem Titel „Leben jenseits der Krankheit (engl. Living Beyond Desease)". In verschiedenen Städten in Texas moderiert sie auch eine wöchentliche Fernsehshow „Leben jenseits der Krankheit".

Als ich eine 18 jährige Schwesternschülerin war, begann ich, von einer Welt frei von Krankheit, Schmerz und Tränen zu träumen. Ich sprach niemals über diese Gedanken, sie schienen bei der Betrachtung des Horrors und der Tragödien in meinem Umfeld absurd zu sein.

Mit 25 Jahren wurden diese Phantasien zu einer intensiven Hoffnung, und 10 Jahre später war ich sicher, dass ich lebte, um das Wahrwerden dieses Traumes zu sehen.

Vor langem bereits hatte ich den Gedanken aufgegeben, dass Wissenschaft und Medizin das Problem menschlichen Leidens lösen könnten. Dieser Weg schien die Situation nur zu verschlimmern.

Ich befasste mich lange und intensiv mit Religion und fand schließlich heraus, dass deren Doktrinen und Lehren nur Gründe für das Übel lieferten. Als ich am Ende den Gott, den die Religion präsentierte, ablehnte, suchte ich die Antworten, indem ich einfach folgte, wohin mich Leidenschaft und Hoffnung in meiner Seele führten. Ich vertraute darauf, absichtlich gelenkt zu werden und schließlich den Weg in das Herz und in den Geist Gottes hinein finden zu können. Dort fand ich die Welt, die ich so eifrig gesucht hatte. Alles änderte sich nun, wurde neu, sauber und ganz. Es war wie ein Erwachen in eine neue Welt, in eine Welt, in der ich eigentlich schon immer gelebt hatte. Es war eine Welt des Denkens, der Vision und der Bestimmung. Und das Spannendste daran war, dass jeder, der sie gefunden hatte, Heilung, Korrektur und Wiederherstellung erlebte. Ohne Ausnahme.

Es ist mein Wunsch, dass Sie Seite für Seite zu diesem Leben verändernden Verstehen geführt werden. Es ist so nahe wie der Atem, den Sie atmen.

Kann die Menschheit in solch einer Freiheit leben? War dies nach alledem unsere Bestimmung? Ist es möglich für alle, für jedermann, unabhängig des momentanen Zustands, in dem sich eine Person befinden mag?

Und die gesamte Unendlichkeit antwortet mit „JA!“

Bereits von Autorin Michele Longo O´Donnell erschienen:

Michele Longo O´Donnell

Der Himmel in Dir

Titel der amerikanischen Originalausgabe „Von Affen und Drachen“

200 Seiten, Softcover

ISBN 978-3-89758-308-5

Bestellnummer: SA-308

Preis: € 19,80

Heike Schneider-Klein

Wenn ihr mich ruft, bin ich da

"MEIN SCHÖNSTES BUCH, SEIT ICH VERLEGER BIN."

RICHARD WEIGERSTORFER

Manchmal sind es ganz besondere Wege, auf die das Leben einen führt. Meine intensive Beziehung zu Jesus Christus ist Ihnen ja bekannt. Sicherlich wissen Sie, dass er immer noch unter uns wirkt und sich sehr freut, wenn wir über ihn reden und ihn zu verstehen versuchen. Die Sprache der Bibel ist etwas alt und erschließt sich nicht unbedingt sofort, darum hat er ein neues Buch geschrieben.
Sein Werkzeug für die Umsetzung wurde auf wunderbare Weise zu mir geführt und so hatte ich die Ehre, „mein schönstes Buch, seit ich Verleger bin" herauszugeben.
Der Inhalt ist so wertvoll und trotzdem leicht zu verstehen. Die Übungen können sofort von jedem durchgeführt werden, unabhängig von der spirituellen Reife. Das Buch wird man immer wieder zur Hand nehmen wollen, da es schon genügt, ein paar Zeilen zu lesen und sich damit in eine andere Befindlichkeit zu bringen. All diese Gründe waren für mich ausschlaggebend, ein ganz hochwertiges Buch zu machen und zwar mit Fadenheftung, Leineneinband, Lesebändchen und Schutzumschlag. Natürlich sind Satz und Gestaltung besonders filigran. Das umweltbewusste Papier (Munken Print) ist ein haptischer Hochgenuss beim Blättern.

RiWei-Verlag, 2016
128 Seiten, gebundene Ausgabe
Bestellnummer: ISBN 978-3-89758-340-5
Bestellnummer: SA-340
Preis: € 19,80